仲原晶子 編著

人間探訪の旅

生涯学習の十年

関西学院大学出版会　出版サービス

近江聖人　中江藤樹画像（藤樹書院蔵）

藤樹書院（滋賀県高島郡）

【人間探訪の先達者としての中江藤樹先生　より】

ロンドンのホテルのアフタヌーンティー

【英国のテイータイム　より】

荒木村重の遺児、岩佐又兵衛作「山中常盤物語絵巻」無念の死を被った母たしへの思いがなんとなくダブる（MOA美術館蔵、新潮日本美術文庫６より）

九鬼家菩提寺　心月院（三田市西山）

【人に歴史あり 歴史に人あり　より】

日本の茶の発祥地　日吉茶園

京阪坂本駅を望む日吉茶園

【茶道と私　より】

化学実験室、物理実験室２棟が完成した記念に訪問。タンザニア、ムアンガ地区。ウサンギ女子高等学校、化学実験室完成式参加。
(1997.7.29日) 生徒の出迎え。

ウサンギ女子校化学実験室。
現地教育相、校長、地元有志と教室をみてまわる。

【心の羅針盤　より】

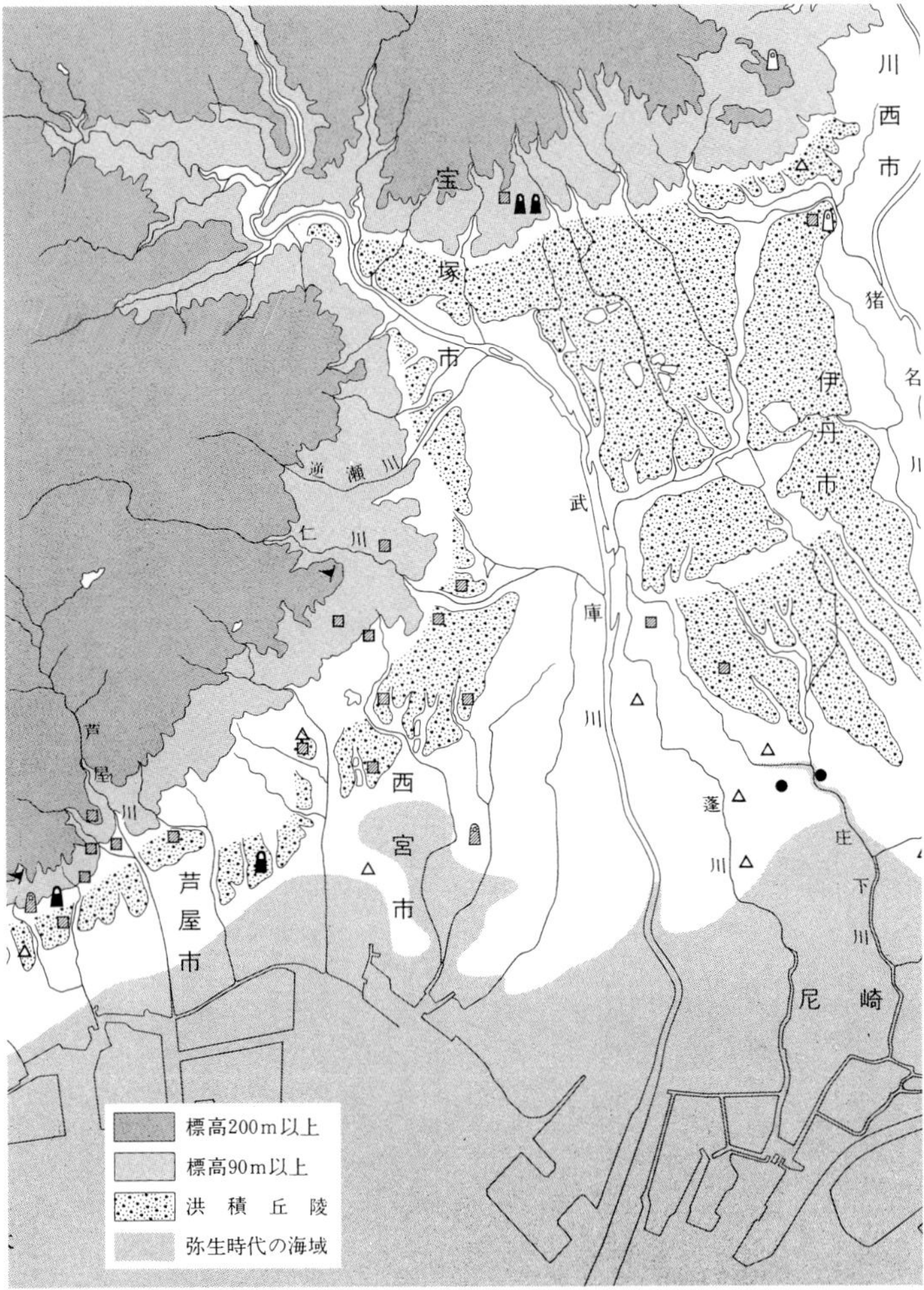

宝塚市史第４巻図29より

【来し方 行く末 宝塚　より】

目次

目次

まえがき

生涯学習の時代といわれ、さまざまな学習が展開されているが、そのなかでも、学ぶことそのことに意味を見出してのものが注目される。成人にとって、職業活動や家庭・地域生活を向上させるための学習も重要であるが、自分自身を見つめ、自分と社会の関係を考え、人間のあり方を追究する学習が、人生を豊かなものにするものとして、欠かせないのである。私たちは、歴史のなかにあって、その規定を受けているのであり、今日の自己と社会を把握する上で、歴史学習も重視されなければならない。またこれらの学習を、ひとりでするよりも、なかまとともに行うことによって、共通理解が進むとともに多様な見方のあることに気づかされ、広がりと深まりのある認識が得られるのである。とくに生活に正面から取り組んできた女性において、自らの人生をふりかえりながら、それをもたらしたもの、自分を形成したものを問いながら、共同で社会認識を深めていく自分史学習の意義は大きい。

この書は、このような学習を長年継続してこられた、仲原晶子先生の講座「人間探訪の旅」に結集した人々の研究成果を示すものであり、どの論稿も、自己との関わりにおいて時代・社会をとらえたものであって、身近な家族から、地域社会、さらに国際社会にまで及ぶ論の展開を見ることができる。宝塚を拠点としながら、学びの旅は全国各地とのつながりを見い出している。古い歴史を持ちながらも、新しい風の吹く宝塚にあって、女性の活動も活発であるが、本書にもその息吹が感じられるのであり、ここから発信されたものは、多くの地域に影響を及ぼしていくことであろう。

仲原先生が教育学者であることもあって、このグループでは教育そのものが主要な学びの対象となっている。教育を学ぶことは、世代を超えての人と人の関わりに思いを馳せることになり、生そのものに迫るものである。今日、子どもの現状をめぐっての教育論議が盛んであるが、自らを顧みながら、深い洞察に基づいて教育の構築にあたることが求められている。その点でも、このグループの取り組みの示唆するところは大きい。

ハッチンスが学習社会と題する書を著し、ユネスコのフォール委員会が「人間であるための学習」を大切にする社会を学習社会とする報告書を提出してから四半世紀をを経過した今日、生涯学習の概念は、あらゆるものを包み込むかたちで用いられているけれども、中心となるものが見失われてよいものではなく、あらためて人間であることを求めての学習が評価されなければならない。その意味でも、この書に収められた諸稿が、そのような学習に裏づけされて、文化理解を深めるものになっていて、学習社会にふさわしいものであることが指摘されねばならない。

主体的な学習は、表現活動を伴っている。「人間探訪の旅」は、これまでにも、宝塚に生きた女性の聞き書きに基づいた書『新しい生き方を求めて』を刊行したり、女性議員を送りだしたりしている。今回の書は、メンバーそれぞれの人生、思い、学びが論集としてまとめられたもので、これまでの歩みをさらに進めたものである。この書が生涯学習に取り組む多くの人々やグループにとって大きな刺激となることが期待される。

平成二二年九月一日

京都大学名誉教授　上杉　孝實

人間探訪の先達者としての中江藤樹先生

小林　信子

一章　藤樹神社、書院の建設に至るまで

1　藤樹神社

川は多くの文化を育むという。比良山系から流れ出る清らかな水は、安曇川を経て、ここ小川村へと注ぎ込んでいる。

滋賀県高島郡安曇川町小川村。今も道の両脇にある水路には、家ごとに切り込みがあり二、三段の階段がついている。昭和二〇年代までは、生活水として使われていた。なべ釜を洗ったり、洗濯の場であったろう。

冬は雪深く、農家の副業としての扇骨作りが、今も地場産業の一つとなっている。家々の庭いっぱいに干された扇骨は、あたかも白い菊花が咲いたようである。

この村の一画に、大きな木立に囲まれた、静かなたたずまいの藤樹神社がある。ＪＲ湖西線安曇川駅から東へ二〇分程歩いた所に位置する。

御祭神は、江戸時代初期の儒学者「中江藤樹先生」である。その思想の特徴から、「我が国陽明学の祖」といわれた人物である。

中江藤樹は、この小川村で農家の子として生まれた。後に武家である祖父の養子となり、後継ぎとなった。学問を深く究め、「近江聖人」とまで讃えられた先生である。

今年米寿を迎えた私の母も、この高島郡で生まれ京都に嫁いだのであるが、戦中戦後の食料不足の折、私も何度となく母と一緒にこの湖西の地を訪れた。その頃から「藤樹さん」「藤樹さん」という響きだけが、子供心に耳に残っている。近くには家もなく、遠くまで見渡せる広々とした境内を走り回ったような記憶がある。一昨年「人間探訪の旅」グループの研修旅行で、藤樹神社を訪れたのは久方ぶりのことであった。母の故郷でもあるせいか、懐かしく全てが親しく感じられた。それ以来私の耳に残っていた「藤樹さん」が、急に身近な存在になった。

母はこの神社創立鎮座祭には稚児として参列し、今も当時の記念写真帖を大切に持っている。荒れはてた広大な土地に、郡内を流れる鴨川から線路を敷き、トロッコで砂を運び埋め立てられたという土地である。

母の大切な写真帖には村の人のみならず、滋賀県各地から訪れたであろう人々の、崇拝する先生を讃えあって感激する情景が写し出されている。当時の日常生活の手本であった修身の教科書には、必ず先生の教えが説かれていた。庶民が崇拝するだけでなく、親しみをもつことのできる「心の師」「人生の道案内人」であったことがうかがえる。藤樹神社の創建は、人々の心の中に

「藤樹さん」がより身近な人となり、郷土の誇りとしての位置づけを確立するものとなった。

中江藤樹は学問を深く究め、徳行高く近江聖人とまでいわれた人である。しかしその偉人を顕彰する施設もなく、地元としては永く遺憾に思っていたところであった。

大正七年滋賀県知事が高島郡を巡視の際、郡民の切なる希望を聞き入れ、藤樹を神として祀り、遺徳を万世に伝えようと決意した。大正一一年藤樹神社創立協賛会が中心となって、県社として創立されるに至った。神社の創建に際しては、全て寄付金で賄われ、寄付者は日本全国はもちろんのこと、中国や朝鮮にまで及んだという。

また現在では、この神社の境内に「中江藤樹記念館」がある。そこには藤樹生存中から既にあった書院から移された、真跡や遺品類が保存展示されている。収蔵庫には、『庭訓往来』[1]『貞永式目』[2]をはじめ『大学』『論語』[3]等々がある。彼が当時勉強したままの本が、数えきれない程収蔵されているのには驚くばかりである。

展示室の壁には、藤樹の教えにちなんだ数々の絵物語が掲げられ、訪れる人々の心に語りかけている。中でも藤樹の人柄を最もよく表した話がある。

小川村の馬子が馬の背に忘れられた客の金を、夜道を駆け引き返し宿に届けた。

客が礼金を差し出したが、馬子はわらじ代以外はガンとして受け取らなかったという。

客が「なぜそんなに正直で無欲なのか」と問うと、馬子は「当り前のことをしただけです。私の村の中江藤樹先生は、いつも私どもに人生の目的は利得ではない。正直であり、人の道を行くことであると教えて下さっています。村人一同その教えに従って暮らしているだけでございます」と答えたのである。

これは「正直馬子」の話で、藤樹の高弟熊沢蕃山は、この話を聞き「自分が求めていた師はこの人である」と決めたということである。蕃山は小川村へ行き藤樹に入門を請い願ったが、藤樹は自分は一介の田舎教師にすぎないからと謙遜して、学識を心得た蕃山を門弟に加えることを許さなかった。蕃山は門前で待つこと二日、藤樹の母の口添えでやっと入門が叶ったという話である。

また後に蕃山は、岡山藩主池田光政（一六〇九―一六八二）に仕えた。池田光政は武士や庶民の教育に熱意を注ぎ、藩校のほか郷学としての閑谷学校を創立したことでも記憶にある藩主である。

藩主光政は家臣である蕃山から、彼の師である中江藤樹の人格の偉大さを常々聞き及んでいた。あるとき、光政は藤樹に会うため、供を従えて岡山から小川村を訪れた。

家臣が藤樹にその旨を伝えたが、藤樹は「今、村の子供達に講義中であるから、終わるまで家の前で待っていてもらいたい」と答えた。

幕藩体制の身分秩序の厳しい時代である。大藩の藩主に対して勇気のいる行動であったと思われる。しかし、名君とうたわれた池田光政は、藤樹が何を言わんとしているかを悟り、静かに門の前で待っていたという。

「人間は根本的に皆平等である。また、未来を担う子供達への教育の大切さ」から出た藤樹の行動であったろう。講義の途中で訪問を受けても、講義を終えてから面会するのがものの道理でもある。

光政は、自分の師として藤樹を岡山藩に迎えたかったが、藤樹は「自分の使命はこの村にあって、母と共に暮らすことである」と辞退した。光政は藤樹の門弟の一人として加わる承諾だけを得たとのことである。

藤樹の死後、彼の三人の息子は岡山藩に召しかかえられた。

田舎教師と自称した藤樹の外面の「穏やかさ」「謙遜さ」は、内面の強固なまでに充実した考えから出たものであったろう。藤樹の内面の強さを物語る話である。

藤樹はこの後「近江聖人」と称され、彼の謙遜の意に反して、今日に至るまで全国から訪れる人達に称賛されてきた。

2　藤樹の墓所・書院

神社から南へ一〇〇メートル程のところに、中江家の菩提寺「玉林寺」があり、その横に墓所がある。儒者であった藤樹は儒式により葬られた。母市と彼の三男である常省の墓がそれぞれ安置されている。もし、明治の世までに藤樹の墓を訪れたならば、村人は藤樹に礼をつくし、衣服を改めて案内したことであろう。

墓所からさらに五〇メートル程先に藤樹書院がある。この神社から墓所、書院に至る道は、藤樹の教えにちなんで、心のふる里「藤かげの道」と名付けられている。

現在書院のある所が、彼が生まれ、門人達に教えを説き、そして四一歳で亡くなった最も由緒ある場所である。

境内の西北の隅に年老いた藤の木がある。

近江路へ　ゆかりもとめて　訪う人に　教えを垂れし　藤の花房

「遺愛の藤」と慕われている。彼が生まれた時、既に大きな木であり、この藤を愛し、この木の下で教えを説いたところから藤樹先生と呼ばれ、この書院を藤樹書院と言うようになったという。

当時はこの敷地内に住居もあり、門弟達には「会所」で講義を始めた。後に、徐々に門人も多くなり、村人の援助もあって藤樹四一歳の時に書院が落成した。

しかし、残念なことにその半年後（慶安元年・一六四八）に藤樹は亡くなり、没後、門人達は先生の神主を祀り、命日には儒式の祭典を行ってきた。

寛政九年（一七九九）には、光格天皇からこの書院に対して「徳本堂」という名をいただいた。だがこの時の書院は、明治一三年（一八八〇）小川村の大火により類焼してしまった。二年後、徳を慕う人達によって、当初に比べると小さい建物ではあるが再建されるはこびとなった。これが現存している書院であり、国の史跡にも指定されている。幸いなことに、神主を始め数々の書物や遺品は残らず無事であったので今日まで保存されている。

大正時代母の小学生当時は、毎月命日（二五日）には、低学年と高学年の二班に分かれ、書院と墓所にお参りをしたそうである。また学芸会には決まって藤樹さんにちなんだ劇をし、母が藤樹の母親役に選ばれたのは、自慢の一つであったようだ。

私はこの秋再び「藤樹さん」を訪れた。境内で一〇人程の幼稚園児が、紅や黄に色づいた落葉拾いをしていた。その時、子供達の「キャッキャッ」とはしゃぎ回る声に、何か「ホッ」としたものを感じた。もし、そこにその声すら無ければ、ただ静寂だけに包まれているように思われた。それにしても写真にあった賑わいを、現在の状況からは想像することすらできなかった。

中江藤樹は、戦後の日本では、ほぼ完全に世間から忘れられた人物である。だが五、六年前、読売新聞社が行った、「郷土が生んだ誇りにできる人物」という世論調査では、滋賀県に於ては第一位に中江藤樹が挙げられていた。やはり故郷では今でも尊敬されているということがわかる。

藤樹の学問は、人間が持って生まれたもっとも基本となる心そのものに対する教えであり、現在だからこそ大切であるといえる。藤樹の時代直接学んだ人は勿論のこと、現在でも郷土や藤樹ゆかりの地で、彼の遺品や遺影に接する人の心を感動させるものがある。にもかかわらず残念なことは、地域をこえた拡がりを持たないことである。

二章　藤樹学の成り立ち

1　少年藤樹

［生いたち］

中江藤樹（一六〇八―一六四八）実名は原（げん）字（あざな）は惟命（これなが）通称与右衛門という。号は顧軒（こけん）自らは黙軒（もっけん）と号していた。黙軒とは謙遜して付けたもので「自分の智恵は深く隠して現さず、世のなりゆきに従って塵俗の間に交わっている心」の意を含んでいる。(4)

中江藤樹は慶長一三年三月七日（戊申）近江の国高島郡小川村に産声をあげた。この頃は、丁度関ヶ原の戦いで徳川家康が勝って、江戸幕府の基礎を築いた頃である。父吉次三四歳、母市三一歳の長男で、後に妹葉が生まれる。

祖父中江吉長は、もとは農業を営んでいたが、戦国の世たびたび参戦を命じられ、功を認められ天正年間（一五七三―一五九二）大溝城主加藤光泰に仕えた。

大溝城とは、高島の西に連なる一帯の山脈の中にある長宝寺山にあり、かつて高島玄蕃允の居城としたところと伝えられている。

父吉次は長兄であったが、武士の生活を嫌い、家居して弟と共に農業を営んでいた。

当時、小川村は流れも清き小川のほとりにあり、一望渺茫たる琵琶湖畔に臨んでいた。また肥よくの土地に恵まれ、静かな農村は遠く西南に比良山の雄姿を仰ぐことができた。決して豊かとは言えない農村であったが、一度その地を訪れると、その人情の厚い気風と、温かな地域社会の雰囲気に誘われ、去りがたい心地がしたと伝えられている。

慶長一五年（一六一〇）祖父中江吉長の主君であった加藤光泰の子息貞泰は、伯耆の国米子に転封を命ぜられた。そこで祖父も貞泰に従って米子に移った。

六年後、元和二年（一六一六徳川家康死亡）吉長六九歳のおり、久方ぶりに郷帰りして孫の藤樹に会う。孫は既に九歳、容儀は端正、眉目秀麗の少年としてその成長ぶりに大いに喜び感動した。吉長としては、息子の吉次は農業を営み自分の後を継ぐ者はいない。そこで両親に向かって、孫の藤樹つまり与右衛門を後継ぎに貰いたいと願った。父母は掌中の玉の一人息子を祖父のもとに仕わすは忍びなかった。がしかし、吉長の懇願に負け、また彼の将来を考え養子に出すことを承知した。

この時、藤樹はわずか九歳で祖父に従って米子に移ることになった。昨日の百姓の子は今日は武士の子である。藤樹の境遇は一変し、祖父は費用を惜しむことなく彼に学問の道を用意した。祖父の期待に応えた藤樹の学問は、著しい上達ぶりであった。

祖父吉長は、敏感に時代の動きを見通していたのであろうか。藤樹の幼年期はまだまだ戦国の余風が残り、学問で身を立てることはほとんど不可能なことと思われた時代であった。吉長自身も武道には長けていたが学問には縁がなかった。しかし、これからの太平の時代を迎えて、武士の生きる道は学問にあると感じとっていたのである。

［少年の心］

元和三年（一六一七）藤樹一〇歳の夏、藩王加藤貞泰が伊予国（愛媛県）大洲に移封されたので、祖父と共に大洲へ移った。間もなく、祖父が風早郡の郡奉行に任ぜられ、彼も祖父に従って風早郡柳原（愛媛県北条市）に移り住んだ。僻地ではあったが、盆地の大洲に比べると温暖で風光明媚な別天地であった。

この地で、藤樹は初めて塾師について、文字のほか『庭訓往来』『貞永式目』を学んだ。彼は抜群の成績で、周囲の人々も舌を巻くほどであった。

しばらくすると、祖父にとって藤樹はなくてはならないものとなっていた。手紙の代筆はいうまでもなく、公文書の作成も彼が代理をつとめた。それらはすべて実に筋の通った文章で、しかも達筆で書かれていた。祖父は大いに満足し、この様子は小川村の父母へも書き送った。

だが藤樹にとっては、学問はまだまだこれからだった。立派な武士となって祖父や両親を安心させねばならない。立派な武士とは、武芸と学問の両方を身に付けねばならないだろう。学問も単に読み書きに堪能なだけでよいはずがない。学問は何のために必要なのか。彼なりにいろいろと考えるところがあった。

例えば、今の生活を振り返ってみると、疑問に感じることも少なくはなかった。自分は物質的にも精神的にも恵まれた環境にあるといえるだろう。それに引きかえて、領民達の生活はどうであろうか。百姓の子供は勉強どころではなく、自分より年下の子供であっても、田畑の手伝いや子守りなど家の手助けをしているではないか。百姓の上に立つ武士とはどうあるべきなのか、今のままで立派な武士になれるのであろうか。藤樹は考えれば考えるほど分からなくなってしまった。

［立志］

年が明けて、元和四年（一六一八）藤樹一一歳の春である。祖父が『大学』を手に入れ彼に与えた。しかし、彼は儒学についての知識は皆無にひとしかった。『大学』に書かれた文字は読めても、その意味内容を学問として読み取る力量はまだ持っていない。だが文字を拾っていくと、「天子より以て庶民に至るまで、壹是に皆身を修むるを以て本となす」の一行に釘づけされた。(5) 最近いつも抱いていた疑問をその時思い起こしていた。これこそがその答えではないだろうか。

自分はいつも立派な武士になることばかり考えてきたが、立派な武士である前に、立派な人間でなければならない。人は誰でも身分や地位に関係なく、修養すれば立派な人間になることができる。「聖人学んで至るべし。生民のためにこの経を遺せるは何の幸ぞや」と感涙した。(6)「人間の本質は平等である。すべての人間は勉学修養しだいで聖人になることが可能なのだ、ということを教えている。自分も生涯かけて学問に努め、聖人になることを志そう」と決心を固めた。藤樹一一歳、当に立志の時である。

現在その屋敷跡（愛媛県北条市）には、「中江藤樹先生立志の地」の石柱が建てられている。

元和六年（一六二〇）祖父は、風早郡での三ヵ年の任期を終えて大洲へ帰った。藤樹にとって柳原は思い出深い土地となった。彼はそこで志を立て、生涯の目標をしっかりと見定めた土地であったから。

2 元服・脱藩に至る

［元服］

藤樹は一四歳で祖父母と共に、風早郡から藩主加藤貞泰のお膝元である大洲へ帰った。

この年、近くの曹渓院の天梁和尚について習字や詩、連句を学ぶことになった。

天梁和尚は、曹渓院の本山である妙心寺の首座を勤めた高僧であり、藤樹にとって最初の学問の師でもあった。藤樹の学識は、この頃の大洲ではその右に出る者はいなかった。彼の能力を見抜いた和尚は、何事も自力で解明会得するよう指導した。

この和尚は人を見て法を説く教育者であった。藤樹にとって和尚との出会いは、誠に運命的なもので、その後の彼の学問を大きく前進させることになった。

現在では、当時の藤樹の住宅跡に、大洲市立大洲小学校が建っている。その校庭に「藤樹先生少年像」があり、幼くして学問に励んだ少年藤樹が、小学生達に何かを語りかけている。

元和八年（一六二二）藤樹は元服の年を迎えた。

祖父の家から少し離れた所に新居を賜わり独立することになる。
五月五日正式に元服の式を挙げた藤樹は、経書である『大学』の教えに従ってあざなを「惟命」と呼ぶことにした。これは『大学』の一節「惟れ命、善ならばすなわちこれを得」「天命は善なるものに味方する」の意に基づいて惟命と自ら決めたものである。[7]
この新居跡には現在、県立大洲高等学校が建てられ、その一部に井戸が残っていて「中江の水」とよばれている。
藤樹の元服を目前に祖母が六三歳で逝った。また半年後の秋、つづいて祖父吉長が七五歳の生涯を閉じた。孫の藤樹が立派に元服して、後継ぎもでき思い残すことは何もなかったであろう。藤樹は名実共に、一人前の武士として出仕することになる。

［独学に耐える］

藤樹一七歳本格的に学問に接する機会が突然に訪れた。寛永元年（一六二四）のことである。前年には家光が三代将軍となった。土地の医師の招きで、京都から禅僧が来訪して『論語』の講義をするという。

藤樹は『大学』によって聖人となる志を立てたが、その『大学』の真意をまだ理解するまでに至っていなかった。常々師を得たいと望んでいたが、ここ大洲では叶えられそうになかった。

祖父の死後、政務の処理もあり、武芸の鍛練にも励まねばならなかった。その上藩内の空気は、まだまだ学問などは柔弱な者か、支配者層の遊びぐらいにしか受けとられてはいなかったような時代であった。

藤樹にとっては思わぬ好機会であり、喜び勇んで参加した。しかし、他の藩士は誰一人参加しなかった。学問について全く関心がないだけでなく、そんな藤樹をかえって嘲笑した。このような空気の中で、一人講義を受けるのは相当勇気がいった。だが彼は学問は人間らしく生きる上で、絶対に必要なものであり、文武両道を備えてこそ真の武士であると確信していた。

講義の出席者があまりの少人数に、講師の禅僧も熱意を失ってしまった。『論語』二〇編のうち、前半一〇編が終ったところで京都へ帰ってしまった。

折角本格的に儒学に取り組み始めたのである。あとは以前天梁和尚に教わったとおり、自力で勉強するより方策はなかった。

そこで藤樹は、儒学の根本的な経書『大学・中庸・論語・孟子』四書の注釈書である『四書大全』を帰洛する禅僧に依頼した。全部で三六巻、苦労の末手に入れた。

『四書大全』はすでに室町時代に中国から渡来していたが、国内では元和三年（一六一七）になって、初めて京都で刊行されたばかりの逸品である。船来本の復刻版で、返り点など全くない白文である。とても一見して読み下せるものではない。

彼は『大学大全』を一〇〇回ほども読み返したという。『大学』を会得し、つづいて『論語・中庸・孟子大全』と読み進み、儒学の基礎を自力でものにした。

藤樹は、論理的、合理的な儒学の思想にますます傾倒していった。

「人は誰でも学問を修養すれば、聖人の境地に入ることができる」

「学問は知識だけではない。人として誰でも持っている天賦の明徳[8]を明らかにすることが眼目である」

「政治の根本は道徳である」

などの儒学の教えに彼の確信は益々堅固になった。[9]

儒学が日本に伝来したのは、四世紀か五世紀頃である。朝鮮半島を経て、漢文文化と共に少しずつ受け入れられた。平安時代から室町時代にかけては、貴族か仏教の僧侶の一部が学んだだけである。本格的に受け入れられたのは、江戸時代になってからである。

それは「新儒学」ともいわれ、中国南宋の儒学者朱子（一一三〇―一二〇〇）が儒学を集大成して、樹立した学問「朱子学」である。

藤樹が手に入れた『四書大全』は、この朱子の注釈による書物で、新しく渡来したものである。藤樹はこの論理整然とした、朱子の新しい学問に傾倒したのであった。

寛永二年（一六二五）郷里の父が亡くなった。

［同志と共に］

儒学の教えるところは、聖人になるためには、いつも慎みの気持を忘れず、経書の勉強に努め、その教えを遵守することが肝心であると説く。[10]そこでは毎日の生活が、絶えず緊張の連続であり、どうも人間らしい自然で温かな生活感がないような実感を持った藤樹であった。時には「孔子さん」と呼ばれるくらい、近寄りにくいものを感じさせていたようでもあった。

しかし、藤樹の真剣な取り組みに、極一部ではあったが共感する者が現れはじめた。四国辺地の小藩であっても、幕府の権力は強くなり、封建的な支配体制を呈してきた。それを感じ取った青年武士達は、戦国時代のように武芸だけでなく、学問の必要性を考えるようになった。

独学で苦しんでいた藤樹の前に、初めて共に学ぶ同志が現れた。僅かであっても、自分の学問への情熱が他に及んだことが嬉しかった。学問によって身を修め、藩王の政務に役立とうと同志に心境を語った。

この頃、藤樹は（二〇歳―二七歳）郡奉行の要職にあった。百姓達も、彼の真面目な人柄や、学問を実践に結びつけた純粋な態度に、敬意を持っていたであろう。ようやく彼の学問が、大洲の地に根を下ろし始めたのである。

早速、門人のために作成した参考書が、『大学』の注釈書である『大学啓蒙』であった。彼が最初に著わした本である。

彼は常に門人の個性、能力に応じて教えを説いていた。そのうち、一人また一人と教えを請う者が増加していった。

根を下ろした藤樹の学問が、枝を張り花を咲かせ、葉を茂らせ始めたのである。

［脱藩］

寛永六年（一六二九）藤樹は初めて帰省し母を訪ねた。祖父に連れられて旅立ってから実に一三年がたっていた。四年前に死去した父の葬儀にも帰ることはできなかった。母は五二歳になり、妹もすっかり成人して、近々嫁ぐとのことである。

藤樹は一人暮しになる母に大洲へ来て欲しかった。しかし、母は生まれ育った小川村を動こうとはしなかった。その後、再び母を訪ねたが答は同じであった。

この小川村を訪ねた帰路、藤樹は船中で突然激しい喘息の発作におそわれた。頭の中は母のこと、勤めのこと、学問のこと、門人のことなどでいっぱいだった。心労が重なったのであろう。やっとの思いで大洲へたどり着いたが、この後この喘息が彼の持病になった。

数日床について考えに考えた末、小川村に帰る決心をした。人の道を教えている者として、孝は子としての務めであり、人の道の根本である。それが一番自然であるとの結論に達したからである。

彼は辞職願を出し、帰省準備をしながら、許しの出るのを待った。しかし、彼の学識や人柄も、土地の人達に認められつつあった時である。それも加えてか、そのまま二年の年月が過ぎてしまった。

再三の嘆願もし、打つべき手は全て打ち尽くした。もう脱藩だけが残された方策となった。

当時、脱藩した者には、追手を差し向けて上意打ちにするか、捕えて切腹を命ずるかの掟になっていた。

許しの出るのを待っていて、母にもしもの事があれば、自分は一生悔いることになる。自分に私利私欲はない。誠をもってすれば、必ず天に通じ道が開けるであろうと考えた。

寛永一一年（一六三四）藤樹二七歳の一〇月一日早暁、秘かに大洲を脱出した。母の目前で咎めを受けることがあれば、これほどの不孝はない。そこで途中京都の旧友を頼って追手を待った。しかし、三ヵ月が過ぎても何の沙汰もなかった。新年を母と共に小川村で迎えたいとの思いから、故郷へ帰ることにした。

結局、大洲では事情を察して、黙認という穏便な措置になったのである。この結果のかげには、知人や門人の必死の奔走があったとのことである。藤樹の人格がしのばれるところである。

3 我が道を行く

［和やかな日々］

小川村に帰った藤樹は、平穏な毎日を送ることができた。彼を頼って来る者には、馬方から武士まで、身分の分け隔てなく人の道を説いた。「船は水、車は陸、治まる所に治まるものである」小川村に帰ったことは間違いなかったと確信できた。

ふりかえって考えてみると、大洲ではまさに緊張と心労の連続だった。それが果して人間らしい生き方であっただろうか。聖人になるためにと頑張ってきたが、それはあまりにも窮屈で、不自然ではなかっただろうか。それが武士の生きざまというものであろうか。それとも自分の志した学問の故なのであろうか。

こうして過去をふりかえった時、藤樹は、生涯かけて、自分の本心に素直な、力みのない忠実な生き方を求めていきたいと考えるようになった。

今まで学んできた儒学は、人間の自然な本心に即さない無理があるように思える。あまりにも合理的な、朱子の『四書』中心の学問に、納得できない不自然さを感じてきた。

そこで彼は改めて、儒学の源流である『五経』(易・詩・書・春秋・礼記)に取り組んだ。特に『易』について学んだ。この『易経』から、自分の本心をしっかり見つめ養えば、何ごとも適時適切に対応できるという教えを得ることができた。

これまで藤樹が読んだ書物は、全て朱子学の書物であり、彼の考えも朱子学的であった。朱子学の学び方は、自分で物を考えるというより、聖賢の書物を読んで、それを考え、それを行うということが主であった。

[結婚生活]

寛永一四年(一六三七)藤樹は三〇歳を迎えたので結婚した。儒学の経書『礼記』に「三〇を壮といい室(妻)あり」とある。この経書に従って妻を迎えたのである。

ところが迎えてみると、こんな田舎の小川村でさえ見当らないぐらいの不器量な嫁であった。母はこの不器量さは、どうしても我慢がならず、藤樹に里に帰すよう勧めた。

この頃になると、藤樹の家には近くの門人だけでなく、京都や大洲からも友人や門人が次々とやって来た。藤樹の徳を慕って遠方から来る門人は長逗留し、身の回りの世話だけでも負担であった。妻は不足も言わず、母にもよく仕えよく働いた。

藤樹は、はっきりと母に「理由もなく離別することはできないし、従うわけにはいかない」と釘を打った。

経書には、妻との離別には「七去」という理由が挙げられている。

一、父母に順でないこと

二、子の生れないこと

三、多言なこと

四、盗みをすること

五、猥らな振舞のあること

六、嫉妬深いこと

七、悪い病気のあること

自分は、いつも門人達に人間は形より心が大切であると教えている。妻は本当に美しい心を持っており、不器量は妻の責任ではない。一生仲良く連れ添っていきたいと思っていた。

後に藤樹は『孝経』を呼んで深く感銘を受ける。毎朝、門人と共に孝経を拝誦するのが日課となった。彼は妻のために『かな書き孝経』を作り共に誦和した。

二人の間には、続いて二男一女が生れたが三人とも出生後間もなく亡くなってしまった。藤樹三五歳で待望の長男が誕生し、また四年後に次男が生まれた。

［学問に専念］

藤樹は妻の内助のお蔭で、門人の教育や学問の研究、著作作業に専念することができた。しかし藤樹自身何となく健康に不安を感じていたので、一分一秒をも大切にした。念願である聖人の境地に達しようとしたのである。

かくして藤樹は「天は万物の大本であり、また万人は天から徳性（明徳）を与えられている。徳性を大切にすることは、即ち天命を畏れ敬うことである」という考えに至ったのである。[11] この「天命を畏れ、徳性を尊ぶ」ことが学問や修行の大本であると考えた。この考えを基に、自分の教育方針を門人達に明確にするために「藤樹規」を作った。中江藤樹三三歳の春である。

「藤樹規」は、表面的な部分では朱子の作った「白鹿洞書院掲示」[12]を参考にし、土台は藤樹自身の考え方を明確に打ち出したものである。冒頭には、「学問の大目的は、まず天賦の人間固有の明徳を明らかにすることである」と定義した。[13] 明徳とは、人間誰しも天から与えられたもので、人間固有の徳性である。藤樹は後に明徳を「良知」ともいっている。今日の「良心」に近いが、天に通じる深い意味あいを持つ言葉である。

また「藤樹規」と同時に、塾生の生活心得である「学舎坐右戒」を書き示した。「よく学び適時楽しむ」という内容のものであり、当時の塾生の心得としては、個性豊かなものであったといえよう。

その当時、高名な林羅山、山鹿素行、伊藤仁斉などの学舎は殊に賑わっていた。だが、藤樹を慕って日本各地から、不便な小川村までやって来る門弟も少なくはなかった。

翌年の慶長一七年（一六四〇）藤樹の代表的な著書『翁問答』を著わした。これは問答形式になっていて「人間はどうするのが良いか」といういろいろな場合に面した問を設けて、翁である藤樹がそれに答えているものである。いわゆる教訓書であり、儒学の合理主義的道徳を問答体で平易に説いたものである。

慶長一八年（一六四一）藤樹の高弟である熊沢蕃山（一六一九—一六九一）が門弟となる。

4 藤樹学を究める

［良知に致る］

正保元年（一六四四）藤樹三七歳『王陽明全書』に出会い、自分が求めているものがここにあったと大いに共鳴する。それは、心の本体を「孝」とし、「愛敬の心」が大切である。「愛敬」つまり、まごころをもって人に親しむということであった。

考え方の根本である「格物致知」を朱子学では、「物に格（いた）りて知を致す」と読み、外界のいろいろの事物の道理を究め尽くして、自己の知をみがき究めるという。（知先行後）説、王陽明[14]（一四七二—一五二八）の説いた陽明学では「物を格（いた）して知に致る」と読み、「物」は「わが心」の意で自己の心を正すことによって、先天的の良知をみがくことができるといっている。これが「心即理」「知行合一」説である。

また、知に致るの知を良知と考え、人間には本来良知があり、それが私欲のために汚される。この私欲を取り去れば本来の良知があらわれ、善であることができると説く。

藤樹は「致良知」良知に致ると読み、良知に致る道筋は「五事を正す」ことにあると説いた。つまり「持って生れた美しい心を私欲によってくもらせることなく、いつも鏡のようにみがき、何事も良知のさしずに従うようにしなければならない」と説いたのである。ここにきて藤樹の教えはほぼ究められた。

慶安元年（一六四八）藤樹書院が二月に落成して半年後のことである。たびかさなる持病の喘息発作に勝つことができず、門人たちに惜しまれつつ藤樹は四一年の生涯をとじた。「私は世を去る時がきたが、私の道は消えることなく誰か受けついでもらいたい」最後の言葉であった。

八月二五日　卯の刻　藤の木の下に卒す。

三章　日本における儒学

1　藤樹時代の儒学

［幕藩体制における朱子学］

既に述べたように、儒学は孔子に始まる中国古来の政治、道徳の学である。儒学が日本に伝来したのは、四世紀か五世紀頃とされているが、本格的に受け入れ、発展したのは江戸時代になってからである。戦国の世が終り、徳川幕藩体制の成立と共に受容され発展していった。

家康は武を以て天下を統一し、江戸幕府を開き、武家政治により国家を整えていった。武士を中心とした士農工商の厳しい身分制度を確立した。

家康は日本の神儒仏一致の思想の中から特に儒教を尊重し、そこに新しく登場してきたのが朱子学である。それは身分制度における上下の秩序を重んじ、礼節を尊ぶ道徳思想であった。社会的な身分の上下やそこから生ずる差別と、それを背負って生まれてきた生を、生まれながらのものとしたこの朱子の思想は、当時の身分制度時代を支えるためには好都合であった。

この時、近世日本の儒学の祖といわれる藤原惺窩（一五六一―一六一九藤原定家の一二世の孫）の弟子である朱子学者、林羅山（一五八三―一六五七）は家康以降四代にわたって幕府に仕え、儒学の教えを説いた。また林羅山の朱子学は、林家の朱子学として代々の儒学者が、江戸幕府の儒官に登用され、昌平坂学問所で武士の子弟によって受けつがれ広まって行った。

彼の思想は武士に対して、人間関係と人間としてのあり方について目を開かせるものであった。また当時安定しはじめた身分秩序を正当化する理論を築いていった。「上下定分の理」といって、天が上にあって地が下にあるのは常に定まっていることで、それと同じように、身分にも生前から定まった上下があるというものである。いわゆる士農工商の身分制度を正当化するものであった。常に心の中に敬を持ち、上下定分の理を身をもって体現せよというのである。この「敬」は

「うやまう」ではなく「つつしむ」ということで、自分の心の中に私利私欲が少しでもあることを戒めて、常に道理と一つであることを求めるというものであった。そして「忠の心」を至上のものとした。

［林羅山の法印］

幕府は、林羅山が幕藩体制づくりに大きな役目を果たしたとし、その功績に報いるため「法印」[15]という最高の僧位を与えた。徳川時代になって儒教重視政策がとられたが、それまでは仏教が主役であった。そのため当時の幕府の制度として、儒者として登用する方法はなかったので、僧位に準じて法印という最高の僧位を与えたのである。

徳川幕藩体制下において、日本全国民は政府の公認した仏教各宗派のどれかに帰属し、その宗派の寺院の檀家とならなければならなかった。寺院はその人の「生」を保証する役割を果たした。キリスト教を禁止し、仏教徒に転向しない者には弾圧を加えたのもこの時期である。このことにより僧侶の力は勢いを増し、そのため釈尊の教えとは遠く離れ、民衆の思想監視人の役割のような存在となった者もいたのである。それ故、この時期民衆の心が仏教から離れる傾向もあった。

このような理由から、当時の儒学者は、世俗を軽視する仏教を厳しく攻撃していた。林羅山も中江藤樹も同様に、強硬な排仏論者であった。にもかかわらず、羅山は剃髪し、法衣を着て将軍より「法印」という僧位を賜ったのである。

これを知った藤樹は、羅山の学問は単に博識というだけの学であり、「おうむの口移しの学問」

にすぎないといった。[16] 藤樹は後に真の学問とは何かということを、彼の著作である『翁問答』で取り上げ説いている。[17]

［身分制度体制下での藤樹学］

藤樹は幕府の政策に対しても、全ての人が平等で「天の子」であるべきだと主張し、封建的身分の秩序を否定する思想を説いていた。士農工商といえども、天という大本から生まれた四民であるから平等である。それ故、差別をすることは間違いであるとした。「天子とは天皇のみならず庶民に至るまで、全て天の子である。学問は天学でなければならず、武士の学問、庶民の学問という区別も存在してはならない」といっている。[18]

こうした理由で徳川幕府が藤樹の思想に、次第に厳しい監視と圧迫を加えるようになっていった。藤樹の没後、彼の思想を継承した高弟、熊沢蕃山は池田藩に仕えていたが、幕府によって追放され、晩年は古河（茨城県）に幽閉された。

2 日本における陽明学

［王陽明の学と藤樹学］

陽明学の祖である王陽明は、初め道教、仏教の教えに従っていた。ある時、教えを究めようと山中に籠もり無念無想の日々を送った。しかし、小さい頃に母を亡くし、祖母が特に可愛がって自分を育ててくれたこと、また父のことを忘れることはできなかった。その時、この祖母や父を思う心こそ、人間が共に生きる上で、永遠絶大なものであると自覚した。こういう「孝の心」の自覚から道教や仏教を棄てて儒教に転じ、朱子学を学び、やがて陽明学を説いていったのである。

中江藤樹も初めは朱子学を学んでいたが、いろいろ疑問を感じ、儒教の原点を見直した。それは「人間が共に生きること、共同生活を営むことを何よりも重視する。そこに調和した世界を生み出す根源がある」と説いている。[19] つまり、つきつめれば藤樹の「孝の心」と一致する。彼の考えがここに及んだ時、陽明学に出合ったのである。「孝の心」の本質は、まごころを持って人と親しむことである。

しかるに、藤樹は全面的に王陽明の思想を受容したのでもなく、また彼自身も陽明学者だと自称したのでもなかった。したがって、日本における陽明学は、陽明学的な思想とでもいえるのであろう。

藤樹にも彼の思想を継承する何人かの弟子はあったが、いずれも陽明学派として一学派を形成するには至らなかった。ただ一種の思想傾向として存在し、特に個人的に深く心酔する者が現れても、社会的には持続して拡がりをもち、他者に思想的影響を及ぼすことは殆どなかった。

［幕藩体制における陽明学］

幕藩体制下の陽明学は、中江藤樹、熊沢蕃山、幕末期には大塩平八郎（一七九二―一八三七）や多くの共鳴者を出した。しかし、その思想が深く広く発展しなかったのは、彼らの陽明学的思想は、徳川幕藩体制に対する批判的精神とみなされるものが多かった。それ故、その批判的精神は危険思想視され、時には「謀叛の学」と呼ばれたこともある。[20]

徳川封建体制下では、出る杭は打たれるために、各人各様の議論を述べるに止まり、組織的に社会の矛盾と戦うことは困難であった。それ故、日本の陽明学は社会的に広く影響力を持ち得ず、社会性も欠如していたのである。

中江藤樹も武士であったが、脱藩し武士を捨て片田舎で学問を説いた。彼らは「何をなすべきかよりも、なすべき心をどう鍛えるか」という心の学問、精神修養の哲学として認識され、信奉者を生んでいった。[21]

ただ大塩平八郎だけは、陽明学の「知行合一」である実践的性格を持ち、天保の飢饉の際農民の窮状を見て、兵を挙げたが失敗に終った。

江戸幕府は成立以来、その体制のなかで朱子学を封建教学の根本としてきた。しかし、時が立つにつれ、時代に適合しない非現実的な面を持った朱子学に、飽き足らぬ人々が多くなりはじめた。そこで知行合一を説く実践的な陽明学や、直接に孔子孟子の経典を研究するもの（古学派）など、朱子学以外の学問も盛んになった。

享保一一年（一七二六・将軍徳川吉宗の時代）には幕府より許可が下り、大阪に「懐徳堂」が創立された。半官立の性格をもった学校であり、壁書には「書物を持たざる人も講釈聴聞苦しからず」とあった。それは庶民教育の目的を強く持っていたことを物語っている。学生も士庶共学であったが庶民のほうが多かったという。テキストには『四書五経』の他、中江藤樹の『翁問答』

などが使われた。[22]

また水戸光圀が大日本史を編集するために、日本全国各地から招いた学者によって水戸学が形成された。この水戸学から生まれた政治論としての尊皇の思想も高まり、討幕を唱える学者も現れはじめた。

幕府はこのような情勢に対処して、封建教学再建のために朱子学を振興し、これを官学として明確に位置づけるために、寛政二年（一七九〇）「寛政異学の禁」を公にした。[23]当時、識者の間にも反対論はあったが、朱子学は手厚い保護により復興したことは否めぬ事実であった。また異学の禁は、単なる学問の統制にとどまらず、朱子学による官吏登用試験を行うことによって、幕府の忠実な封建官僚群を育成しようとするものであった。

昌平坂学問所に始まった異学の禁は、次第に諸藩の藩学にも広まっていった。

［明治以降の陽明学］

日本の陽明学は、明治期に入り内村鑑三（一八六一―一九三〇）らキリスト教徒によって理解され、豊かな思想的発展を示し始めた。しかしそれも束の間、天皇制国家の形成とそれに伴う国家主義により、陽明学の思想は、その本質を理解されることなく別様に評価された。例えば、知行合一論は単に実践躬行論として理解され、忠孝倫理だけを実践に移すのが、陽明学の精神であると見なされる向きがあった。

終戦後は一転して、東洋的な忠孝の倫理は西欧の民主主義の理論に流され、国民から忘れ去られてしまったのである。

四章　今、藤樹学に何を学ぶか

1　藤樹の教育観

［知行合二］

「知行合二」これは、人々は学ぶことによって人として行わなければならない道を知ることができる。しかし、学んだだけで、それを行わなければ本当に知ったことにはならない。物事をよく理解し、実行してこそ初めて知ったことになるという意味である。

藤樹晩年の著作に『鑑草』という仮名まじりの本がある。鑑草とは大根の異名であるが、この本は彼の妹が嫁ぐ際に書き上げ、嫁入り支度として持たされたものと伝えられている。

全六巻から成り、中国の道教の書を引用して、親子夫婦のあり方、子育て、雇い主と使用人の関係、財宝の扱い方などを、庶民にも分かり易く理解できるように説いたものである。夫婦のあり方などに関しては、今の時代、通用しかねる部分も多々あると思われる。藤樹の故郷小川村では、江戸時代から代々嫁入り前の娘たちは、この『鑑草』を購読する習わしがあったといわれている。購読し実行するよう心掛けたのであろう。その結果、この村では、長年犯罪が一件も発生していないとのことである。

私はこの度「知行合一」という語句を知り、まず頭に浮んだのが、我が「人間探訪の旅」グループである。指導して下さっている仲原晶子先生は、正に知行合一を行く先生である。既に喜寿をお迎えになっているとは思えない行動力で、学べばそれを実行に移される。為すことの内容の違いは大きいが、生き方としても常に学びたいと思っている。また、このグループの仲間たちも、興味ある新情報を得るや否や行動に移す、知行合一を実行する行動派である。何事もついつい億劫になる私にとって、得ることの大きなグループである。

［教子報］

『鑑草』巻四に「教子報」が説かれている。「子に道を教えて、その明徳仏性を明らかにすることとなり。子の明徳明らかになれば、生きては忠養の報を受け、死しては生天の福を受く」とあり、また年齢を段階別に分け、それぞれの教育方法を詳しく説明している。[24] まさにそれはそのまま現在の学校教育に通じるものである。藤樹は「まず何よりも教育は人間づくりが大切である。子供の成長や発達の段階に応じて教育の方法を工夫することと、その子の受け入れる個性や能力に応じて、ふさわしい教育をすることが肝心である」[25]。そして子供というのは小さな大人ではなくて、子供という特別の世界があるともいっている。

明治五年に制度化された日本の近代教育においてさえ、その方法は成人だけが完成された人間であり、子供は成人の二分の一か、四分の一として位置づけられた。国語の言語表現は成人の口まねを学び、綴方は大人の文章を模倣することであった。図画や音楽などの表現教科も全て模写や模倣にすぎなかった。

この「教子報」の巻を藤樹学会会長でもあった故小出哲夫神父は、「世界で初めて子供の精神、知能の発達段階を組み込んだ教育であり、教育心理学である」と評価している。[26]また『藤樹研究誌』にも分かり易く説明発表している。

私達の「人間探訪の旅」グループは、昨年から和田修二先生の『教育的人間学』を勉強している。「子供とは何か」「子供は小型の大人ではなくまだ小さなしかし独立した人間である」。そして「人間の子供は最初から他の動物とは異なった人間の諸能力をもっているが、その発現には、子供のときにいかなる大人と出合ったか、小さい時の環境とその経験が、極めて重要な影響をもつことがわかっている」等まだ耳新しく残っている。誠に幼児にかかわる親の責任の大なるを自覚させられる。

藤樹は幕藩体制の封建的社会の中で、人間教育を真剣に考えていたのである。武士である身分を捨て、一人の教師として、人に技術や知識だけを教えるのではなく、人が人として生まれた時から、どのような環境でどう生きるべきかを、必死の思いで考えそれを説いたのである。これからの時代を担ってゆく子供の心と行いを良くすれば、きっと時代も良くなると考えたのであろう。人々は学ぶことによって、人として行わなければならない道を知り、それを実行して行くのである。

2　今、必要とされる藤樹学

［五事を正す］

藤樹は良知にいたる道筋は「五事を正す」ことにあると説いた。五事とは

貌（ぼう）……顔かたち

　愛敬の心をこめてやさしく和やかな顔つきで人と接する。

言（げん）……言葉づかい

　相手に気持ちよく受け入れられるような話し方をする。

視（し）……まなざし

　愛敬の心をこめて暖かく人を見、物を見るようにする。

聴（ちょう）……よく聞く

　話す人の気持になって相手の話を聞くようにする。

思（し）……思いやり

　愛敬の心をもって相手を理解し思いやりの心をかける。

日常生活において人々との交わりの中で、自らが五事を正すことが、すなわち良知をみがき良知に致る大切な道であると説いている。

また藤樹のいう「孝の心」とは、自分の心や身体は父母から受けたものであり、父母の心や身体は祖先から受けたものである。さらにそれは全て天から受けたものである。祖先を尊び天を敬

うのも孝行であり、自分の心を正しくし身体を健やかにし、行いを良くすることも孝行であるというのである。この天から受けたものは、人に限らず動物、植物この地球上全ての物を指しているのであろう。

環境破壊が問われる今日、また、物の豊かさのかげで心の貧しさが指摘される昨今、高齢化社会における健康問題、地域社会における人間関係の希薄等々。二一世紀に向けて、このような現代社会が抱える問題解決に必要な精神の原点が、藤樹の教えの中にあるのではないだろうか。様々な社会不安を抱える今だからこそ、改めて藤樹の「心の学」「人間自然の生活」を見つめ直してもよいのではないか。もし全ての人が五事を正し、孝の心を持つことを、人が人として生きるための最低の常識として心得るならば、より良く共に生き、自然な共同生活を営むことができるであろう。

［現在に生きる「藤樹さん」］

現在、藤樹の生まれ故郷にある藤樹書院では彼を偲んでいろいろな行事が行われている。三月七日（藤樹の誕生日）には立志祭が行われる。彼の立志と同年代の安曇川町内の小学校三年生児童が参加し、藤樹の教えを学ぶ。また王陽明の生まれ故郷、中国浙江省余姚市との数々の文化交流も行われ、中学生日中友好の旅は、毎年夏休みの行事の一つになっている。

大正一〇年（一九二一）藤樹没後二七三年目には日本藤樹学会が発足した。しかし、第二次世界大戦後、藤樹の教えと共に自然消滅してしまった。だが昭和四五年（一九七〇）再発足するはこびとなった。この年藤樹研究大会が開かれ、藤樹の学徳に再び光が当てられたのである。以来藤樹研究会は毎年八月に、藤樹ゆかりの各地を巡回して開催されている。

現在、日本全国で藤樹の学問と学風を最も熱心に取り入れているのが大洲市である。教育行政の方針として、藤樹精神を小中学校の教育のバックボーンにすることが打ち出されているという。大洲でもやはり小川村と同じように「藤樹さん、藤樹さん」と呼ぶ習わしになっている。藤樹さんが現在に生きて、市民各自に寄り添って、心のよりどころになっているのを肌で感じ取っているからであろうか。

鳥取県米子市、愛媛県大洲市、滋賀県安曇川町この三ヵ所は、中江藤樹のゆかりの地である。この三つの地では藤樹の没後も、江戸時代、明治、大正、昭和、平成と三五〇年余り、土地の人々によって何らかの形で、藤樹を顕彰する行事が続いてきたのである。しかも、小中学校の子供達に、藤樹の学問が伝え教えられている。

朱子学、陽明学の枠を越えた藤樹の野の学、おおらかな「心の学問」が今も、これからも、人々の生活がある限り、いつも一緒にあるのではないだろうか。

やさしい心づかいに致ること、良知に致ることである。

【註】

（1）『庭訓往来』＝初学者の書簡文範例として一年各月の消息文を集めたもの。
（2）『貞永式目』＝『御成敗式目』＝貞永元年（一二三二）北条泰時が承久の乱後、当面する政治・法制の諸問題に対処するために編集した五一ヵ条の法典。室町時代に至るまで武家の根本法。江戸時代には習字の手本として民間に普及した。
（3）『五経』＝儒教の経書で易・書・詩・礼（らい）・春秋の五経。
『四書』＝礼記の中の大学・中庸・論語・孟子。

『大学』＝礼記の一編で明徳・止至善・新民の三綱領と格物・致知・誠意・正心・修身・治国・斉家・平天下の八条目を説く。
（4）参考文献（4）2頁
（5）参考文献（11）4頁
（6）参考文献（11）4頁
（7）参考文献（1）72頁
（8）明徳＝天から受けた、はかり知ることのできないほど尊くすぐれた道徳心。
（9）参考文献（1）81頁
（10）参考文献（1）92頁
（11）参考文献（1）196頁
（12）白鹿洞書院掲示（はくろうどうしょいんかっし）＝朱子の書院である白鹿洞書院で、朱子が講学の方針や学生心得として掲げたものである。日本でも各地の学校で儒学教育の指針として引用され掲げられていた。備前の閑谷学校もその一つである。
（13）参考文献（1）200頁

(14) 王陽明＝明の大儒学者、中国浙江省余姚市の人。初め心即理、後に致良知の説を唱えた陽明学の祖。
(15) 法印＝最高の僧位・中世以降僧位に準じて儒者・仏師・連歌師・医師・画工に授けた称号。
(16) 参考文献（1） 89頁
(17) 『翁問答』より
問　正真の学問とはどのような学問か。
答　四書五経で学んだ精神を、日常生活の中で磨き上げていく実地の体験学習を真の学問であるという。
(18) 参考文献（3） 23頁
(19) 参考文献（7） 60頁
(20) 参考文献（6） 17頁
(21) 参考文献（6） 9頁
(22) 懐徳堂の跡地に現在、日本生命ビルが建てられている。大正初年、懐徳堂記念会が設立され、大正七年記念碑が建立された。記念碑は日本生命ビル南側社屋外壁にはめ込まれている。（大阪市中央区今橋三丁目）
(23) 参考文献（12）
(24) 参考文献（2）
(25) 参考文献（1） 304頁
(26) 参考文献（3） 133頁

【参考文献】

（1） 物語「中江藤樹」 松下亀太郎 著 S56・6・1 （財）藤樹書院
（2） 藤樹先生全集 岩波書店版
（3） 中江藤樹 ―天寿学原理― 太田龍 著 H6・12・27 泰流社

⑷ 近江聖人・中江藤樹　大久保龍　著　S12・6・15　啓文社出版
⑸ シリーズ陽明学　中江藤樹　古川治　著　H2・2・28　明徳出版
⑹ 日本の陽明学・奇蹟の系譜　大橋健二　著　H7・5・30　叢文社
⑺ 現代の陽明学　岡田武彦　著　H4・12・5　明徳出版社
⑻ 儒教とは何か　加地伸行　著　H2・10・25　中央公論社
⑼ 中江藤樹に学ぶ　時代のこころ人のこころ　栢木寛照　著　H6・4・25　二期出版
⑽ 代表的日本人　内村鑑三　著　H7・7・17　岩波書店
⑾ 近江聖人「中江藤樹」　H11・3・7　㈶藤樹さんに親しむ会
⑿ 万有百科大事典　S56・1・20　小学館
⒀ 藤樹書院発行のパンフレット
⒁ インターネット「中江藤樹」「日本の陽明学」

英国のティー・タイム

向山　安子

一章　アフタヌーン・ティーと私

1　イングリッシュ・アフタヌーン・ティーに魅せられたきっかけ

ロンドンのピカデリー通りの中央に佇むリッツ・ホテル—それはイギリス庶民が一度は泊ってみたいと希望しているホテルでもある—のアフタヌーン・ティーに出席したのは数年前のことです。それは初めてのことでしたが、たちまちその優雅さに魅せられてしまいました。アール・デコ調の装飾と大理石の円柱や丸天井、銀器やボーン・チャイナのティーセットの一揃いが目を引きます。タキシードを着た男性のサービス、男性が弾くピアノのスコットランドやアイルランドの民謡、「炎のランナー」などの映画音楽の調べが品の良い雰囲気を盛り上げています。ちょっとクラシカルなドレスを着た客人たち、なんと優雅な時間だったことでしょう。

途中で突然、ハッピーバースデーの曲がなりだすと、ある一つのグループの前にバースデーケーキが置かれ、全員で一緒に歌うという場面もありました。

何歳になっても誕生日を祝ってくれる人々がいて、それを素直に喜ぶ—ほんとうに心温まる光景でした。

敗戦以来、ただがむしゃらに働き、経済の発展をのみ追求してきた日本人の欲望は、形ある〝物〟にのみ執着してきました。バブル経済の崩壊によって、そうした生き方を反省している今日です。

そこから心のゆとりを求め、その時間としてイングリッシュ・アフタヌーン・ティーやイングリッシュ・ガーデンといった一種のブームが起きたのも、それは単なる欧米崇拝だけではないように思われます。

かつては、日本家屋には縁側があり、日中の余暇時間にはふと立ち寄ってお茶を飲みながら世間話をすることも出来ました。

今では皆忙しくなり、そうはいかなくなりました。「何がそんなに忙しいのか」と自分でも思います。

そこでアフタヌーン・ティーのように時間を決めて、家庭やホテルでお茶の時間を持つことを考えても良いのではないでしょうか。

次の機会には、リッツ・ホテルから歩いて十数分離れたブラウンズ・ホテル（アガサ・クリスティーも泊まったといわれる）のアフタヌーン・ティーに出席しました。オーク材を張った羽目板、ヴィクトリア朝時代以来の一五〇年の歴史のある、古き良き時代のイギリスを偲ばせる部屋のたたずまいに先ず感動しました。リッツ・ホテルとは違った落ち着きのある、しっとりした雰囲気にも心引かれました。大声でしゃべらない周りの人々にも気を使った、紳士・淑女としてのマナーを身につけた人達の集まりでした。

ある時は、一般市民の家庭のアフタヌーン・ティーにも参加する機会がありました。決して貧しくはないけれど、そんなに贅沢でもなく、慎ましく生活し堅実で素朴な家庭の味を感じさせるものでした。

裏庭にはリスが遊び、りんごの木、ブルーベリーの木、アーモンドの木などがありました。暖炉の上のマントルピースには、その家を離れていった家族の写真が飾られていました。家代々大切に使われてきたアイリッシュ・リネンのテーブル掛けとティー・ナプキン、ティー・セット、家具など、全てが伝統の中で光彩を放っています。初めて訪れた私達を、家中案内して下さった懐の深さに感動しました。サンドイッチもスコーンもヴィクトリアン・ケーキも手作り、すっかり感激して一生大切にしたい想い出の一時でした。

コッツウォルズ地方[1]に旅行した時も、小さな民家のティー・ハウスで、椅子も寄せ集めた古いもの、机は直径五〇センチくらいの丸いテーブル、ピンクのテーブル掛け、その上にチューリップ柄のティー・セットが置かれ、「まあ、かわいい」と思わず声が出たほどでした。

自由で形式にこだわらず、話し合うことが好き、音楽が好き、花が好き、自由に笑うことが大好きな私にはぴったりで、いっぺんに引きつけられてしまいました。

私とアフタヌーン・ティーとの出会いはこうして始まりました。

2 その準備の小道具

ティー・サーバーとティー・ポット
ティー・カップ、ソーサー、ケーキ皿
ティー・ストレーナー（茶こし）
ティー・スプーン
シュガーポットとトング
クリーマー（ミルク入れ）
ナイフとフォーク
ケトル（湯沸し）
コンロ（電気・ガス用など）
ホットウォータージャグ（お湯さし）
ストップ・ウォッチ
三段のケーキスタンド（二段の時は、他にサンドイッチ用角皿）
ティー・ナプキン（二〇～二五センチ角）
テーブル・クロス

これらの他に花瓶などの部屋を飾る品々

3 主婦の創造性を生かせる場としてのインテリア、テーブルセッティング、ガーデニング

さて、イングリシュ・アフタヌーン・ティーは、イギリスの家庭ではどのように行われているのでしょうか。

ロンドンと言っても地域にもよりますが、美しい街並みのところでは道路に向かって家々が整然と建ち並んでいます。その家の前後の庭は季節の花が彩りを添え、広い街路の歩道には大きな街路樹が緑の枝葉を茂らせています。家の庭には小鳥やリス、ウサギ、時にはキツネなどがやってきます。

最初ロンドンに行きました時には、古いレンガの家を見て、その年代を得た古さを美しいものとは思いませんでしたが、玄関の扉を押して一歩足を踏み入れると、そこには花園を思わせるような絨緞が全体に敷き詰められていました。暖炉（現在は使われていません）の周辺には、座り心地のよさそうな椅子を置いており、季節の花や多くの絵や写真などで飾られた空間が広がっていました。家具は殆どが本物の素材で作られていて、何代にもわたって受け継がれ、傷自体が値打ちのあるものとなって、大切に保存されていました。

さて、家庭でのアフタヌーン・ティーに話題を移しますと、紅茶を美しく入れるために、ティー・テーブルの上には美しいカップとソーサー、ティー・ポット、砂糖入れ、ミルクジャーなど

を並べます。それはまるで花園にも喩えられる程の美しさです。そして、ティー・コジーと言う保温カバーを使っています。カバーには、鳥籠に入ったおうむや、古い田舎のコッテージを図案にしたものなどがあり、それらをテーブルに置くと物語が始まりそうな温かい雰囲気が流れます。テーブルクロスとティー・ナプキンは、何十年にもわたって使い込まれたものにきちんとアイロンがかけられ、花柄やレース、無地など、花器とのバランスを考えて用意します。

正式のアフタヌーン・ティーならば、胡瓜のサンドイッチは無くてはならない物です。ヴィクトリア時代は、胡瓜は貴重な食べ物だったからです。三センチ角に切ったサンドイッチが、そのまま一口に上品に食べられますので、優雅な雰囲気になじみやすく好まれます。

次にスコーンがつきます。これは家庭の味を大切にした素朴な焼き菓子で、幼児が少女になって一番先に作ったものといわれています。ですから、小麦粉、砂糖、卵、バターを混ぜて焼き、ちょっとポロポロした感じのものです。スコーンを、先ず横にナイフを入れて二つに切り、それを上から半分に切り、お皿に取っておいたジャムとクロテッド・クリーム[2]を塗ります。スコーンにはクロテッドクリームの柔らかみ、ジャムの酸味、甘味がよく合います。

三段のケーキ・スタンドの下段にサンドイッチ、中段にスコーン、上段には小さめのケーキです。私はロンドンの九箇所のホテル[3]のアフタヌーン・ティーに出席したのですが、置き方は大体このようでした。

家庭で開かれたアフタヌーン・ティーでは、ティー・カップとソーサーを持ったまま窓辺に歩いて行き、お庭に目をやりながらお喋りをしているのを見かけます。それは、映画の場面「いつか晴れた日に」などの風景を思い出したものでした。それもお庭が美しいからこそ絵になる光景でした。

イギリス人の家に対する思い入れは、一方ならぬものがあります。「イギリス人にとって家は城である」[4]と言う諺があります。まして、庭はその大事なお城を囲む特別な空間なのです。

イギリスの年配の男性には、家庭園芸を趣味にしている人が多いようです。一見、荒れ野のような配置で咲き乱れる花々、枯草まで実は考えて配置してある庭、ガーデニングはイギリスでは最高の芸術の領域まで発達しています。リタイアーしてガーデニングに専念したいと思う人が何十万人もいて、そういう生き方も当たり前のことで決して物珍しいことではありません。絵のような庭作り、例えば、人や動物その他の彫刻などを作り、お城の庭のようにしたりします。ある日は、ペンキで真っ白に塗った机と椅子を並べて、お庭でアフタヌーン・ティ・パーティーを開くのを楽しみにしているようです。

こうした考えから電柱も無い、広告も無い街作りに対する熱意があるようです。また、ナショナル・トラスト運動[5]も、ガーデニングの延長線上にあると言えます。自分の庭だけでなく、町全体を庭にしようと言うことでしょうか。

4　紅茶の入れ方と、紅茶の種類

〔紅茶の入れ方のゴールデン・ルール〕

①汲みたての水道水を沸騰させる。五円玉くらいの泡がゴボゴボ出ている状態が良い。

②ティー・サーバーとティー・ポットに湯を注ぎ、全体を温める。

③水を捨て、温めたサーバーに茶葉を入れる。ティー・カップ一杯に対して、ティー・スプーン一杯。細かい葉は中盛り、大きい葉はかさ張るので大盛りにする。

④沸騰した湯を杯数分（約一八〇cc）注ぐ。やかんを持って移動せず、サーバーをやかんに近づけて注ぐこと。

⑤直ぐに蓋をして蒸らす。細かい葉は一—二分、中位の葉は二〜三分、大きい葉は三〜四分が目安。きちんと沸騰させた湯を使うと、この時ジャンピングが起こる。（ジャンピングとは、茶葉が上下に廻りながら対流すること）

⑥室温が低い時は、ティー・コジーやティー・マットを使う。

⑦時間がきたら蓋をとり、スプーンでそっと葉を起こすようにする。

⑧ストレーナー（茶漉し）を使って、温めておいた別のポットに注ぐ。最後の一滴（ゴールデンドロップ）まできちんと注ぐこと。

⑨ティー・カップに入れて飲む。

※アイス・ティーについて

美しい大人の恋愛を描いた「マディソン郡の橋」では、メリル・ストリープがアイス・ティーを飲んでいる所へ、クリント・イーストウッドが通りかかって物語が始まります。一九〇四年、アメリカのセントルイスでの博覧会で、あまりの暑さに氷を入れて勧めたのが始まりと言われています。ですから、イギリスの飲み物ではありません。

〔紅茶の種類〕

世界中で生産されている紅茶の種類は数え切れないほど沢山あります。中でもインドの「ダージリン」、スリランカの「ウバ」、そして中国の「キーマン（祁門）」は世界の三大銘茶とされています。ダージリンは、インドの西ベンガル州のダージリン地方でとれ、ウバはスリランカ中央山脈の南東部ウバ州で、また、キーマン（祁門）は上海の西に位置する安徽（あんほい）でとれます。紅茶の木が特別にある訳ではありません。紅茶も緑茶も、そしてウーロン茶も、実は全て同じお茶の木からとれます。

葉を完全に醗酵させたものが紅茶、醗酵させずに蒸すことで酸化酵素の働きを止めたものが緑茶、醗酵を途中で止めたものがウーロン茶となるのです。

〔産地国別紅茶〕

「インド」

インドは世界最大の紅茶生産国で、全世界の三五％を生産しています。

◎ダージリン紅茶―インドが誇る世界の銘茶がこのダージリンです。二千メートルを越える山頂の茶畑に、一日の温度差によって霧が発生し、この霧が一番摘み（ファースト・フラッシュ）のフレーバーや、二番摘み（セカンド・フラッシュ）の「マスカット・フレーバー」を生み出します。ゴールデンチップを含んだダージリン茶をカップに注ぐと、カップの内縁にくっきりとしたゴールデンリングが出ます。味、コク、香りとも最良品で、ぜひストレートでお飲み下さい。

◎アッサム紅茶―水色（すいしょく）と味は強い一方、香りはマイルドなのでミルクティーに向きます。

◎エルギリ紅茶―香気も良く、きれいな明るい鮮紅色で、氷を入れても濁りませんのでアイスティーに向きます。

「スリランカ」

生産量はインドに次いで世界第二位で、かつての国名はセイロン。

◎ウバ紅茶―さわやかな渋味が特徴。水色（すいしょく）は真紅で明るく、まさに紅茶の色。

◎ディンブラ紅茶―マイルドでしかも強い香味があり、爽快感がある。

「中国」

インド、スリランカに次いで、世界第三位の生産量。

◎キーマン（祁門）紅茶―八月に摘まれるものの中に最高級品があり、ランかバラに似た香り。

「ケニア、アフリカ諸国、インドネシア」

これらの国でも、多種類の紅茶がとれる。

香りを加えたフレーバーティーとして、ラプサン・スーチョン、ジャスミンティー、アールグレーなど、色々あります。

〔製造方法による分け方〕

大きく二種類に分けられ、「オーソドックス製法」（中国の伝統的な、手と足と簡単な道具を使ってリーフ・ティーにするやり方）と、「CTC製法」（主にティーバッグ用で、crush・tear・curl ― 押しつぶす・引き裂く・丸める）があります。

〔葉のサイズによる分け方〕

○オレンジ・ペコ（OP）

硬く細長く、よく揉まれた大型の葉。　※ペコとは葉が橙色の産毛におおわれているところから来ており、水色かオレンジ色をしていることからこう呼ぶ。

○ペコ（P）

オレンジ・ペコよりやや短く太い。

○ブロークン・オレンジ・ペコ（BOP）

茶葉を二～三ミリに篩い分けたもの。

○ブロークン・オレンジ・ペコ・ファニングス（BOPF）

BOPより更に小さく篩われたもの。

○ダスト（D）

最も細かい葉で、粉状。

二章　ティー・タイムの歴史

1　イギリスの伝統（紅茶とのかかわり）

今日、紅茶と言えばイギリスの飲み物のように思われますが、もとは中国産です。イギリスで紅茶が飲まれるようになったのは一七世紀の末頃からで、まだ約三百年くらいの歴史でしかありません。ヨーロッパで最初に、大量に紅茶を運んだのはオランダ人です。イギリスでも最初の頃は、オランダ人が運んできた紅茶を飲んでいましたが、やがてイギリスも東インド会社（一六〇〇年創業）が、オランダの後を追って紅茶交易に乗り出しました。当時、紅茶の生産地は未だ中国以外には無く、インドやスリランカで紅茶の栽培が始められたのは、一九世紀以降のことです。

紅茶がヨーロッパに運ばれたのは海路でした。それは中国の広東とか、福建あたりからインド洋を越え、アフリカの喜望峰の先端から東大西洋を北上する海路で、陸のシルク・ロードに対して、こちらは海のティー・ロードと呼ぶことが出来ます。イギリス人が紅茶を飲み出した一七世紀でも、紅茶の供給地は中国だけで、なにしろ遠い東洋から運ぶのですから、かなり高価なもので、最初の頃は貴族や上流の人達でないと、なかなか手の届かない飲み物でした。それが漸く一般市民の間に広がった一八世紀においても、紅茶は供給量よりも、はるかに需要が上まわっていました。

イギリスでのお茶の風習は、元々は一七世紀の半ばに、ポルトガルからチャールズ二世のもとに嫁いだキャサリン王妃によってもたらされたことに始まります。紅茶は、当時既にポルトガルに持ち込まれていました。キャサリン王妃は、ポルトガルから持参した紅茶で、客間を訪れる貴族達をもてなしました。

宮廷でのキャサリンの紅茶のもてなしは、たちまちのうちにその社会に広まり、やがて貴族のあいだで、紅茶を日常の習慣とする風習が確立されました。その後、アン王女（一六六五～一七一四年）が、東洋への憧れとともにお茶を好み、クイーン・アン・スタイルのティー・ポット[6]も生産されました。

紅茶の味は新鮮であることが鍵であるにもかかわらず、一八世紀には、中国からイギリスへの航海は半年も日数を要しました。しかし、一九世紀の中頃から造船の技術が進歩し八〇日から九〇日くらいで航海できるようになりました。中でも、一八六六年に行われたティー・クリッパー（快速船）のレースは歴史的にも有名です。それより少し前、これまでイギリスの紅茶貿易を独占してきた東インド会社の権益が廃止され、どこの紅茶商人にも自由な輸入許可証が与えられました。ロンドンだけでなく、全国いたるところで紅茶が飲まれるようになりましたが、イギリスからの移民が多かったアメリカの東部でも、同じ頃盛んに紅茶が飲まれていました。ところが、アメリカでも多量に飲まれ出した紅茶に目をつけたイギリス政府は、高い紅茶税を課しました。これまで盛んに紅茶を飲んできたアメリカの移民達は、本国の茶税に反対して紅茶を飲まず、コーヒーに切り換えるに至りました。それ以来、アメリカ人の嗜好は、この二百年間コーヒーが主流となり、今世紀に入ってからでも、紅茶はあくまで少数派の飲み物であり、女性的と考える習慣が根強く残ることになりました。

イギリスで紅茶を飲むことが文化様式にまで高められたのは、ヴィクトリア女王の時代（一八三七～一九〇一年）の後期に入ってからのことでした。かつて、歴史上享受したことのない豊かな生活を実現したヴィクトリア時代の人々にとって、その暮らしをどのように活かすかは大きな問題でした。このヴィクトリア朝時代の繁栄は半世紀以上続きましたが、ロイヤル・アスコットの競馬も、テームズ川でのオックスフォード大学とケンブリッジ大学のボートレースも、みなこの時代に始まりました。

イギリスの朝食（イングリッシュ・ブレックファスト）が、ヨーロッパ随一豪華になったのも、この頃のことです。例えば、朝食にはベーコン、卵、ポリッジ（シリアル）、ソーセージ、トマト、ジュース、ミルク、紅茶、パン、など盛り沢山です。シャーロック・ホームズのテレビ映画を見ると、ワトソン博士が朝食の紅茶を銀製のポットで入れている場面が出てきます。ホームズの時代はヴィクトリア朝時代の最後で、最も華麗な文化が花開いた時だったからでしょう。

さて、時は一九世紀半ば、イギリスの七代目ベッドフォード公爵家での出来事です。

その頃のイギリスでは、食事は一日二回が普通で、夕食は午後八時から九時頃の遅い時間に始まりました。ある日の夕方、公爵夫人は空腹に耐えきれなくなり、召使にお茶と軽食を運ばせました。これがアフタヌーン・ティーの始まりです。それが当時の貴婦人たちの間に広まっていきました。

一八世紀から一九世紀にかけての産業革命によって、庶民の暮らしにもやっとゆとりが出てきました。そして庶民の間にも、紅茶を飲む習慣が広がりました。その労働者たちの間では、紅茶を受け皿で飲む習慣もありました。余りゆっくりと紅茶を飲む時間もなかったのでしょう。あつあつのカップの紅茶を一度受け皿に注いで、少し冷めた紅茶を飲む習慣がありました。

一八三〇年代には、紅茶の生産地がこれまでの中国だけでなく、インドのアッサム地方やセイロンにまで広がりました。その一方で、庶民にも大量に紅茶を消費する経済力がつくと、このアフタヌーン・ティーの習慣は、全てのイギリス人のライフスタイルに浸透しました。

私が愛読する小泉信三さん（一八八八～一九六六年）の著書に次のような文があります。

「一九一〇年頃イギリスに留学した時、午後四時頃紅茶が出る。しかも多量に飲む。この午後の紅茶はドイツ、フランスに無いもので、イギリスだけのものだ」と。約一五〇年も前に上流社会で始められたアフタヌーン・ティーも、その後少しづつ形を変えながらも、今日まで続いてきています。

現在、イギリスの年間一人あたりの紅茶消費量は、約二・六kg、八〇％のイギリス人が毎日五～六杯の紅茶を飲んでいると言う計算になるそうです。一方日本人は、イギリス人の約二五分の一だそうです。このように、伝統的なスタイルは「やかんの冷える暇のない」ほどのものになりました。

2　イギリス社会と階級制度

イギリスは、今も厳然たる階級社会で成り立っています。貴族制度が現在も残っていますし、代々知的な分野の担い手とされてきた中産階級と、労働者階級との間には、良い悪いは別として、相当な意識の隔たりが見られます。このため産業界にあっては幼い時からレベルの高い、かつ個性重視の教育を受けてきたエリート層と、義務教育を終えて生産現場に送り込まれてくる層とに二極分化しています。

ご存知のように、日本では第二次大戦後華族制度が廃止された上に、農地開放によって大地主階級も存続しなくなりました。ところがイギリスでは階級制度が脈々と息づき、上と下の差は今もはっきりしています。中産階級はラグビーやクリケット、労働者階級はサッカーを楽しむものとされています。新聞も「タイムズ」「ガーディアン」など教育程度が高い人向けの高級紙と、「サン」や「ミラー」などの大衆紙とに分けられ、高級紙の発行部数は大衆紙の十分の一になっています。インテリはインテリらしく、労働者は労働者らしくと言う階級社会を背景にしたイギリスの気風があります。

教育の上でもパブリックスクールと呼ばれる私立の進学校から「オックスフォード大学」か「ケンブリッジ大学」を修了するのが典型的なエリート・コースとされています。パブリック・スクールに入学する生徒の大半は、小学校から私立で教育を受けています。公立学校の場合、生徒の約七割は一六歳で労働者として社会に出ます。いずれにせよ、生徒の大半が大学まで進学する私立校と、そうでない公立校との教育水準の差は明らかでしょう。

もし、日英のエリート層だけを比較した場合、ただの受験秀才上がりが大半を占める日本側に対して、イギリスの方が知育・徳育・体育のバランスがとれた人材の層が厚い、ということになっています。それは、イギリスのエリートは子供の頃からエリートたるべく育てられていることによります。ですから、どこの国にでも種々の人間がいるように、イギリスは「紳士の国」「成熟した国」と言うことが出来ます。そこでは人種的偏見もあまり無いし、生活を楽しむ術を心得ているようにも見えます。数世代に亘って十分な資産を持って暮らしてきたからこそ、それも出来るのでしょう。しかし、そうでない人々も多いのも事実です。例えば、オードリー・ヘップバーンが主演した「マイ・フェア・レディー」のように、階級や教育程度によって、英語のアクセントまで異なります。

イギリスの初等教育(五歳~十一歳)は、クラス全員が同じペースで学ぶのではなく、子供一人ひとりに合わせ、進度の早い者から新しい課題に取り組む方式をとっています。このやり方は、協調性よりも個性の発達に重きを置いたものです。友人や味方というものは、後々そうだとわかって、初めて存在するもので、最初から和気あいあいなどと言うのはまかしに過ぎないものです。だから社会に適応できる逞しさを身につけようと言うのがイギリスの教育なのです。

3　生活習慣・食生活と衣・住環境

元々イギリスはキリスト教国です。「神を信じている」と答える人はイギリス国民の半数以上にのぼりますが、定期的に礼拝に行く人は一割くらいです。

「ゆりかごから墓場まで」と言われた福祉制度が大幅な見直しを迫られています。しかし、「老いてなお孤高を守る」というイギリス式生き方を、最後の息を引き取るまで可能にしているのは、各人が自主独立の精神を失わないからです。それには神と人とが一対一で向き合う宗教の力も大きいと思います。娘・息子が一八歳になると家を出ることになっています。日本の伝統的家族制度に支えられてきたお年寄りに、真の意味での自立がわかってもらえるでしょうか。

生活習慣についてもアッパー・クラス（人口の約一五％）とミドル・クラス（約五〇％）、そしてワーキング・クラス（約三五％）とでは、その生活差があり過ぎます。ここではミドル・クラスの人々について書くことにします。

例えば、私は洋服作りが趣味ですので、直ぐ洋服に目が行きます。イギリスの高級紳士・婦人服は、誰が何と言おうとやっぱり世界一でしょう。デザインは肩幅が広くなったり、狭くなり過ぎたりすることが流行とすれば、流行から遅れているのかもしれません。然し、品質は超一流で、本物のカシミヤや羊毛の布で作られています。勿論、郊外の丘には多数の羊や牛が飼われていることから来ているのですが。

ツイードのスーツやウールのコートを着た、道行く人達を、何度目で追ったことでしょう。日本では何故、上質でシンプルで目立たない洋服を、大切に長く着る習慣をなくしてしまったのでしょうか。

アフタヌーン・ティーに参加したお宅の御婦人のきれいな水色のカシミヤのセーター、きれいに磨かれた靴、―こう言った、ちょっとしたおしゃれをする場として、ティー・パーティーも存在するのかもしれません。

きちんとした服装を大事にする国で、カジュアル指向の日本から見ると古いと言われるかもしれませんが、ジーパンやスニーカーでよそのお宅を訪問したり、デパートのハロッズへ行ったり、ウェッジ・ウッドを買ったりすることは、マナー違反と言うことになっています。

住居のことですが、道路側には低い生垣とかレンガの塀などがあり、その内側にフロント・ガーデンがあり裏にはバック・ガーデンがあります。バック・ガーデンは日本の庭園のように生活や日常性から隔離されたものではなく、色とりどりの花や芝生など、美的であるとともに機能性を備えたものです。例えば、暖かい日ならば芝生の上にガーデン・チェアーやテーブルを持ち出して、友人・知人を招いてアフタヌーン・ティーを楽しんだりします。

イギリスの家には大抵煙突がついていて暖炉の周辺に座り、ティー・セットの並んだテーブルを囲みます。スポードと言うブランドのティー・カップの一種で藍色のイタリアン・ブルーと言う銘柄がありますが、これが最初に作られたのは一八一六年で、今でも同じ銘柄のものを買い足すことが出来ます。食生活は、料理についてはあまり芳しい評判ではありませんが、高級レストランで食事をするような習慣はほとんど無くて、大切な客の応対でも全て家庭で温かくもてなすのがイギリス風マナーです。

三章　日本の場合のお茶

1　茶の湯との比較

日本には茶道という世界に冠たる文化があって、形式、完成度において、これだけ磨きぬかれたお茶の文化は、日本以外には地球上どこを見渡しても見当たらないのではないでしょうか。日本の茶の湯は世界に誇れる文化です。比較するのもどうかと思いますが、歴史的背景が異なりますから全然異質のものになっています。

根本的に違うのは、日本の茶道が徹底して形式にこだわるのに対して、イギリスのお茶はほとんど形式にこだわりません。実にざっくばらんで、日常的で、気楽なのです。千利休が構築した精神世界・道といったものに比べれば、イギリスのお茶の席は大きく違いますが、日常生活を豊かにする会話と友情を深める機能性を持っている点では勝れたところがあります。

アフタヌーン・ティーは、おおらかで、友人を作るための絶好の場と機会を提供します。日本の茶室の構造には特別の精神価値が付与されているのですが、庭と部屋の行き来も自由なのが英国紅茶の特徴です。美しく楽しむという点では共通しています。

2　お茶の楽しみ方の比較

英国紅茶道とでも言うのは、総じて言えば頗る大雑把なものであって、その大らかさに英国茶道の心があると言ってよいでしょう。日本の茶の湯が伝統を重んじるという点で、少々神経質過ぎるきらいがあって、それでは折角の楽しみも半減してしまいます。英国紅茶道はこの点で、日本の茶の湯とは対照的です。日本の場合、全てにおいて完全な形式が求められますけれど、英国茶道は我々の日常性を少しでも心豊かに楽しむという心得があれば、少々いい加減なところがあっても許されるのです。

四章　学びたいこと

1　ティー・タイムの心

イギリス人の間では、アフタヌーン・ティーに人を招くのは呼ぶ側の親愛の表れなのです。したがって、そのアフタヌーン・ティーに呼ばれる側の人は、そのことを非常に大切なことと考えます。形式的な感じではなく、もっと本音の誠実さによって成り立ちます。

それはただ一緒に楽しくお茶を飲むというだけの関係ではなく、もっとうちとけた友情を意味します。

「アフタヌーン・ティー」の席に呼ばれることは友達としての交際の始まりと言って良いでしょ

う。健康的で、清潔で、スマートで、自由で、明るく、ユーモアが飛び交います。大声でキャーキャーあたりかまわず笑うのでもなく、また逆に窮屈な感じでもないこの社交性は、日本人に今まで一番欠けていた要素ではないでしょうか。

2　マナー（笑顔と話題）

〔ティー・パーティーのマナー〕

○帰ったら、必ずサンキュー・レターを出すこと
○お土産は特に必要ありませんが、自宅に咲いている花などをさりげなく持参しましょう
○お返しに、逆にティー・パーティーを開いて招待しては如何でしょう
○五分ほど遅く着くこと
○出欠の返事は出来るだけ早く出すこと
○招く側のホステスも、疲れを見せないためにおしゃれをする
○応接間のテーブルのように低いテーブルの時は、ひざにナプキンを置きソーサーごと手に取る
○クッキーは、割らずにそのまま食べる
○背筋を伸ばす。音を立ててすすらない
○その家のホステスは、席を立たずに済むように、全てをとりまわしておくこと
○最初、スプーンはハンドルの下に置いておき、使っている途中は向こう側へ置く

○三時間くらいでお開きにすること
○居合わせた誰もが寛げる雰囲気を作るには何をすべきか、という発想にたって、大らかに楽しみましょう。誉めすぎたりせず、心からの笑顔が何よりです。

3　人間関係の潤滑油として

オックスフォードの郊外とか、ロンドンでも高級住宅地に住んで教養ある中産階級のイギリス人とだけつきあっている人々の認識と、ワーキングクラスの人と付き合っている人々の認識とは大きな隔たりがあります。ですから、イギリスをただひたすら礼賛したいとも思いません。けれども良いと思うことは見習っていきたいものです。

例えば、イギリス人の寛容・忍耐・情というものに他のどんな国の国民より重きを置き、それに誇りを持っていること、世界中で最も人種差別を禁じている国で、これくらい人種を平等に扱う国はないこと、イギリスの犬や猫は世界最高の待遇で愛されている事など、素晴らしいと思います。

誤解しないで頂きたいのは、イングリッシュ・ガーデンを取入れたら良いからと言って、日本庭園をつぶして芝生を植え、バラを植えたら良いのではありません。バラは、温度、湿度ともに、イギリスの気候に合った花で、イギリスの庭園の主役はなんといってもバラです。最初行った時は、一度咲いたバラが長い期間咲いているのに感激したものでした。ところが、日本ではすぐ暑くなるからでしょうか、開花期間が短いように思います。まねをするのではなく、日本の気候・風土に合った花で楽しみたいものです。

広さがなくても、「ハンカチーフガーデンへようこそ」という言葉もあるように、日当りの悪い木陰や軒下、出窓、ベランダ、階段の踊り場、玄関廻り、間仕切り、フェンスなどにも上手に植え付けます。寄せ植えやハンギング・バスケットも、こう言ったスペースの関係から生まれたものでしょう。遠近法を使った、庭を広く見せるテクニックも使います。宿根草[7]が咲き乱れるボーダー花壇、石やレンガで構築された庭に草花と樹木の心地よい組み合わせ、つまり決まった様式があるわけではありません。

イギリス人は、庭で過ごす時間を人生の貴重な一部と考えています。丹精こめた個人の庭を年に一～二回公開して、その入場料（二～三百円）をガン研究などに寄附するシステム[8]もあります。「気取って……」などと言う見方をしないで、そう、ウェッジ・ウッドやロイヤル・ドルトン等でなくてよく、世界に誇る日本の陶磁器、例えばノリタケやナルミなどのティー・セットで、日本流の、それぞれが私流のやり方で、深い、温もりのある、やすらぎの時を演出してみましょう。今は何よりも「やすらぎの時」が求められています。ますます、人間関係が希薄になってきている今だからこそ、一過性のブームに終わらせたくないと思います。「紅茶よりコーヒーが飲みたい」と言う人には背の高いコーヒーポットがロンドンのどこでも出されました。昔、コーヒーの粉を底に沈めるため背の高い長いポットが使われた名残だそうです。

ロンドンの近郊、サリー州に七年間余住んでいる娘の所へ、毎年行くチャンスを与えられ、紅茶や、庭園や、イギリスと言う国や人々に興味を持ち、凝り性の私のことですから、ブルックボンド・ティーコーディネーターの資格まで取ってしまいました。私の狭い家に数人の方々を、アフタヌーン・ティーに何回かお招きしました。客人が楽しい雰囲気を作って下さって、何よりも私自身が心のふくらむような、楽しい一時を持つことが出来ました。

娘と、ロンドンのリージェント・ストリートで買った、思い出のティー・セットで紅茶を入れて飲みながら、この拙い文を書く至福の時を与えられたことを感謝致します。ありがとうございました。

【註】

（1）コッツウォル地方
イギリスで一番美しいと言われており、わらぶき屋根と蜂蜜色のライムストーン（石灰石）で出来た、何百年も昔のままの家がそのままたたずんでいる、イギリス人の心のふるさとと言われている場所です。
（ＪＴＢのポケットガイド「イギリス」）

（2）クロテッド・クリーム
イギリスの田舎町にデボンシャーと言う地方があり、そこで飼われているジャージー種の牛のミルクから作ります。（地球の歩き方「ロンドン」ダイヤモンド社）

（3）私がアフタヌーン・ティーに行ったホテル（リッツ、ブラウンズ、サボイ、インターコンチネンタル、メロデアン、フォーシーズン、クラリッジ、ウォルドルフ、ハイドパーク）

（4） Every Englishman's home is a castle.

（5） ナショナル・トラスト運動

歴史的建造物や自然を破壊や開発から守り、永遠にそのままの姿で保護していくイギリス人の環境保護団体のことです。政府とは全く独立した組織で、現在二二〇万人におよぶ会員と一般の人々との協力により運営されています。一八九五年設立（「イギリスの庭」—文化出版社）

（6） クイーン・アンスタイルのティーポット

「おいしい紅茶」—日本紅茶協会監修より）

（7） 宿根草

多年草の仲間で、花が咲いて実がなった後も株が生き残り、一定期間成長を止めて休眠し、毎年同じ時期に花を咲かせる草花のことです。スズラン、シバザクラ、リンドウ、フクジュソウ、アヤメ、ハナショウブ、シャクヤク、エビネ、カーネーション、サクラソウ、シラン、シュウメイギク、ツクブキ、ホトトギス、ユキワリソウ（「宿根草」—西東社出版）

（8） NGS（The National Gardenns Scheme）

エリザベス皇太后がパトロンをつとめる慈善団体で、七〇年前から個人の庭を一年に一度か二度公開して、その入場料をガン研究所や看護婦協会、孤児救済基金などに寄附するシステムです。今や一般公開される庭の数は三千五百にもおよび、ガーデンオーナーたちは世のため、人のために庭が役立つことを誇りに思っています。（「イギリスの庭」—文化出版社）

(6)クイーン・アンスタイルのティーポット

【参考文献】

「英国紅茶への招待」出口保夫　ＰＨＰ
「ティーカップをあたためて」キャスリーン・マクロン（柳本正人訳）テレビ朝日
「おいしい紅茶」日本紅茶協会
「イギリス花の庭」広田尚敬・せい子　分化出版局
「イギリス・シンドローム」林信吾　kkベストセラーズ
「ラプソディー・イン・ロンドン」菊池哲郎　日本評論社

人に歴史あり　歴史に人あり

能城　久子

はじめに

今年から、いよいよ二〇〇〇年に突入した。

二一世紀は、大きな変革の時代を向かえようとしている。ＩＴ（情報技術）革命といわれ、パソコン、インターネット、マルチメディア、モバイル（携帯端末）などにより、ライフスタイルが大きく変わっていくだろう。

家庭にいながら仕事をし、世界とつながり、スポーツも、娯楽も、勉強も家庭で全部できてしまうかも知れない。

世の中が豊かになり、楽しいこともいっぱいある。しかし、それでみんな幸せになれたかというとそうでもない。ひどいいじめや、理由もわからぬ殺人、ハイジャック、誘拐など悲しい事件が次々起こる。

「あの頃は、何もなく、貧しかったから幸せだった」と、述懐する人もいる。今は、「豊かさの中の貧困」なのか。

私も人生の折り返し点を過ぎ、子育ても終わり、子どもたちも結婚し、人生を振り返ってみる余裕も出てきた。見回せば、自分自身にも、自分の親、子どもたち、友人、知人にも歩んできた「足跡」がたどれる年代になった。

「人間探訪の旅」グループが一〇周年を迎え、指導して下さっている仲原晶子先生が「三冊目の本を出しましょう」と、半ば強制的に提案された。

その時、私の頭の中には、自分自身にも、周りにも見えてきた「人の歴史」について、そして、私が最近歴史を学習する中で出会った興味ある「歴史の中の人」について書いてみようと思い至った。

一章　子どもたちと私の歴史

1　三人の子どもたちの歴史

「歴史」ということで、一番よく見えるのが、自分が育ててきた子供たちである。子どもたちとは、０才いやマイナス０才、お腹の中にいた時から一番身近にいて、ハラハラ、ドキドキしながら一緒に歩んできた。

あんなにダダをこねて、やんちゃばかりしていた子が、大抵のことにはへこたれない頑張りやに育った。小さい頃は、一番手がかかって育てるのに苦労したが、その分大きくなって、自立心旺盛で、どんなことが起こっても安心して見ていられる。良き伴侶と、三人の子供に恵まれ、穏やかで楽しい家庭を築いている。子どもは、その時期により、気難しかったり、物わかりが良かったり、憎らしい事ばかり言ったり、いろいろの顔を見せる。しかし、親として「こんな子に育って欲しい」という願いを持ち続ければ、それは子どもにも通じていくはずである。

とても優しい子で、「よいお嫁さんになりたあーい」と言っていた子が、結婚してから、「〇〇さんの奥さん、〇〇ちゃんのお母さんだけではイヤ」と、バリバリ働きだした。

彼女は、オーガニック検査員[1]という資格をとり仕事をしている。今までに、一番必死で勉強したのは、その資格を取得する時だったように思う。

学生時代、あまり勉強が好きではなく、適当に要領よく勉強していたようだった。自分がやりたいことに出会った時、勉強することが大切であり、その時にこそ力を発揮できるし、身につく勉強ができる。子どもが生まれてから勉強する娘に、母親である私は大いに教えられた思いであった。

末っ子は、「環境経済学」を専攻した。学生時代、学園祭では下宿生から集めたエアコンや冷蔵庫など不用品のリサイクルショップを仲間と出店したり、ポリ容器からゼミのTシャツを作ったりしていた。実際どんな勉強をしていたのか親の私はよく知らない。

就職難の時代で、自分の希望していた環境の分野への道には進めなかったが、地球の環境汚染が問題になっている昨今、いつか彼女が勉強した専門分野を生かして、汚染されていく地球を、日本を救ってくれると、親バカである私は、信じている。

人間の一生はサイクルが長いから、ショウジョウバエやモルモットのように、学習してそれをもう一度その一生にいかしていくことは到底できない。

子育ても、これで良かったのか、悪かったのか、結果はなかなかわからない。親としても、今は一歩距離をおいて、子どもたちを見守っている。子どもたちは、親の手から離れて、自分自身で新しい「歴史」を刻み始めている。

2 私にも少し「歴史」が刻まれたかな

私は三人の子供を育て、末っ子が小学校に入学した時から一六年間、自宅で学習塾を開いていた。この間は、自分の子育ての期間と重なっている。自分の子どもの他に、多くの子どもたちと接する機会を持てたことは、私にとって多くのことを学んだり、教えられたりしたかけがえのない時期でもあった。

多くの子どもたちとの出会いによって、「十人十色」という言葉を実感した。どの子にも、良いところ（長所）と、良くないところ（短所）があり、その長所と短所は表裏一体であることも教えられた。陽気で楽しい子は、おおむね、じっとしていることが苦手で、六畳一間の小さな学習塾では、勉強を教えることは、至難の技となる。その反面、おとなしく静かな子は、じっくりと勉強を教えることができるが、自分を主張したり、周りを楽しくする能力は欠けているかも知れない。私の三人の子どもたちも、他の塾生を見ながら育てられたことは、親である私にとっても、子どもたちにとってもよかったと思っている。それは、自分の子どもだけに埋没することなく、少しは広い眼、広い心で接することが出来た。そして、それは子どもとの間に自然とある程度の距離を置くことが出来たということでもある。子どもとの距離、夫との距離、親との距離、友人との距離、この距離のとり方が難しい。あまり離れていてもいけないし、接近しすぎては息がつまる。

この学習塾も一九九五（平成七）年阪神大震災の年に閉じた。私も年を重ね、子どもたちの長所と短所をかみしめすぎたせいか、

「試験にこんな点数しかとれないのは、点数をとるというこの子の能力が、ここまでしかないのだ」と、達観することが多くなってしまったことも、教えることを辞める一つのきっかけになった。

子どもたちを教えるという狭い空間から、誘って下さる友人がいて『ゆうゆう』(2)というミニコミ誌の編集に携わることになった。

このミニコミ誌の中に「ほがらかインタビュー」というページがあり、個性豊かで、素敵な方々とお会いする機会に恵まれた。スポンサーの要望で、宝塚市在住の方という限定はあるものの、宝塚市にこんなに素晴らしい方が沢山いらっしゃったのかと驚いた。私の知らなかった分野

の方にお会いすることができ、新しい世界が広がった。多くの方の話をお伺いすることによって、勇気づけられたり、勉強になったり、楽しい時間が持てた。その話を、どう表現し読者の方に伝えていくかという難しさに悩んだこともあった。しかし、子どもたちに勉強を教えることとは違った意味で、視野が広がり、私の中に多くの実りがあった。

二〇〇〇（平成一二）年一月には一六七号となっているので、その数に近い方々にお会いしていることとなる。この仕事は今も、楽しく続けている。

一九八九（平成元）年仲原先生の講演を聴きにいくという軽い気持ちで入った「人間探訪の旅」グループであったが、いろいろの経験をさせていただいた。

これまで二冊の本を発行した。一冊目は、一九九三（平成五）年の『旅』という本であった。科学者でもあった寺田寅彦の随筆「雲の話」「日本人の自然観」を学習した後、科学的な物の見方、考え方で文章を書いてみようということになった。

私は、「海流と漂流」と題して、海流によって生み出された漂流者のことを書いた。江戸時代末期、船の遭難により海流に乗って異国に流されたジョン万次郎や大黒屋光太夫によって、鎖国の日本では知り得ない情報がもたらされた。それが開国への一つの原動力になっていく不思議を書きたかったのだが、科学的な物の見方、考え方に基づいていたかどうかは自信がない。

二冊目の本は、一九九八（平成八）年発行された『新しい生き方を求めて』という聞き書きの本であった。

宝塚の地で、私たちの先を歩んで活躍した六人の女性の足跡をたどって取材をした。

私を含め三人で担当することになったのは、播磨きくゑさんという「更正保護婦人会会長」など、地域で活躍された方であった。とても面倒みのいい方で、美味しいお菓子や、ご自分で栽培された取りたてのトマトなどを用意して、気軽に取材に応じて下さった。播磨さんとは、今もおつき合いが続いている。

最近、播磨さんは、「八八才のパッチワーク展」「九〇才のパッチワーク展」をたて続けに開催された。老いをものともせず、色鮮やかに次々と新しい作品を生み出しておられる。そのファイトと元気さに敬服すると共に、おおいに見習っていきたいと思っている。

播磨さんの長男靖夫さんは、奈良にある「たんぽぽの家」の理事長であり、障害者の人々による「わたぼうしコンサート」の発案者である。母親からの影響、宝塚で育った影響があったと語る靖夫さんの話に、母きくゑさんが地域への奉仕活動をする姿を見て育った靖夫さんの子どもの頃を思い、母から息子へ伝わった子育ての「歴史」を感じた。

「人間探訪の旅」グループの中で、一番大変だったのは、「女性を政治の場へ送ろう」ということで関わった選挙であった。

「明治の学制からの教育史」を学習する中で、戦後の婦人参政権獲得の経緯を学んだ。その年が、ちょうど婦人参政権が施行されて五〇年という記念の年であった。婦人参政権を得てから五〇年経っているのに、政治の場への女性の参加は、当時と比べて大きく変わっていない。それならば、私たちのグループでそれを実践してみようということになり、グループの一員である杉本和子さんを宝塚市議会議員として送り出そうと動き始めた。今から考えると、世間を知らない、もちろん選挙などというものには関わったこともない主婦グループだから、走りだせたのかもしれない。

仲原先生は、宝塚市議会の女性議員の一人が辞められることや、女性への新しい風が吹き始めていることを察知されていたのだろう。

私は、事務局長という立場にあり、選挙の「恐さ」と「面白さ」の両面を経験した。仲原先生宅の別棟にある「蔵」の二階が、事務所となり、多くのことを話し合ったり、決定したり、最初の出発点となった。

初めは、グループ各人の人脈をたどり、応援して下さる人の名簿づくりから取りかかった。資金づくりはバザーを計画、これは主婦グループの得意の分野、いろいろアイディアがでて、スムースに事が運んだ。しかし、その他の事となると、意見のくい違いや、思惑はずれは日常茶飯事、お互いの個性が衝突していく。みんなの選挙に対する熱意と焦りは、時として方向性を見失う事もあった。元来、呑気者の私のやり方などは、手ぬるい、じれったいと思った人も多くあったと思う。

一九九三（平成七）年四月二十三日の投票日に向かって、前年の秋から選挙の準備段階に入ったが、その年の一月一七日早朝の阪神大震災により、一時中断を余儀なくされた。グループの中には、自宅が半壊の被害にあった人や、炊き出しのボランティアに忙しい人など、選挙の事など考えられる状態ではなかった。

やっと、選挙の事が始められたのは、四月に入ってからであった。投票日まであと一ヶ月もなかった。選挙事務所は杉本さん宅に決めた。中山台の閑静な山ぎわの住宅。

「こんな所を事務所にして選挙できるの」と、心配して下さる人も多かった。国道や、通りに面した人通りの多い事務所がベストなのは分かっているが、お金をつかわない選挙を心がけた。選挙が近ずくと、グループのみんなの持てる力が遺憾なく発揮された。選挙の時、サポーターが着るピンクのTシャツには、「震災の街に元気を」という願いを込めて「げんき」と、デザインし、それをみんなで型染めした。目立たない選挙事務所には、大きな笹を切ってきてもらい入口に立てた。笹には、七夕のように「選挙に勝てますように」など、願いを込めて多くの短冊をぶら下げた。選挙カーで、爽やかに応援歌「私の元気」を歌ってくれたのは、シンガーソングライターのみどりさん。彼女自身も、子育てが一段落し、プロとして音楽活動を開始したばかりであった。

選挙カーが町に走り出すと、ピンクの「げんき」と書いたTシャツと「私の元気」の澄んだ歌声は、震災を受けた町に明るく響き、新聞にもとり上げられた。

私は、「これで選挙に勝てるのかしら」という「恐さ」と、尻上がりに人の出入りが激しくなり盛り上がっていく「面白さ」を味わった。これは、登山家が初登頂を成し遂げる時、頂上がもう目の前に迫って来るスリルに満ちた体験に似ているのかも知れない。

多くの人の協力により、杉本和子さんは、三〇人中六位、二五八三票の高得票で当選した。

それから四年後、杉本和子さんは、一九九九（平成一一）年三月に行われた二期目の選挙にも当選。現在、監査委員という要職につき、頑張っている。

彼女も、主婦から市議会議員へと一八〇度の転換を果たし、彼女の人生の中で、新たな「歴史」を刻みつつある。

二章　宝塚から周辺の歴史へ

1　宝塚大好き

私は、宝塚に一九七七（昭和五二）年から住んでいる。どの町で暮らしたよりも一番長くなってしまった。

私は、和歌山に生まれ育ち、京都で学び、結婚して後も大阪、川西と関西エリアでしか生活したことがない。他の地域のことは、よく知らないが、私は宝塚の町が大好きである。少し都会的で、少し田舎っぽく、のんびりした所もあり、私が生まれ育った和歌山の明るさも持ち合わせているように思う。

これからも、ずっと住み続けることになるであろう宝塚のことをもっと知りたいと思い、宝塚をガイドするボランティアグループに入った。宝塚に住んでいる人や、初めて宝塚を訪れた人に宝塚の町を案内するグループである。そのためには、自分自身宝塚のことをよく知らなければならない。宝塚の名所旧跡やその歴史を少しづつ勉強し始めた。

関東地方など遠くの人は、宝塚といえば「宝塚歌劇」を思い浮かべる人が多いようだが、宝塚には歌劇の他にも、いいところがいっぱいある。

宝塚歌劇場のそばには、一九九四（平成六）年「手塚治虫記念館」が開設された。手塚治虫が少年期を過ごした宝塚に建てられた記念館である。子どもの頃描いた漫画や絵が常設展示され、その驚くべき才能の一端を目の当たりに見ることができる。三階建の建物には、展示作品はもとより、漫画が読めるコーナー、自分でアニメを描けるコーナーなどもあり、子どもはもちろん大人でも手塚ワールドに浸って、一日中楽しむことができる。

「中山寺」は、西国三十三カ所観音霊場の二四番目の札所である。近畿一円では、安産祈願のお寺としても知られている。春は、桜、藤の花、つつじ、冬の梅園は見事である。四季を通して多くの参拝客で賑わっている。

「清荒神清澄寺」は、荒神さんの愛称で親しまれ、火の神様がまつられている。かまどの神様として家内安全や商売繁盛を祈りに来る人が多い。厄除けの火箸の奉納でも知られている。毎月二七、二八日の「荒神さんの日」は、阪急電車の混み具合が違う。参道にずらっと並んだお店が楽しく、家族や友達と連れだって、近郊から多くの参拝客が訪れる。

清澄寺の敷地の中に、「鉄斎美術館」がある。明治時代の世界的画家である富岡鉄斎のコレクションは日本一といわれている。清澄寺の三七世法王坂本光浄和上が、鉄斎の人柄に感銘を受け集められたもので、鉄斎の晩年の作品が多い。鉄斎美術館の入館料は、宝塚市立中央図書館に寄贈され、図書館内に「聖光文庫」がつくられている。ここには、多くの美術書が揃っていて、美術の世界に浸れる静かな一室となっている。

宝塚をガイドしていて、自分自身好きなコースがいくつかある。

・西谷 地区 の社寺や文化財をめぐるコース
・山本木接太夫彰徳碑から最明寺滝を経て満願寺に至るコース
・清荒神あたりから売布神社、中山寺、天満神社を通り山本に続く巡礼街道を歩くコース
・小浜の町並みを歩く（小浜宿資料館、旧和田家住宅）コース

宝塚には、この他にも安倉高塚古墳など古墳群を巡るコースなどもある。これからもっと勉強して宝塚の良いところを見つけていきたい。

2　小浜の町から伊丹の歴史へ

宝塚市役所から武庫川を渡った地域「小浜」には、興味深い歴史がある。小浜の町は、毫摂寺を中心とた寺内町として発展した。大坂から伊丹を通り、有馬温泉へ湯治に行く有馬街道、西宮から小浜まで酒や米を運んだ西宮街道、京都伏見から山崎を通る伏見街道の交叉点であり、宿場町として栄えた。

小浜の中心である毫摂寺には、戦国武将豊臣秀吉が有馬温泉に行く途中よく立ち寄った。一緒

に来た千利休に茶をたせさせた井戸が、隣接した山中邸に残っている。

江戸時代には、参勤交代の行列も通り、『摂津名所図会』[3]にも描かれ、その賑わいぶりが想像できる。

この小浜の町の歴史をたどっていった時、摂津有岡城主（伊丹）荒木村重という人物に興味を持った。川端道春著『郷土を知る』[4]の中に、「天正の乱に免れ、文禄事件で焼かれた小浜御坊」の中にその記述が見られる。

天正の乱とは、一五八七（天正六）年織田信長に謀反を起こした荒木村重が、その居城である有岡城に篭城を決意し、城の近郊にある社寺建物を焼き払った。それは、信長方の設陣の拠点になることを恐れたからである。後世、「村重焼き」と、悪評の高い戦い方であった。

宝塚では、中山寺、清荒神清澄寺、平井白山権現寺をはじめ、街道筋の村々も、その被害にあった。『摂津誌』には、米谷、安倉、川面、安場の全市が焼かれ、村民は惣川奥の小屋谷に逃散したとある。

その焼き討ちの時、何故か小浜の町および毫摂寺は、その難を免れている。信長と敵対関係にあった石山本願寺と村重が手を結んでいたとも言われ、同じ本願寺派の毫摂寺は、焼き討ちにあわなかったと思われる。

その後、豊臣秀吉が天下をとり、淀君との間に秀頼が生まれると、跡継ぎと決めていた豊臣秀次を謀反の罪により切腹させた。「小浜の局」として寵愛を受けていた毫摂寺の娘であった亀姫も、他の妻妾たちと共に京都六条河原で処刑された。毫摂寺は、その実家ということで、天正一九年（一五九一）、寺も小浜の町も焼き払われた。これが、「文禄事件」といわれているもので、小浜の町も、そこに住んでいた人々も歴史のうねりの中で避け難く翻弄されていったのである。

いま、私たちは何者かによって、傍若無人にその生活を踏みにじられることは無くなった。しかし、リストラを強いられたり、環境汚染に晒されている現状を考えるとき、別の意味で危機に晒されていると言えるかもしれない。

この荒木村重（一五三五〜一五八六）という戦国武将との出会いによって、私の興味は、伊丹有岡城の歴史に拡がっていった。

三章　伊丹に荒木村重あり

1　伊丹有岡城主　荒木村重の謎

JR福知山線伊丹駅に降り立つと、目の前に有岡城跡が広がる。ルイス・フロイス(5)（一五三二〜一五九七）が、この城に招かれた時、日本最初の天守閣を備えた城を見て、「甚だ、壮大にして見事なる城」と賞賛したとある。城主荒木村重が、この城で過ごしたのは、わずか五年くらいと推測される。

村重は文武に優れ、織田信長に認められ、摂津一円の統治を任された。村重は、丹波の国多紀郡八上城にいた波多野氏の一族と言われている。小身者が信長に仕えて、わずか六年で豊臣秀吉、明智光秀、細川藤孝らの古参で優れた武将とともに、六武将の一人としてスピード出世をしたわけである。

天下統一の一歩手前の戦国時代、妬み、嫉妬、讒言など、人を追い落とさないと自分も落とされる。そんな状況の中、村重の思考力は病んでいたのか、事もあろうに信長に謀反を企て、有岡城に篭城してしまう。

村重が、毛利の援軍を頼みとしていたとも、石山本願寺と手を結んでいたとも言われているが、真偽のほどは、歴史の中に埋没してしまって分からない。

一〇ヶ月の篭城の末、有岡城は落城、村重は妻子、家臣を城に置き去りにしたまま、嫡男村次の居る尼崎城に脱出してしまう。

城に残された女房、子ども、有力家臣は、捕らえられ、尼崎城に近い七つ松で処刑される。その他の家来、女、子ども五一二人は、四軒の農家に押し込められ焼き殺されたとある。女、子どもたちの悲鳴や、焼け焦げる臭いは、村重の逃げた尼崎城に届いたに違いない。史上最も残酷な刑の一つに、数えられている所以である。

その三日後、村重の妻、たしをはじめ荒木一族三六人も、京都市中引き回しの末、六条河原で処刑されている。

村重は、この後も毛利を頼り尾道で生き延びた。尾道では、「道糞」と自分を貶める名を名乗っていた。その三年後、本能寺の変が起こり明智光秀の謀反により信長は滅びる。天下を手中に治めた秀吉に招かれ、村重はお伽衆[6]の一人として「道薫」と名を改め生を貪った。利休七哲の一人でもあり、小鼓の名手でもあったと伝えられている村重であるから、そういう申し出があったのかも知れないが、どうしてそれを受け入れたのか理解に苦しむ。

村重を語るとき、三つの謎に行き当たる。

一つ目の謎は、勝てる見込みの無い信長に、どうして謀反を起こしたのか。その性に異常をきたしていたのか。勝算の思惑はあったのだろうか。

二つ目の謎は、妻子、家臣を置き去りにして、自分だけ城を脱出したのだろうか。自ら切腹してでも、妻子、家臣を助けることが、戦国武将としての常道であり、そうすることが潔いとされていた時代であった。城を抜け出し、援軍を頼むなど勝算の道はあったのだろうか。

そして第三の謎は、生に執着して、生き続けることに意義があったのだろうか。

謎多い荒木村重であるから、小説などにも多くとり上げられている。

遠藤周作は『反逆』[7]という小説に村重のことを書いている。その小説の中で村重の妻子、家臣を置き去りにした逃げの心は、人間の持つ心の弱さにあるとしている。

司馬遼太郎は、『播磨灘物語』[8]で村重の説得に行き、そのまま有岡城の土牢に閉じこめられ、落城とともに助け出された黒田官兵衛のことを書いたとき、城主である村重の心情が理解出来ず、後に村重を主人公に『鬼灯』(ほうずき)という戯曲、を書いている。

理解に苦しむ故に、私にとっても心からはなれ難い人物となっている村重である。

2 村重の妻たしの潔さ

村重の生き方と比べて、潔く、見事にその生を全うしたのが、妻たしである。彼女が京都六条河原で処刑された時、二一才の若さであった。今楊貴妃と噂されるほどの美貌の持ち主であったと伝えられている。

戦乱に明け暮れる戦国時代、人生五〇年といわれ、女性の生き方や考え方は、とても早熟で、今の時代では考えられないくらいしっかりしている。武家の女性は、自分の実家を担って嫁いで来る。政略結婚は、普通のこと、生まれた時から与えられた自分の役目であり、むしろ名誉なことであった。実家と嫁ぎ先の調整役としての重要な任務があった。その調整能力によって、両家の勢力範囲は拡大したり、縮小したり、時として滅亡に追い込まれることもあった。

現在であれば、各国に駐在する大使のような役割を果たしていたともいえる。戦国時代は、女性は虐げられていたように思われがちだが、武士の家では、女の子は、大事な持ち駒の一つとして大切に育てられ、結婚する時は、実家の財産を分け与えられて嫁いで行った。

今、パラサイト・シングル(9)といわれているような、独身で親に甘えて、豊かな生活を享受できる時代ではなかった。

たしが六条河原で処刑された時、『信長公記』(10)に次のように記されている。

「かのたしと申す、車より下りざま、帯を締め直し、髪高々と結び直し、小袖の衿押し退けて、尋常に切られ候。これを見るより何れも最後よかりけり」

夫村重への恨みつらみは、いっぱいあったと思われるが、覚悟を決めた、たしの潔さが光っている。

たしの実家は、石山本願寺の顕如上人の坊官（武力総指揮者）の地位にあった下間頼廉（生没年不詳）の娘であったと言われている。信長と一〇年に渡る抗争を続けていた石山本願寺であるから、信長配下の武将である村重のもとに、石山本願寺と信長の調整役として、たしが嫁いで来た可能性は大いに考えられる。そう考えると、たしの処刑の時の、潔さが納得できるのである。たしの辞世の歌が残されている。

きゆる身は　おしむべきににも無きものを
　母のおもいぞ　さはりとはなる

残しおく　そのみどり子の心こそ
　おもいやられて　悲しかりけり

この辞世の歌には、たしの潔さとは反対に、残していくみどり子二才の勝助への、母であるたしの断ちがたい思いがあふれている。

いつの時代も、女性がいかに生まれた時から教育され、実家の任を負って生きたとしても、子どもへの愛やいとおしさは、変わることが無いことを知る。

私が、「歴史」に興味を持ち惹かれるのは、時代は流れ状況が変わっても、そこに生きた人間の本質は変わっていないことを感じるからである。

3　村重の子　浮世絵師岩佐又兵衛

たしの辞世の歌の中の「残しおくみどり子」とは、江戸時代初期に活躍し、「浮世絵の元祖」と言われた天才絵師岩佐又兵衛（一五七八〜一六五〇）のことである。

有岡城落城寸前、乳母に抱かれた二才の勝助（又兵衛の幼名）は、城を脱出し、京都の本願寺にかくまわれた。

学校で習った日本史や美術史では、その名を聞いたこともなく、その存在すら知らなかった岩佐又兵衛の躍動感あふれる絵に出合った時、私は、村重、たしの一生と重ね合わせて、感動と興奮を憶えた。

又兵衛は、本能寺の変で信長が殺されるまでは、人目から隠されるように、ひっそりと育てられた。六才になった頃、初めて父村重、母たしのことを知らされたに違いない。村重の不可思議な生き方故か、又兵衛の存在が確認されたのは、明治時代に入ってからである。

又兵衛は、京都の狩野内膳（一五七〇〜一六一六）のもとで、絵師としての修行をしている。

しかし、関ヶ原の戦いが起こった後、豊臣政権崩壊の兆しが見え始め、多くの絵師たちは江戸に出ていった。

又兵衛は、江戸から遠く離れた福井に行き、福井藩藩王松平忠直[11]（一六〇七～一六五〇）の知遇を得ている。又兵衛は、福井に腰を落ち着け、絵師としての傑作を次々と生み出していく。その中に、「山中常盤物語絵巻」という鬼気迫る壮絶な作品がある。全一二巻、約一五〇メートルに及ぶ壮大な絵巻に込められたテーマは、殺された母の怨念をはらす「復讐」である。

源義経（一一五八～一一八九）の母常盤御前（生没年不詳）が、奥州平泉にいる義経に逢いたさに侍従と京都を旅立つ。途中、美濃山中の宿（岐阜県関ヶ原町）で盗賊の手にかかり、悲惨な最後を遂げる。そのことを知った義経は、見事母の復讐を果たす。常盤御前の殺戮場面と義経の復讐の場面は、アニメーションの一こま、一こまのように克明に描かれ、そのおどろおどろしい迫力は、見る者の心を揺さぶる。

又兵衛は、見ることも逢うことも無かった母たしの面影を慕い、その無惨な死を痛み、信長への怨念を絵筆に込めて、母たしの無念を果たしているかのようである。

二一才のたしは、もっともっと生き続けたかったに違いない。しかし、たしの想いは又兵衛の心の中にしっかりと刻まれ、生き続けている。歴史の中に、脈々と流れている「血」を感じ背筋がゾクッとするのはこんな時である。

又兵衛が武士となっていたならば、関ヶ原の戦いなどで命を落としていたかも知れない。又兵衛は、七三才の天寿をまっとうし、その晩年にこそ優れた作品を生み出している。又兵衛の影響を大きく受けた菱川師宣（一六一八〜一六九四）によって、江戸時代の浮世絵の世界は、絢爛、豪華に花開いていった。

一九二八（昭和三）年福井大震災が起こり、又兵衛の菩提寺である興宗寺で墓石を動かした時、又兵衛の骨壷が出てきた。その壷には、「岩佐」ではなく「荒木」と刻まれていたという。

その同じ昭和三年、「山中常盤物語絵巻」が、海外に流失する危機にみまわれた。その流失を守ったのが、長谷川巳之吉であった。彼は、家を担保に金を借り、持っていた浮世絵を売り払って、「山中常盤物語絵巻」を買い取ったという。それほど、この絵巻には人を動かす何かがあるのかも知れない。

又兵衛は、幼くして、父も母もすべての物を失った。しかし、絵師としての才能と、それを伸ばしてくれた師がいて、松平忠直のような理解者にも恵まれ、絵師としての一生を貫いている。そこに、人との出会いの大切さと、人に支えられて生きていることを改めて教えられた。

現在、「山中常盤物語絵巻」は、静岡県熱海市のMOA美術館に所蔵されている。私は、まだ実物を見る機会に恵まれていないが、宝塚市立中央図書館の聖光文庫に『MOA美術館』『岩佐又兵衛』と題するカラーの立派な美術書が所蔵されているのは嬉しいことだ。そのページをめくるたびに、又兵衛、村重、たしの命脈が時代を越えて伝わってきて、時間のたつのを忘れてしまう。

今年（2000年）に入ってまもなく、東京国立博物館において「御即位一〇年記念特別展皇室の名宝展」が開催された。その中に、岩佐又兵衛の「小栗判官絵巻」一五巻の一部を見ることができた。これは、旧岡山藩主池田家に代々伝えられ、一八九五（明治二八）年明治天皇に献上され宮内庁所蔵となったものである。その絵巻を目にした時、色彩の鮮やかさ、繊細な筆使いに感激し、時代を越えて岩佐又兵衛に出会った気がした。

これからも、いつかどこかで又兵衛の絵に出会えるか、出会いの楽しさを心待ちにしている。それは、私にとって、村重、たしを思い起こす出会いでもある。

四章　三田に暮らした九鬼一族

1　三田の歴史

荒木村重の歴史をたどっている時、村重とは対照的に、戦国武将としての生き様を貫いて生きた武将とその子孫が、宝塚の隣り三田に歴史を重ねていたことを知った。

三田市は、ニュータウンとして、人口が急増している町である。

かっては、兵庫県の一地方として阪神六市一町といわれていたが、尼崎、西宮、芦屋、宝塚、伊丹、川西と並んで、一九五八（昭和三三）年七月一日より三田市となり、現在阪神七市一町といわれている。

三田市の人口は、一一万一〇六八人（二〇〇〇年三月末現在）。一九八七年〜一九九〇年（昭和

六二年～平成八年）までの一〇年間は、人口増加率全国一位を記録している。

三田の町を歩いて見ると、畑の中を突っ切って大きな道路ができ、立派な福祉センターやマンションなど新しい建物が目立っている。

もともと三田という地名は、金心寺の弥勒菩薩像の体内から「恩田、悲田、敬田の三田を持って三田と改む」という文字が発見されたことから名づけられた。金心寺は、有馬皇子の供養のために、弟の定慧（じょうえ）が建立した寺である。

家にあれば　けに盛る飯を草枕
　旅にしあれば　椎の葉に盛る

この歌を残し、有馬皇子は旅の途中、謀反の罪をきせられ、和歌山の藤白で絞殺された。

孝徳天皇（五九八～六五四）が有馬温泉で療養していた時、母、小足媛（おたらしひめ）との間に生まれたので、有馬皇子と名づけられた。母の小足媛は、後に藤原鎌足に賜ることとなり、すでに身ごもっていた子定慧を鎌足の子として生んだ。定慧は、九才にして遣唐使の一行に加わり、二〇年の歳月を唐で過ごした。帰国して後、すでに亡くなっていた養父鎌足と悲運の兄有馬皇子のために、皇子の所領地であった三田に金心寺を建立した。金心寺の創建は六七九（白鳳七）年とあり、現在の屋敷町を中心に広大な寺領を所有していた。

三田の町は、金心寺の門前町として発展した。県立有馬高校の正門を入ったところに、金心寺

の大きな礎石が残されている。道を隔てて向かい側には、三田小学校がある。校門前には、

「三田城跡」の碑が立っている。有馬高校との間に城の堀跡がわずかに残る。

歴代の主な城主は、

一五七五（天正三）年　荒木重堅　二万石
一五八二（天正一〇）年　山崎堅家　二万二千石
一六〇一（慶長六）年　有馬則頼　二万石
一六二六（寛永三）年　松平重直　三万石
一六三三（寛永一〇）年　九鬼久隆　三万石　となっている。

2 陸（三田）にあがった九鬼水軍

三田は、江戸に入って九鬼氏が代々治めてきた。九鬼氏一一代久隆（一六一七〜一六四九）が鳥羽から三田に転封されてきたのが一六三三（寛永一〇）年であった。

九鬼氏は、もともと三重県尾鷲市九鬼の東側九木崎の出である。六代嘉隆（一五四九〜一六〇〇）の時代にその勢力を広げ、鳥羽に鳥羽城を築いた。嘉隆は織田信長に仕え、信長が一一年も年月を費やした石山本願寺の信徒との戦いに終止符を打たせたのは、九鬼嘉隆率いる九鬼水軍の功績によるところ大であった。

嘉隆が信長の援助のもとの造り上げた甲鉄船は、

「ポルトガル王国の船に似た、伊勢の国にて建造され、日本で最大の華麗にして、大砲を三門搭載した船であり、その船体は鉄で覆われ、まるで鉄の島のようであった」と記されている[12]。大小の敵船団を至近距離に寄せつけ、一斉に大砲を発射して、敵船団を撃沈してしまう能力を持っていた。嘉隆が水軍の将として活躍した戦いは、数知れない。信長が本能寺の変で自刃した後は、秀吉に仕え、九州の役、小田原の役、朝鮮出兵などに輝かしい戦歴を残している。

嘉隆は、一五九七（慶長二）年家督をその子九代守隆（一五七三〜一六三二）に譲った。一六〇〇（慶長五）年関ヶ原の戦いでは、嘉隆は石田三成率いる西軍につき、守隆は徳川家康の東軍についた。これは戦国時代では、家を存続させるための智恵であった。結果、西軍は破れ、東軍についた守隆の願いにより嘉隆の死罪は許されるが、嘉隆は自分の意志を貫き鳥羽の答志島で切腹した。

このことは、荒木村重に見られた不可思議な行動と相反して、戦国武将として筋を通した生きざまを感じる。これより九鬼一族が歩んだ長い道のりの中に筋を通した戦国武将の生きざまは、「誇り」となり、「支え」となって脈々と続いていく。

守隆は、関ヶ原の戦いの功により、二万石の加増を得て五万六千石と大きく勢力を伸ばした。しかし、守隆の死後、家督争いが起こり、徳川幕府は、鳥羽港を支配する九鬼水軍の勢力を殺ぐ絶好のチャンスとばかり、四男久隆を三田三万六千石とし、三男隆季に丹波綾部二万石を与え、その勢力を分散した。鳥羽の海で暴れまわっていた水軍を海のない山国の小藩に封じこめてしまったのは、徳川幕府の政略である。

三田に転封された久隆が、家臣たちと最初に行った行事が、船軍（ふないくさ）であった。三田を流れる武庫川で、集められるだけ集めた川船で、戦いの訓練をしたとある。鳥羽の青い海、大海原の太平洋がどんなに恋しかったことだろう。

しかし、天下太平の徳川時代、水軍へのこだわりを捨て、学問こそ藩の未来に光をもたらすものと考えた。その後、多くの好学の名君が、三田藩に学問と文化の土壌を築いていった。

九鬼氏における時代を読みとる力と、置かれた環境での発想の転換、そしてそれを次の世代に伝え続けていく力は、平成維新といわれている今の時代にも通用し、学ぶべき点が多くある。

3　学問に尽力、多くの人材を輩出

一六九四（元禄七）年一四代副隆（一六七四～一六九七）により、藩主の学問所が開設された。これは、その後一七代隆由（一七一八～一七四三）によって充実され、一八一八（文政元）年藩校造士館となった。

二〇代隆国（一七八一～一八五二）には、先見の明があり、これから先は洋学が必要であることを見越して、一八三九（天保一〇）年川本幸民（一八一〇～一八七二）を江戸に遊学させている。幸民は、江戸で医学、物理化学を学び、訳著『気海観瀾広義[13]』をあらわし、幕臣として蕃書調所教授筆頭として重んじられた。一八六八（慶応四）年幸民は江戸での役職を辞し三田に帰り、三代隆義（一八三七〜一八九一）の尽力により、蘭学と英学の塾を開いた。このことは、藩の子弟への大きな啓発となった。幸民は、その他にも日本で初めてのビールの醸造、マッチづくり、写真撮影などにも成功、種痘所も開設している。その多彩な才能には驚かされる。

三田藩、最後の藩主は隆義である。一八六九（明治二）年廃藩奉還の後も三田藩知事の要職にあった。知事職を退いて後、神戸に居を移し、白洲退造（一八二九〜一八九一）らと共に、貿易商社「志摩三商会」を設立、海外貿易に乗り出していく。

三田にある心月院は、九鬼家の菩提寺である。九代九鬼守隆から歴代の藩主、親族の立派な墓標が広い敷地内に整然と並んでいる。その墓地の片隅に、隆義の幼くして亡くなった長女肇（ちょう）の墓がある。この墓碑名は、英文によって記されている。この英文は、隆義と親交のあったアメリカ人宣教師デービスによって印されたものである。

デービスやタルカット女史、ダッドレー女史の熱心な伝道により、一八七五（明治八）年三田に教会ができた。

神戸には、タルカット、ダッドレー両女史が教える女学校があり、旧三田藩士の子女から、神戸で教育を受けたいとの希望が多く、寄宿制の学校を造る必要に迫られた。アメリカ本国の伝道会の基金と九鬼隆義を中心とする旧家臣の寄付により「山本通の女学院」「神戸ホーム」などといわれた女学校が設立された。これは、兵庫県下で最初の女学校であり、一八九五（明治二七）年に神戸女学院と名をかえた。

小寺泰次郎（一八三六～一九〇五）は、藩校造士館に学び、代官職として農業を奨励し、溜池の改修、増設に力を注いだ。その結果、水田は増え、干害の被害も防いだ。その功績は、今も村民に語り継がれている。教育にも熱心で、小、中学校に沢山の寄付をした。理想的学校の設立のため三田に学校用地を買収したが、志半ばで病に倒れた。長男謙吉がその遺志を継いで、没後七年にして、一九一二（明治四五）年三田中学校が設立された。現在の三田学園の前身である。

九鬼隆一（一八五二～一九三一）は、東京国立博物館の初代総長を務めた後、一九〇四（大正三）年三田屋敷町に日本初の民間博物館「三田博物館」を造った。建物は西洋風木造二階建で、当時としては瀟洒なものであった。展示物は書画、彫刻、陶磁器が多く、雪舟、北斎、光悦、探幽、光琳などの書画もあった。当時、博物館は数少なく近畿圏は言うに及ばず、東京や名古屋方面からも多くの来訪者があった。入館料は当時二〇銭（コーヒー二杯分）だったという。

陸にあがった水軍、九鬼一族は、海のない山間の盆地に二五〇年暮らした。その間、その地に学問と文化の基盤を築き、多くの優秀な人材を三田の地に輩出した。

徳川幕府が崩壊し江戸時代から明治時代という新しい時代になって、九鬼氏は満を持していたかのように、海のある神戸に出ていった。そこには、九鬼嘉隆が活躍した海への憧れが、長い年月脈々と波打っていたのだろうか。

鳥羽の海からやってきて、神戸の海に出ていった九鬼氏の歴史を想うのである。

おわりに

「歴史は人生の教科書である」とよく言われている。多くのビジネスマンが、ある時代は、徳川家康の処世術に学び、ある時代は、豊臣秀吉の智恵と明るさに学ぶ。それは、その時代をうまく乗り越えて生きてきた真実がそこに存在するからだろう。

荒木村重にも、九鬼一族の歴史からも多くのことを、考えさせられ学んだ。村重の不可解な生き方は、妻たしに処刑という悲運をもたらし、その子岩佐又兵衛には、影を背負って生きる人生を歩ませた。しかし、又兵衛は、その影に押しつぶされることなく、時代の流れに埋没することなく、絵筆に執念を込めて、今に語りかける作品を残している。そこに自分らしく必死に生きた人間の叡知を感じる。

九鬼一族は、二五〇年という長い年月、霧深い山間の三田で暮らした。そして、その地に学問を奨励し、多くの人材を育て、明治になって海外貿易に乗り出していった。家族が守り、次の家族に伝え続けていった大切なものが、そこにはあったはずである。

現在、核家族が一般的となり、自由や気楽さばかりが先行し、家族として守るべきもの伝えるべきものが希薄になっている。それも時代の流れだと言ってしまえばそれまでだが、なんともろく壊れやすい家族の結びつきとなってしまったことかと反省する。

「温故知新」故（ふる）きを温（たず）ねて新しきを知る。これは、孔子の言葉である。

これは、歴史が繰り返すということを前提として言われた言葉であるが、繰り返さない歴史もある。しかし、よく似通った推移をたどる歴史的事実も多くある。そして、歴史の中に人間が関わっていくかぎり、人間の持つ本質は、今も昔もあまり変わっていないことを知る。

村重の妻たしが、その子岩佐又兵衛に残した母としての思いも、九鬼氏が、山国に領地替えされた悔しい思いも、時代を越えて理解できる。

歴史が人間の歴史であるという意味において、歴史を動かすのは人間であるともいえる。人間の善意や悪意、それが歴史を綾なすものにしていく。歴史において、個人の役割が否定できない以上、私たち一人一人も歴史に関わっているという認識が大切なものとなってくる。しかし、個人の意志や善意を越えたところで動いていく歴史もある。「太平洋戦争」などのように人々を翻弄していく悲しい歴史もあり、人間へのいとおしさがつのるのである。

「歴史を学ぶということは、私たちの祖先が、これまで歩いてきた道を知り、それを、私たちのこれからの生き方の手がかりとしていく」と受けとめ、私は、これからも歴史を学び続けていこうと思っている。そして、「学び、生き方の手がかり」としながらも、未来に続く子どもたちに「伝え」、自分自身も「歴史を学ぶ楽しさ」を味わっていきたい。

私は、最近「みれん歩こう会」という小さな歴史のサークルをつくった。それは、歴史の中のある人物にスポットをあて、その人物について学び、考え、議論し、公開講座を持ち、そしてその人物の生きた土地を歩いてみようという欲張りなサークルである。

私たちは、歴史を動かした真実と、その中の不変なる人間性を追い求める。それは、歴史の中に関わっている一個人として、今の時代を精一杯生きていく手がかりを模索しているともいえる。そして、そのことは、私自身の新たな歴史を刻んでいくことにもつながっている。

【注】

（1）オーガニック検査員　有機無農薬によって栽培された農産物及び加工食品について、それが基準を満たしているかどうかの検査をする。

（2）『ゆうゆう』　出口地所（株）発行のミニコミ誌　毎月七〇〇〇部を宝塚市の設置店と郵送により配布。

（3）『摂津名所図会』　秋里籬島著　一七九六（寛政八）年初版　摂津国一二郡の地誌。写実的な挿絵から当時の景観が知られる。

（4）『郷土を知る』　川端道春著　一九九四年　あさひ高速印刷（株）印刷部

（5）ルイス・フロイス著『日本史』にその記述がみられる。フロイスは室町時代末期に来日したポルトガル人。一五七七年まで日本にいた。

（6）お伽衆　戦国期の大名が持った身辺の制度。秀吉のお伽衆の場合、いつも殿中に詰めているがべつに責任のある仕事はなく、秀吉の話し相手を務めるということで禄をもらっていた。頓智ばなしで有名な曽呂利新左衛門もそうだったといわれている。

（7）『反逆』　遠藤周作著　一九九一年　講談社文庫

（8）『播磨灘物語』　司馬遼太郎著　一九七五年　講談社

『鬼灯』（ほうずき）　司馬遼太郎著　一九七五年　中央公論社

（9）パラサイト・シングル　親のもとで生活し、衣食住は親に頼り自分の給料など稼いだお金は、自分のことに費やし優雅に暮らす独身者。

(10)『信長公記』全一六巻　太田牛一著　角川文庫所収　織田信長一五年の覇業を記述した軍記。

(11)松平忠直　江戸時代初期の福井藩藩主。結城秀康の長男、徳川家康の孫。一六二三（元和九）年「国中政道も穏やかならず」という理由で大分に配流。わがままで酒色に溺れたとある。菊池寛の小説『忠直卿行状記』のモデル。

(12)耶蘇会宣教師オルガンティノ文書

(13)『気海観瀾広義』全一五巻　川本幸民訳　一八五一（嘉永四）年　岳父青地の『気観観瀾』の説明を補足。

【参考文献】

阿部　猛　『歴史の見方　考え方』　一九九六年　東京堂出版

堺屋　太一　『歴史からの発想』　一九八六年　新潮社

藤浦　正行　『岩佐又兵衛』　一九九七年　新潮社

砂川　幸雄　『浮世絵師　又兵衛はなぜ消されたか』一九九五年　草思社

高田　義久　『三田藩士族』　一九九六年　アイネット

成熟社会における文化行政のこれから
～宝塚市の場合～

杉本　和子

まえがき

一九九五年一月一七日五時四六分。阪神淡路大震災発生。朝の営みが始まろうとしていた矢先である。突然の轟音と共に襲って来た地震の恐怖は生涯私の心の中から消え去ることはない。あっと言う間の出来事であったのに宝塚市では百人以上もの方がなくなられた。私たちが快適で便利な生活を営むため、自然の環境破壊を充分に考慮しないで公共事業をどんどん進めた結果大きな災害をもたらした。開発と自然のバランスが崩れ、大地を怒らせ地震となって「大地の存在を忘れるな。」と私たちに示されたためではないか。自然の力の偉大さの前に人の生命のはかなさ、もろさを思い知らされた。

他方、私は生かされていることへの感謝の気持ちを忘れないこと、また命の一度限りのものであることゆえの尊さに気づかされた。一度限りであるがために毎日を一生懸命に生きることの大切さを改めて感じた。物への執着から離れて、心という目に見えない物への畏敬の念を持つことへの思いを強くした。おそらく震災経験者の多くは、ここに生かされていることへの感謝の気持ちを一層新たにしたに違いない。

一期一会という言葉があるが、ここには今の刹那は二度と存在しないということを含んでいる。利休の弟子宗二が「山上宗二記」に茶会の心得として一期に一度の会と記しているのは、「今」ということが生涯にただ一度限りであること。即ち一期一会、この出会いこの瞬間は、二度とはあり得ない。人と人との出会いと繋がりの大切さを教えているものである。

生物学的には人も動物の仲間であるが、人が人として生きる基本には、文化がある。一般的に文化と訳されるカルチャーという言葉は、栽培、耕作するという意味も含んでいる。人間が自然に手を加えて耕してきた物と心の働きの結果が文化といえるのではなかろうか。衣食住を始めとして技術・学問・道徳・宗教・政治など人として生活するに必要なものを作り出し、何らかの価値を内容として含んだものが自然の対極にある文化というものであると考えられる。ここで言う価値とは人間生活にとって、幸いをもたらすものとして私は位置づけている。

今、宝塚という町を例にとって文化についていくつかの視点を探ってみたい。

一章　行政の文化化

私たちは、本来自分のことは自分でするという視点に立って生活しているが、水道、下水道、道路、ゴミ収集など身の回りでさまざまな形の行政サービスを利用し、日常生活を支えている。また一人一人のもつ能力を育み生かして行くためには、等しく一定の学力を身につけるために教育分野の行政の仕事も必要である。行政の活動範囲は生活環境整備、教育の問題も含み国防、外交、防災の問題から産業の開発、社会保障の充実、文化の向上などに広がっている。言い換えると社会の秩序や私たちの生命・財産を守るだけでなく、生活や福祉の向上を行政の仕事は目指している。文化というのは人を育て、町を形作って行くものである。日々の生活の物質的精神的充実をよりどころとして、その毎日の積み重ねが地域の文化となっていく。こうして積み上げられて来た文化の持つ力は人間の営みの中で大切であり、町はその文化を核にして特質を作り上げていく。

一九七〇年代には七三年、七九年と二度の石油危機があった。その結果経済活動において量から質への変化が見られ、考え方もモノ（ハード）中心からサービス（ソフト）中心へと変化して行った。国民生活も多様化し、目標追求型の社会から欲求充足型社会へと変ってきた。そして地方の時代、文化の時代といわれるようになってきたのが現在である。さらに一九八〇年代後半になると、男女雇用機会均等法施行、税制改革法、所得税法等改正、消費税法などの税制改革関連六法の成立をみた。また国鉄分割・民営化関連八法も成立した。各自治体行政の考え方もはっきりと文化重視の方向に向かって動き始めた。文化施設（ハード）づくりから、その施設の中で行われる活動（ソフト）へと変化の兆しが見られるようになった。(1)

二一世紀を目前にして、少子高齢社会、情報化社会、国際化社会の中で、地域の住民が自ら生み出すもの、自分たちで守り伝えて行くものへの物心両面の支援こそ文化行政が果たす大きな役割ではないか。市の独自性を積極的に打ち出すことが行政にとっても、地域住民、あるいは個人にとっても大切な事である。この独自性をもった文化を全国に発信することが、ひいては人類文化への貢献に繋がることになるのかも知れない。

文化行政のソフト部分、例えば文化活動を助成するということを考えるとき必要なことは、専門家の発掘、情報発信とそしてプロジェクトを運営できる人材を育成するための支援活動である。市民一人一人が主体的、自主的になって、足元から行動を起こして行く。また身近かな人たちがその人に力を貸し、協力者となってサポートするという互助の精神が必要となる。

現在行政の文化化が主張されるのは、文化が自治体行政の不可欠な要素として位置づけられているからである。それゆえに地域文化振興に積極的に取り組むのは市町村行政の大きな領域である。

1　宝塚市の文化行政のこれまで

一九八九年一月、宝塚市文化懇話会が「宝塚市における今後の文化行政について」の提言をした。懇話会は宝塚文化を創造するため、文化施策のあり方について長期的かつ総合的に検討し、市民の生活文化向上を目指して文化行政を積極的に推進するため、設置されたものであった。

宝塚文化を育てる七つの提言は、六つの分野と文化を守り育てるシステムづくりである。それらは、左記の通りである。

風情を楽しむ文化（田園と森と武庫川などの自然を活用）

心を通わす文化（国際観光都市にふさわしい人と人との交流）

表情をもつ文化（居住文化都市にふさわしい、なごみ）

創造力をもつ文化（芸術のまちとしてふさわしい）

感動を味わう文化（子どもたちの柔軟な発想を育む）

伝統に触れる文化（伝統を守り次代に継承する）

文化行政というのは定められた一定の手順にしたがって進める業務だけではない。つまり市民が望む分野で自由に進める事が出来、市民の元気の素になることが出来ればすばらしい。そして町に活気があふれ出る。元気になるための仕掛けが行政の活動に求められるのである。行政が主催したものにただ参加するという受け身だけの文化でなく、市民が参画し、自主的に活動出来るような援助が文化行政の仕事には欠かせないのではないか。

一九九八年度に市が行った「道」「生涯学習」「音楽」など一〇に及ぶ一〇〇人委員会による調査、提言がなされた。委員会終了後、参画した市民が中心になって民間非営利組織を設立し「芸術のまち宝塚」にふさわしい事業を企画していると聞いている。行政はどのような援助が必要なのかを問われている。

2 宝塚の文化行政の現状

市民の生活のうるおいやゆとりが求められ、文化の多様なニーズに答えるべく文化振興財団は、一九九五年に発足。行政の文化発信の基地として活動している。「地域住民の自主的な参加を得て、地域の文化活動の振興に資する事業を行うとともに、地域住民にすぐれた芸術文化を提供し、もって地域の文化の創造に寄与すること。」を目的としている。事業内容は、「芸術文化鑑賞事業においては、一流アーチストのコンサートを市民に提供する。市民の文化活動のサポートといった地域に根差した活動の推進を図る。また地域の文化に関する情報の収集と提供をおこなう。市の芸術文化事業の受託や文化施設の管理運営を行っていく。さらに友の会組織を有し、その中では一流アーティストによる本格的なステージから、楽しいファミリー企画まで、出会いと感動の催しを計画する。市民生活にゆとりとうるおいを与え、こころ豊かな暮らしのお手伝いをするものとして文化セミナーなどの開催もある。」と述べている。

震災後の復興計画により文化事業の段階的復活が行われてきた。音楽専用のベガホールも震災の痛手を乗り越えてすでに開館二〇周年をむかえた。伝統となった小人数で編成された合唱団の室内合唱コンクール、全国の若手演奏家たちが競い合うベガ音楽コンクールなどが続いている。

一方、講演会や伝統文化芸能の発表など多目的に使われるソリオホールは、百貨店と共存している。市民の国際交流と文化発表の拠点である国際・文化センターや主として集会施設の南口会館は、宝塚駅と宝塚南口駅を結ぶ観光プロムナードの一角にある。また公民館、図書館、コミュニティーセンター、隣保館、福祉施設のミニホール、さらに学校の多目的ホールなど市民の活動を支える施設が整いつつある。少子化にともない学校の余裕教室の転用も大いに考えられる。御殿山にあった市民会館がなくなり、新しく予定されていた市民ホールが、市の財政難の中で休止となった。

幸いなことにどの地を訪れても歌劇のおかげで宝塚市を知らない人はいないと言っても過言ではない。「文化の薫り高い町」と考えられているようであるが近隣都市に比較してはたして「文化の薫り高い町」という表現が相応しいであろうか。

私は、文化とは人が人らしく生きる糧になるものだと思っている。文化の種を持った人とその種を宝塚に芽が出るように蒔く人がいて、更にそれを育てていこうとする土壌があってこそ、宝塚が「文化の薫り高い町」になっていく。宝塚独自の文化のまちづくり条例も生み出したいものである。

二章　文化遺産としての地域文化

広辞苑によれば文化遺産とは、「将来の文化的発展のために継承されるべき過去の文化」として示されている。またユネスコ世界遺産委員会の定める自然遺産と文化遺産には登録基準があり、文化遺産のそれは、

1 人間の創造的才能を表す傑作であること。
2 ある期間、あるいは世界のある文化圏において、建築物、技術、記念碑、都市計画、景観設計の発展に大きな影響を与えた人間的価値の交流を示していること。
3 現存するあるいはすでに消滅してしまった文化的伝統や文明に関する独特な、あるいは稀な証拠を示していること。
4 人類の歴史の重要な段階を物語る建築様式、あるいは建築的または技術的な集合体、あるいは景観に関するすぐれた見本であること。
5 ある文化（または複数の文化）を特徴づけるような人類の伝統的集落や土地利用の一例であること。特に抗しきれない歴史の流れによってその存続が危うくなっている場合。
6 顕著で普遍的な価値をもつ出来事、生きた伝統、思想、信仰、芸術的作品、あるいは文学的作品と直接または実質的関連があること。

なお日本の文化遺産は現在八件である。少し長い引用であったが宝塚の文化遺産を考える上で必要であろう。

1 地域文化の掘り起こし

私たちはもっと自国の文化に強い誇りを持ち、大切にしなければならないのではないか。国際化の時代というのは、互いの異なった文化を認め合うことが一番大事なことである。まず自分の国の文化に対して強い理解と誇りを持つことが重要である。その上で他国の文化を認め尊重し、自国の文化の理解を深めることから本当の国際性が生まれてくる。

一例であるが、京都の越畑に、古い民家が残っている。ここにカナダ人の茶道家が住いしていた。そこには日本人よりも日本人らしい生活を見ることができた。日本文化の原点とも言われる着物をまとい、しつらいと言われる季節や趣向に合わせた調度品の飾り付けによって私たちが忘れかけている日本の心、もてなしの妙を訪れる人々に伝えていた。

自分の国に伝わって来たすばらしい文化に触れ、教えられる事が多かった。各国の調度品が玄関をはじめ、各部屋におかれていたがとても落ち着いた空間を作り出していた。異なった文化圏から来た品々ではあるけれどそれぞれのもつ文化が融合されて一つの宇宙空間を作っていた。便利さばかり追求しないで日々の営みの中から見えてくる文化をもっといとおしむ心がなくては、見せかけだけのものとなってしまう。

カナダにはサトウカエデの木からからシロップを採集する時、木にくくりつける小ぶりのバケツがある。そのバケツを花入れにして、この民家のいろりのある部屋に、アケビが一枝活けてあった。シンプルであったが、花陰が障子に映り夕さりの時の移ろいを表して美しい余韻を残していた。日本の美をカナダの見立ての花入れに見ることができた。だれでも気持ちのもち様で、すぐに出来る当たり前のことことをカナダの茶人は教えてくれた。地域文化の掘り起こしの一例であるが、それが外国の人によってなされたことに深い感銘を覚えた。

宝塚の特性は背後に六甲・長尾山系の山並みと、北部の緑豊かな西谷地域、南部市街地を流れる武庫川のある地域といえる。山並みには二百ほどの古墳があり、宝塚の名前も宝の塚と呼ばれていたものから名付けられたとの説もある。

宝塚の文化遺産と呼ぶにふさわしい物にはどのようなものがあるのか。

宝塚歌劇や手塚治虫記念館はよく知られているが、自然環境に恵まれた宝塚市には、埼玉県川口市、福岡県久留米市と並ぶ日本三大植木産地のひとつ山本がある。園芸発祥の地としての山本の歴史は古く、約千年も昔にさかのぼるとも言われている。(2) 西国三三カ所観音霊場の根本道場といわれている中山寺は、聖徳太子の開創と伝えられ巡礼街道の道筋に巨大な山門を構えている。また「かまどの神様、三宝荒神さん」で全国に親しまれている清荒神清澄寺には富岡鉄斎の作品を展示した鉄斎美術館もある。

一九九二年から、日本文化の発信基地づくりとしての歴史街道計画が「歴史街道推進協議会」によって進められている。この歴史街道マスタープランは、関西をわかりやすく内外の人々に紹介してゆくための役割を担う計画である。近畿二府六県を舞台に五つの時代別ゾーンを日本史の流れに沿って結ぶメインルートと地域の特徴をいかした八本のテーマルートを設定している。宝塚は時代別ゾーンの中の近代ゾーンにあげられている。つまり花と歌劇の町として日本のモダニズム文化が花開いた明治後期、大正、昭和初期の時代の代表的な町として位置づけられている。先に述べたもののほかにも歴史文化資源として小浜宿、平林寺が紹介されている。明治二〇年に宝塚温泉が発見されたころから宝塚は進展し、鉄道の発達により大きく発展してきた。

市の観光プロムナードは、文化の回廊として武庫川を挟んだ宝塚と南口を結ぶ一・八キロメートルを指し、市民の日常に豊かな潤いを与える散歩道である。また観光客にとっても気軽に散策できる空間である。

今春宝塚で初めての児童館が幼稚園を改装して開館した。宝塚では私立の児童館が一つだけであったので以前に比べると整って来てはいる。今後は世代を越えて活動できるセンターが既存施設のリニューアルを考えながら増えてくれればと思う。その中で文化の伝達も起こってくるはずである。昔は、広場はあちこちにあったのだから、子どもが自由に遊べる公園も市内の各所にあれば、双方にとってよい出会いの場になるはずである。

財政の非常に厳しい事もあり、今後新規の事業は慎重にならざるを得ないと思うが、現在ある施設をいかに再生するかで、地域の文化が生きてくる。

2　宝塚に残されているもの

宝塚には住民や行政が大切に守り伝えて来たことで残っているものが数多くある。現在宝塚市では市内に小学校区単位のコミュニティ「まちづくり協議会」が出来ている。そこでは自治会を中核としながら、地域で活躍する人たちの連携をはかり、それぞれの地域で情報紙を発行し住民の交流活動を盛んにしている。市内をおおよそ三〜四万人にわけ七つの大エリアで、ブロックわりが出来ているのでそれぞれの地域に残されている文化遺産を取り出して見た。

第一ブロックは、武庫川右岸で仁川、高司、良元、光明、末成小学校区にあたる。五ケ山古墳群、素盞嗚神社、金龍寺、鹿塩熊野神社などが存在する。

第二ブロックは、武庫川の右岸にあり、末広、西山、逆瀬台、宝塚第一小学校区である。弘法大師ゆかりの平林寺、宝塚神社、伊和志津神社、塩尾寺がある。

第三ブロックは、山手に位置しすみれガ丘、宝塚、売布小学校区を含む地域である。宝塚大劇場、手塚治虫記念館、川面神社、清荒神清澄寺、鉄斎美術館、売布神社、中山荘園古墳、旧橋本関雪邸、旧清遺跡など多くの遺産がある。

第四ブロックは、小浜、美座、安倉、安倉北小学校区が含まれる。小浜毫摂寺、安倉高塚古墳住吉神社、大蓮寺などが人々の訪れを待っている。

第五ブロックは、長尾、長尾南、丸橋小学校区は地区整備計画で大きく変わろうとしている。山本植木地区、花と緑の情報発信ステーションあいあいパーク、中筋八幡神社、中山寺、八王子神社、中筋山手東二号墳、天満神社、泉流寺、松尾神社、八坂神社、木接太夫碑など、新たらしものと旧いものが入り交じっている。

第六ブロックは、ニュータウンが多く中山桜台、中山五月台、山手台、長尾台小学校区があり最明寺滝、万籟山古墳、地蔵磨崖仏がある。第三ブロックと同様夜景が美しい。

第七ブロックは、宝塚の自然の宝庫西谷小学校区である。波豆八幡神社、板碑、普明寺、地蔵石龕、堂坂遺跡、大日堂、宝山寺ケトロン祭、普光寺、長谷素盞嗚神社、大原野素盞嗚神社、普門寺など多くの社寺がある。

宝塚にある宝の山は、具体的な建物などのほかにも西谷地区や社叢の自然や宝塚を愛し定住して来た人々である。ここではゆかりの人たちや建物をいくつか探ってみることにする。

［小浜大工と工房館など］

小浜は宝塚文化の発祥地といわれた大工のまち、職人のまちとしても名高いが、この地域は、毫摂寺の寺内町として発達し、有馬街道、京伏見街道の交錯する宿場町でもある。最盛期には芝居小屋もあり、豊臣秀吉が、千利休を供に訪れた利休ゆかりの井戸もある。この地域では平成元年に、有志により町並みの保存運動が始まった。震災前は、従来の小浜の公民館で職人の技を伝える様々な道具が展示されていた。平成六年に小浜宿資料館の完成を機に毎年四月に小浜宿まつりが開かれ、小浜ゆかりの人物に市民が扮して時代風行列が行われている。私も今年この行列に参加し、見る側から参加する側に回ったのであるが、気持ちは小浜宿の住民になっていたという新しい経験である。その時は大堀川の桜もライトアップされて美しい。阪神大震災によって壊れた医院の跡に小浜大工にちなんだ工房館が平成十三年に建設されようとしている。地域住民による小浜地域での文化の掘り起こしが今日、こうして実を結びつつある。大人がのびのびと楽しんでこそ、子どもも心から安心して遊びに熱中することが出来るのではないか。地域社会の中で子どもから高齢者までが安心して共に遊び、学ぶことの出来る場所となることを期待している。小浜にできる工房館で手作りの技を大切に育んで行くことは、次代の子供たちへの大切な贈り物となるであろう。私たちが子どもたちへ残すものは、恵まれた環境の中で伝統を伝えることである。そして工房館の立ち上がりには、行政の支援も必要となる。

小浜の国府橋を渡ると米谷地区に入る。ここには旧和田家住宅があり、歴史民俗資料館として平成十一年に開館されている。これらの施設を利用して江戸の雰囲気を残した町並みを背景に人と人との交流がはかれるような仕掛けづくりがこれから重要になってくるが、何れにしても市民と行政の共同作業が重要である。

［橋本関雪邸と売布］

売布には大正、昭和にかけて関西日本画壇の重鎮であった橋本関雪（一八八三〜一九四五）が使用していた別邸があり、震災で大きな被害を受けた。冬華（瓜）庵と呼ばれているこの屋敷の庭園には、三重塔や栗の木でつくられた栗御殿、石塔などが点在し四季折々の風情が偲ばれる。震災前までは春と秋に庭園が公開され、園内に設けられたお茶席では多くの人たちがお茶を楽しんだ。市外から参加する人もあり、心が洗われる空間であった。市の所有ではないものの、震災前は市民の憩いの場として設営されボランティアによる庭園のガイドもあった。震災で大きな被害を受けたが旧関雪邸再開によせる市民の願いを可能に出来ないものだろうか。「関雪邸を愛でる会」を作る機運もある。

また売布神社駅前地区第二種市街地再開発事業で新しくなったビルの屋上にモダンな茶室がで

きた。震災復興のシンボルとしての茶室であるが、高価な銘木などではなく、身近で安価な工業素材を使った親しみやすいもので出来ている。庭園も真行草にわかれていて震災で倒壊した付近の住宅の古瓦も敷かれている。建築家出江寛氏の設計によるオブジェのような茶室であるが、日本の伝統の中に新しい息吹を吹き込んでくれるものと確信している。このピピア庵は、まだまだ市民権を得ているとは思えないが二一世紀の先駆けの茶室の一つになるのではないだろうか。おおいに期待している。小さな茶室ではあるがこの空間では、ゆっくりと人生を考えることも出来るのではないか。

［村野藤吾賞を呈する宝塚］

村野藤吾（一八九一～一九八四）は、九三歳まで生涯現役を通した人である。宝塚市役所や宝塚カトリック教会を設計した近代建築を代表する建築家である。藤吾が一九四〇年に宝塚清荒神に移り住んだのは、住友工作部の長谷部鋭吉を慕ってのことだった。後に日本の現代建築界に偉大な業績を残し文化勲章を受賞した。村野藤吾氏を記念する賞の表彰式は、一九九七年第一〇回から宝塚市役所で行なわれている。現在建築界では、ただ一つの民間の賞である。第九回までは東京都内で開催されていた賞の受賞対象は「近年、世に大きな感銘を与えた高い水準の作品を製作した建築家を幅広い観点に立って評価する。」とある。誕生日の五月一五日の表彰式には建築を専攻する学生を始め多くの参加者がある。(3)

受賞者　第一〇回　早川邦彦（作品：東京都パークコート杉並宮前）

第十一回　槇　文彦（作品：大分県風の丘葬祭場）
第十二回　田窪恭治（作品：フランス林檎の礼拝堂）
第十三回　内藤　廣（作品：高知県牧野富太郎記念館）

このようなすばらしい賞であるから宝塚市の伝統ある賞としてまず市民に浸透する方策が必要である。さらに拡げて国内で建築を志す人たちを含め運営の方法など若い人たちを中心に発展させて行きたいものである。

宝塚市にはほかに有名な建築家の作品が点在しているが、それぞれが個性をもって宝塚文化の形成に一役を買っている。例えば、中村昌生、安藤忠雄、出江寛、浅井謙などの作品がある。宝塚を広く知っていただくためにおこなっている市主催の「一日市民教室」を利用して、それぞれの建築家の作品を見学するツアーがあれば、村野藤吾が「心が落ち着くまち」と称した宝塚に一層愛着がもてるのではないか。

［富岡鉄斎と清荒神］

清荒神清澄寺は、かまどの神様三宝荒神さんで知られているが境内の鉄斎美術館は江戸末期から大正時代にかけて活躍した南画家富岡鉄斎（一八三五〜一九二四）の作品を収集していることで有名である。その収集は主として鉄斎に師事した清澄寺法主坂本光浄によっている。鉄斎の書画は、道学、儒学、仏学から学んだ深い信仰と哲学による画風で知られている。また大和絵から南画に進み高逸な画風で新しい局面を開いた。南画つまり文人画は池大雅（一七二三〜一七七六）、与謝蕪村（一七一六～一七八三）によって確立されたものであるが江戸末期には全国に広まり、風趣を重んじる文人のあこがれ、清風の心をもったものが文人画であった。鉄斎は、最後の文人画の代表的な作家と言われ、その書画は、我々に生きる喜びと活力を与えてくれる。宝塚の地で新たな文人趣味の分野が再度確立すれば、すばらしい美術の拠点となるのではないか。生涯学習の一分野として、文人画は新しい生き方を示してくれるのではないか。

三章　市民のかかわり

阪急電車の宝塚線に乗ると宝塚に近づくにつれて緑が増えてくる。日頃私たちは、気づいていないけれど市外からくる人にはそのインパクトは強いようである。第三次宝塚市総合計画のテーマは「水と緑とふれあいのまち宝塚」であった。都市のキャッチフレーズで「水と緑とふれあいのまち」は愛知県の稲武町など郡部に多くみられる。それだけ宝塚は、大阪や神戸の大都市の近くでありながら、住宅都市として自然が豊かなまちなのである。とくに緑の多い宝塚市北部西谷地区は、緑の宝石にたとえてもよい。

自然と人の豊かなまち宝塚とそこに伝えられているものを検討して来たが、わたしたちの日常のかかわりの中でこれらの財産をどのようにして次代につたえるのか。今真剣に問われている。

1　生活の中での文化の創造

宝塚の市花はスミレであり、日本はスミレ王国である。スミレは牡丹のように華やかな花ではないが北海道から沖縄まで日本のどこにでもみられる花である。「市緑化推進委員会」が昭和四三年に宝塚市の花をスミレと決めた。理由は、市民の調査でスミレが圧倒的に多く、花言葉が「愛と忠実」で宝塚歌劇ともゆかりが深く、すぐに決まった。(4) またスミレは万葉集にもいく首か詠まれている。

山部赤人のうた。

春の野に菫摘みにと来し吾ぞ野をなつかしみ一夜寝にける（八巻　一四二四）

高田女王のうた

山吹の咲たる野辺のつぼ菫この春の雨に盛りなりけり（八巻　一四四四）(5)

さらに宝塚歌劇では「スミレの花咲くころ」の歌がとくに有名である。静岡県豊野町は、白井鐵造の古里であり、すみれの花の縁で町民が宝塚を訪れている。スミレは種類が多く識別もなかなか難しいと言われているが市民がスミレを研究し、こだわりをもってもよいのではないか。宝塚が今後スミレ学のメッカになればよいと思う。

九月宝塚花の道に「宝塚はな回廊」が完成した。花モチーフのアンティークギャラリーや花をテーマにした手づくりクラフト工房・教室がある。「緑の工房」・「インキュベーション工房」を利用してスミレの全てを学ぶことが出来るような生涯学習の場ができればよい。

そして歌劇、宝塚温泉と小林一三（一八七三〜一九五七）との関連は、宝塚にとって忘れることのできないものである。山梨県生まれの小林一三は、阪急電鉄を創設した関西財界の雄である。宝塚のために一三が果たした役割は、大きい。宝塚に新温泉を開設しその温泉場の余興として宝塚唱歌隊（宝塚少女歌劇団の前身）を組織した。阪急百貨店の開業、東宝映画の創設など多彩な活躍をしている。商工大臣となり多忙の中での茶道に対する思いは、今も池田にある旧邸逸翁美術館でみることが出来る。一三の文化に対するほこりには驚くべきものがあり、古い型通りの定石に満足せず、新時代に即したお茶を提唱して、みずからもまた勇敢に実行して範を示している。(6)

金沢市を訪れると至る所でお茶をよばれることができる。生活に茶が密着している証拠である。生活の中にハレとケの場をけじめとして持つことが現在の社会において大切なことと思われる。めりはりをつけるためにも茶は有効である。折しも宝塚にこの春新しく茶道協会が設立された。公民館やピピア売布のお茶室を大いに利用して市民が心豊かになれる空間をぜひとも作り上げたいものである。

2　文化が子どもを、人を育てる

昔からの遊びの中にお手玉遊びがある。小さい時、雨で外へ出られないと学校の教室や体育館でみんなで遊んだお手玉はなつかしい思い出である。時代が変わっても次代に伝えていきたい文化遺産（伝承文化）と言えるのではないか。私たちは、宝塚の中で育まれて来た文化を次代を担う子供たちに伝えていくことが義務である。教育の基には、豊かな文化の体験が必要であると思っている。大人たちが文化活動に対して真剣に向かっている姿を子どもたちは見て育って行くのである。前章で述べたスミレや茶道とのかかわりも子どもたちにとって豊かな広がりを与えてくれると思う。生活の多様化する中で心のより所をしっかりと持つためにも身近かな小さなことにこだわりを持つことの大切さをもっと大人は子どもたちに示して行くべきではないかと思う。

宝塚が愛すべきまちであり続けるためには、心を込めて先人が伝えてきたものを大人から子どもへ大切に手渡していくことであろう。それが心豊かな時代へと私たちを導いてくれる。

文化が地域をつくるということは、市井にある手仕事の大切さとその技を伝え支える人達の育成である。県が育てた人材を市にネットワークさせることや外国籍の人達の人材登録も必要である。

おわりに

宝塚市は市制四五年（一九九九年）の節目の年に「市民が主役の新しい宝塚文化の創造」を施政方針のひとつにした。そこでは新しい地域文化の創造を生み出すために積極的な市民の地域活動を求めている。

私は今まで宝塚市の文化遺産についていくつか述べて来たが、成熟都市宝塚がこれらの遺産をどのような形で次代に伝えて行くかによって、新しい宝塚文化の創造が見えてくる。映像文化に関する分野については、触れなかった。また宝塚に生活している外国籍市民の文化についても触れなかった。宝塚市には現在約三五〇〇人の外国人が生活している。特に「道」の文化を生活規範としている韓国・朝鮮人は約八割を占めそのほとんどは、日本で生まれた在日コリアンである。彼らの文化と宝塚市民のもつ文化の交流が共生社会の中で必要とされ始めている。一五世紀もの長期にわたった文化の交流についてはあらためてたどってみたい[7]。宝塚市の今までの施策では若者文化に対する支援があまりみられなかった。文化遺産の再生や伝統を伝えると共に、若者たちが作り出している若者文化、また全く新しく生まれてくるであろう文化に対しても未知数ではあるが行政の育成支援が今後欠かすことのできないものである。

二一世紀を目前に控えて私たちは、もう一度自分を見直し、地域の特質を知って、一人一人が身近かな文化を真剣に見直すことの大切さを実感しなくてはならない。トータルにものを把握することが今強く求められているのではないか。小さいころあまりもののなかった時代は、ほとんどのものが手作りであった。心を込めて作ったものはそのものが時間を経て古くなっても簡単には、ゴミにすることはできない。使い捨ての文化は、やはり浅薄なものであったのだ。どんなに時代が変わろうと人の本質に大差はない。

今までの文化支援は、大半が施設費支援であるが、文化は人が作り出していることを考えればもっとソフトへの援助が当然のこととして重視される必要がある。

【引用文献】
(1)「現代社会」 一橋出版 二〇〇〇
(2)「宝塚園芸のあゆみ」 宝塚 山本ガーデン・クリエイティブ株式会社 二〇〇〇
(3)「TOWN VIEW REPORT NO一六」 宝塚 まちづくり研究所 一九九九
(4)「調査年報 平成一〇年度」 宝塚市議会事務局 一九九八
(5)「万葉の植物」 松田修著 保育社 一九六六
(6)「小林一三翁の追想」 阪急電鉄株式会社 一九八〇
(7)「ウリコヂャンたからづか」宝塚 市 一九九九
「文化が地域を作る」 山崎 正和編著 学陽書房 一九九三
シリーズ市町村の実務と課題一「文化振興課 国際交流課」 自治大学校地方行政研究会監修 ぎょうせい 一九九
三「行政ってなんだろう」 新藤宗幸著 岩波書店 一九九八

オーストラリアと私

松永　和子

一章

1　再びオーストラリアへ

機体の高度が下がってきたのか耳の奥が痛い。いよいよ一一年ぶりのシドニーに到着間近だ。眼下に複雑に入り込んだポート・ジャクソンベイがきらきらと波立ち、深い緑のユーカリの木立の中に赤い屋根の家々が見えかくれしている。ところどころふんわりと紫色に見えるのはジャカランタ(1)の花。目に親しんだこの景色。もう一度訪れたいと幾度夢見たことか。

今回グループ「人間探訪の旅」で本を出版することになり、自分のテーマを「オーストラリアと私」ときめた。何か当時を想い出すよすがにと捜しているうち、母が大切に取っておいてくれた、私から母への手紙の束が出てきた。足かけ一八年に渡るなつかしいオーストラリア時代の生活記録である。

一九六八年から一九七五年までのメルボルン時代、電話は直通でなく、料金も高かった。たまに日本へ電話するのにも、前もって手紙で日時を知らせてからかけていたようだ。その分忙しい中から私もこまめに手紙を書いている。一九七七年から一九八八年の一〇年間、再びシドニーに転勤したが、この頃には電話が便利になり、手紙の数が少ない。さしずめ現在ならばEメールとなるところだろうが、手紙という手段であったからこそ、自分でも忘れていたような細々としたエピソードを読み返す事ができた。記録というものは有難い。

長い滞在中、ただの一度もホームシックにかからなかったのは、ひとえにすばらしい人々との出会いがあったからである。手紙を読み返すうち、矢も楯もたまらずオーストラリアの友人達に会いたくなった。ぬけるように青い空の下、ジャカランタの花を見ながら、やさしいシドニーの風に吹かれてみたい。メルボルンで、姉のように慕っていたジャネットと会って旧交を温めたい。そんな思いが今度の一人旅となった。

2　オーストラリアの歴史

夫を残して末娘の高校進学のため、オーストラリアでは二度目の駐在地シドニーを離れたのは一九八八年。おりしもオーストラリアは「建国二〇〇年祭」で沸き立っていた。囚人と海兵隊員、自由移民の商人等一二〇〇人、それに幾頭かの羊を乗せたイギリスのアーサー・フィリップ初代植民地総督率いる十一隻の船団が、初めて小さな入江の一つに碇を降ろしたのが、ちょうど二〇〇年前の一七八八年一月二六日であった。この入江を当時の本国イギリスの内務大臣・シドニー卿の名をとってシドニーコーブとした。シドニー市の名の由来である。英国人にとってはニューサウスウェルズ植民地に、初めての一歩を記した記念すべき日であり、そこでこの日が「建国記念日」となった。

しかし先住のアボリジニ[2]達にとっては、迫害の歴史が始まった日として位置づけられ、彼等はこの日を「侵略の日」と呼んでいる。特にのちに重罪人のための新たな流刑地となったタスマニア植民地では、彼等の多くが悲惨な目にあっている。開拓に入った自由移民一人につき五人の囚人が割り当てられたため、アボリジニを労働力として組みこむ必要がなくなり、彼らは「害獣」として撃ち殺された。結局一八六三年には、タスマニア島において純血先住民は一人もいなくなったという。歴史の中の汚点として現在でもアボリジニ問題はオーストラリアにとって、頭の痛い大きな宿題になっている。

オーストラリアは、ラテン語の「テラ・アウストラリス・インゴグニタ（未知なる南方大陸）」にちなんで名付けられた。古代ギリシャ人が、その存在を信じて語り伝え、幾多の人々が伝説の黄金大陸を求めて航海した。一六〇六年にオランダ人がヨーク岬に上陸、また一六四二年にはオランダ東インド会社が送った探検隊の隊長A・タスマンが、現在のタスマニア島を発見した。しかしそこでは黄金も香料も手に入れることができなかったため、オランダはオーストラリア開拓をあきらめてしまった。

一七六八年、イギリス海軍は、キャプテン・クックをタヒチ島での金星観測にあたらせたが、同時に幻の南方大陸を発見することの指令も与えていた。一七七〇年の二度目の航海で、クックはボタニー湾ほか東海岸の三か所に上陸を果たし、オーストラリア東部の領有を宣言し、ニューサウスウェールズと命名した。

イギリスでは、それまでアメリカを流刑地としていたが、アメリカの独立を契機として、囚人輸送の道が絶たれ、その措置に苦慮していた。新たな流刑地として、オーストラリアの植民地としての歴史が始まったのである。ちなみに当時は、現在のニュージーランド(3)はニューサウスウェールズ植民地の一部であった。

建国二〇〇年祭から一一年を経て、一九九九年末のオーストラリアは、英女王を元首とする現行の「立憲君主制」を続行するのか、「共和制」を選ぶのかで大きく揺れていた。約一〇〇年前の一九〇一年一月一日、イギリスの六植民地と一直轄領(4)がオーストラリア連邦を結成して自治制がはじまった。日本と同様に議院内閣制がとられている。しかしイギリスからの完全独立という形をとらず、直線距離で二万キロメートルも離れた英国の王室に心のよりどころを求め、イギリス国王を元首とした。

連邦結成と同時に制定された憲法によると、すべての執行権はイギリス国王の名代である連邦総督が保持している。総督は首相を任命するほか、独断で閣僚を罷免したり、議会を解散したりする権限を与えられていた。現在では象徴的な存在で、非政治的な憲法の監視役をつとめているにすぎない。

完全な主権国家であるはずのオーストラリアは、形式的には未だにイギリスの支配下にあるということになる。国旗の一部にユニオンジャックをあしらったり、コインにエリザベス女王の顔が彫られているのはこのためである。第一次世界大戦などに参戦したのも、「母国を救え」という英国との一体感からであった。

ところが次第に大英帝国が衰退し、オーストラリアはアジア、アメリカとの距離が縮まっていく。非英語圏の移民も増加し、国民の生活は一歩一歩英国から離れて多文化主義が進み、独自の国家として今日まで成長発展してきた。イギリスのヨーロッパ共同体への加盟も一つのきっかけになり、遠い英国の女王を元首とするのは、時代錯誤ではないのかという世論がわいてきた。エリザベス英女王に任命される総督を廃し、自ら選んだ大統領を元首とする共和制に移行しようという意見だ。賛否両論を戦わせた後、一八歳以上の全国民に賛否を計る「国民投票」が行われた。

事前に行われた世論調査では共和制支持は六一％あったが、投票結果では共和制は否決され、当分は今まで通りの立憲君主制という結果に終わった。今回国民投票にかけられた大統領の選出方法が議会選出型であり、直接選挙でなかったことが今一つ人気がなかった理由のようである。

3　日本とオーストラリアの関係

最初の日豪関係はオーストラリアの最北部、ホーン岬とニューギニアにはさまれたトレス海峡に浮かぶ小島、木曜島に始まる。そこで真珠貝取りのダイバーとして日本人達が活躍していたのである。木曜島の採貝は一八六八年に始まるとされているが、日本人ダイバーの記録は一八七六年にみられるという。その多くが和歌山県南部、愛媛、広島などの若者達であった。貧しい故郷を捨て、一攫千金を夢みてはるばると海を渡ってきた。潜水病の危険をもかえりみず、チャレンジしつづける彼等の高い潜水技はみとめられ、採貝には欠かせない存在となっていった。

白豪主義[5]に関係する法律、移民制限法や日本人排斥運動等の紆余曲折はあったものの、明治から第二次大戦勃発まで採貝移民達の活躍は続いた。戦争が始まると彼等はニューサウスウェールズのヘイ収容所に抑留されてしまい終戦後、現地人と結婚している人を除き日本へ引き揚げた。島には今も数千にのぼる日本人墓地が、彼等の歴史を物語っている。

戦争によって日本人収容所に強制収容されたのは、もちろん採貝移民者だけではなかった。その頃約三〇〇〇人いたと思われる全在豪民間日本人に加え、ニューカレドニア、インドネシア、フィジー等からも民間の日本人が囚われの身となって各地の収容所に抑留された。その数は合計四〇〇〇名とも四二〇〇名ともいわれている。

現地にとけこみ、営々と築いてきた生活を、日本人であるというだけの理由で打ち砕かれた移民の運命には同情を禁じ得ない。しかしオーストラリアの場合、収容所とはいえ暗く悲惨なイメージからは遠かったようである。採貝関係者が収容されたヘイ収容所の元住民によれば、そこでの生活は実に自由で、野球や映画・音楽を毎日楽しめたという。

ヴィクトリア州のタチュラには民間人家族と単身女性など約一〇〇〇人が収容されていたが、

その収容所の責任者はエセル・メイ・パンション（愛称モンティ）という日本語のできる女性であった。教師の経験のある彼女は、子供たちのために学校を開く等、親身の世話をして抑留邦人にしたわれていた。

一九八〇年、モンティが神戸日豪協会の招きで日本を訪れた時、彼女と三〇年ぶりの再会をはたすべく待ちうける人々の中に一人の婦人がいた。彼女は第二次世界大戦のさなかの三歳の時、父親とジャワにいて囚われの身となった。まっているのは死だけと思いつめていた親子が連れていかれたのはタチュラの収容所で、温かいミルクとビスケットで迎えられたという。そこでモンティに会い、五年におよんだ抑留生活の間世話をうけた。彼女はそこを「第二の素晴らしい故郷」と位置づけている。

モンティの自伝の出版にあたって彼女が寄せた、序文の一部を引用させていただく。

私達仲間は皆捕虜にされ、ここにきたのです。
見渡すと、キャンプの廻りは鉄柵で囲まれており
その向こうには緑の草原、そこに白い羊の群れがいる。
鉄柵にすがってその様子を見る。
この鉄柵の内側には新しい学校がある、教会が有る、
病院が有る。結婚式にはウエディングドレスが届く。

出産には病院の手配。ベビー用品が届く。
炎天下に遊ぶ子供にはつば広の帽子が届く。
登校する学童にはフード付きのコートが届く。
毎朝の点呼のたびに新しいニュースが届けられる。
五年の年月は私達子供等には囚われの身をわすれ
させてくれました。

……　中　略　……

やがて別れの日が来た。手にあまる荷物を持って
最後の別れの日には、モンティさんに抱っこされ
「どこもわるい所はありませんね。お熱はありませんね。
忘れものはありませんか。日本へ帰ったら立派な大人に
なりましょうね。平和な国をつくる大人になりましょうね」
と云われた最後の言葉がわすれられない。

（北條とみ子）

戦争のさなか、民間人とはいえ、敵国の日本人に対してこれだけのことをしたオーストラリア
という国、そして愛情をもって彼らに接しつづけたモンティさんたちに敬意をもたずにはいられ

ない。

一九八〇年、大来外務大臣がオーストラリアを公式訪問した際、第二次大戦中収容所で行ったモンティさんの友情と親切に感謝して、絵と感謝状が贈られた。その時のことをモンティさんはこう書いている。

非常に名誉なことではあったがそれに値することなど何もしていないと思った。抑留されている間、あれほど忍耐強く協力的であった人たちをだれが愛さずにいられたであろう。

謙虚で愛情深い人柄の彼女と、古き良き時代の美徳を持っていた邦人との交流が、目に見えるようである。

モンティさんが一〇二歳の時に書かれた彼女の自伝「モンティ一〇〇年の青春」にはタチュラキャンプでの日本人の様子が生き生きと描かれている。

最初は無気力に「日なたぼっこ」が日課であった人達が、やがて畑をつくり、洋服の仕立てや靴づくりをはじめ、器用な女性たちは、小さな衣服工場まで運営した。夜は演芸会等もひらいて、オーストラリア側の職員を招待して共に楽しんだりもしたようである。一時期キャンプ内の出産があまりに多いので、所長のスカリー少佐が何とかならないものかと日本人リーダーに相談したが、あまり効果がなかったとか。

このキャンプ生まれの赤ちゃん達の一人が私のシドニー時代の親友ユリなので、この文を読んだ時は感慨ひとしおであった。

ユリの母方の祖父は石川県出身の日本人でまだ一〇代の頃、新天地を求めて船出したそうである。インドネシアで中国系インドネシア人と結婚して一家をなし、事業にも成功した。小さなバス会社や映画館を経営していたという。

第二次大戦が始まった頃、初めはインドネシアに駐屯した日本兵にも、日系人ということで大切にされたが、戦いが進むにつれ日本人であることが災いした。今まで他国に侵略された経験のないオーストラリアにとって、日本が攻めてくる事に対する恐怖は大変なもので、すべての日系人は集められ、祖父の一家はタチュラに抑留された。ユリはキャンプで生を受け、祖父はこの抑留所で亡くなった。

祖父は後に、ニューサウスウェルズのカウラ日本人墓地に葬られたそうである。私がシドニーに住んでいた時、カウラの日本人墓地を訪れたことがある。カウラは日本軍捕虜収容所があった所で、捕らわれていた日本兵が集団で脱走した「カウラ事件」[6]で有名である。カウラ収容所の待遇はタチュラ、ヘイ同様に大変よかったという。脱走事件をひきおこした要因は、食料事情や苛酷な強制労働などの待遇、処遇にあったのではけっしてない。戦陣訓に縛られていた捕虜達が、生きて恥をさらすよりもと行った集団自決行為であった。この事件で亡くなった二三四名を含む五四九名のお墓を見てまわった。ユリから聞いていた彼女の祖父の姓「山田」という墓標をさがしたのだが、後で聞いたところでは、彼は「鍋島」という名前で葬られているそうである。日本を出国する時、彼自身のパスポートでなく、親類の「鍋島某」のものを使ったためだったとか。

日本人墓地の墓碑には、他にも、「近藤勇」「浦島太郎」などという明らかに偽名とおぼしきものがあった。軍人勅諭の教え通り捕われの身を恥じて、本名を名のろうとしなかった日本兵の心情がひしひしと伝わり、せつない気持になった。

第二次世界大戦で日本はオーストラリアへの最初の侵略国となった。今まで大事件を経験したことのない「静かな大陸」にとって、日本軍のダーウィンやブルームへの計一二八回にも及ぶ空襲（死者約五〇〇名）は対日嫌悪感をいやがうえにもあおっていった。日本側に捕らわれたオーストラリア人捕虜が苛酷な状況下で大勢死亡したことも彼等の感情を逆なでしたことであろう。日・豪の捕虜の処遇のちがいを、比較史的に学ぶとき「日本人は人道上においてもオーストラリアに負けた」という感慨を抱く日本人は多い。

オーストラリアの戦争記念日、アンザックデイは、第一次大戦中英連邦軍として戦いに参加した、オーストラリア・ニュージーランド軍団の活躍を記念した日である。私たちがメルボルンで暮らしはじめた頃、日頃友好的なオーストラリア人も、この日には日本人を見つけると「ジャップ」と侮蔑の言葉をなげかけたり、時にはつばをはいたりするので「外出は控えるように」というおふれが領事館から出されたりした。

戦後、国交正常化が進んでも対日不信は根強く、一九五七年メンジース首相と岸首相の相互訪問によって日豪通商協定が結ばれるまで、両国の関係はスムーズにはいかなかった。

戦後、最初に活躍した日本人はウール・バイヤーと呼ばれる、羊毛の買付をする商社マンであった。オーストラリアは一九七〇年までの一〇〇年間、外資収入の五〇%以上を羊毛輸出に依存する世界一の羊毛大国である。ウールバイヤーは指先の感覚一つで、メリノ種の羊毛のグレイドを瞬時に判断する、特殊技能の持主達である。

一九六〇年代の中期以降から、七〇年台初期にかけて、日本とオーストラリアの関係は拡大の一途を歩んだ。イギリスとの貿易が縮小し、日本が最大のパートナーとなった。両国の貿易は、オーストラリアから石炭、鉄鉱石、羊毛等の資源輸出、日本からは自動車、鉄鉱、電機製品等の工業製品の輸出と、もちつもたれつの関係であった。

電機会社に勤める夫がメルボルンに転勤になったのは、まさにこの時期一九六八年一月の事であった。転勤といっても事務所があるわけでなく、取引先の英国の大企業のオーストラリア支社に一つ机をもらい、自社製品を売り込むという一人だけの駐在員である。夫は二九歳であった。

その後、ガスリー社との間に合併会社ができ、後にはメルボルン郊外のウドンガにテレビの現地生産工場ができた。

これが最初のオーストラリアの駐在であり、それが八年間に及んだ。

二章

1　オーストラリアでの生活

夫からおくれること九ケ月、一歳八ケ月の娘をつれて、不安と期待に胸をいっぱいにして日本を出発したのが、一九六八年一〇月の事であった。当時日本とオーストラリアを結ぶ航空機はカンタス航空のみで、羽田からホンコン、マニラ、ダーウィンを経由して、シドニーへという長旅であった。国際線に乗りこむのも、今のように空港の建物の中から直接機内に入るのではなく、原っぱを歩いて航空機まで行き、タラップを登るのである。

朝からただならぬ気配に興奮していた娘が、豊中の夫の実家を後にして羽田に着いた頃には、すっかり寝入ってしまい腕にずっしりと重かった。

今は成田または関空からシドニーまでの直行便があり、この場合は大陸の東側の海岸にそって南下する。当時はダーウィン経由であったため、オーストラリア大陸を斜めに横切ってシドニーに入った。眼下に花のじゅうたんを敷きつめたように赤い大地が見え、思わずマニラから乗ってきたとなりの席のオーストラリア人に

「あれは何んの花でしょう」

と問いかけていた。答えは意外にも

「あれは花でなくて砂漠だよ」

というものであった。

砂漠というのは黄色くて風紋のある、さらさらした砂地という思いこみがあった私には、赤い砂漠があるなんて、まさに目からうろこが落ちるとはこの事であった。

シドニーで再会した父親に
「この人だあれ」

と聞かれた娘ははにかんで
「お兄ちゃん」

と答えていた。一歳になる前に別れたのだから無理からぬことである。

メルボルンに行く前に一日、シドニーを案内してもらった。一九五九年に着工、一四年の歳月と莫大な費用をかけてつくられたオペラ・ハウスは、この時まだ建築中であった。「海の貝」をイメージしてデザインされたという外観はほぼできあがっていた。秋の日本からひと飛びで、初夏のシドニーにタイム・スリップした私の目に、澄みきった群青の空のもと、ヨットの行きかう海面に浮かんだ幾重にもかさなる巨大な白い貝が、日の光をはねかえして輝いている風景は、背景のハーバーブリッジと相まってこの上なく美しかった。

きらきらと輝くように明るくモダンなシドニーに対して、メルボルンの町はしっとりと落ちついて重厚な感じがする。計画的につくられた都市だけに道巾も広く整然として、広々とした公園があちこちに目につく。

ニューサウスウェールズ植民地から入植者が集まるようになった一八三九年、開拓のためアボリジニから土地を買い、都市計画が始まった。R・ホドルによって一マイル四方からなる街が建設され、当時の英本国の首相の名を取ってメルボルンと命名された。メルボルンのあるビクトリア州は、当時の英女王ビクトリア自身が、その名をつけることを求め、ビクトリア植民地と呼ばせたという。

一八五〇年代、ビクトリアの各地で金がたてつづけに発見され世界中から人が集まった。このゴールドラッシュで、ビクトリアの人口は九万人から五四万人に増え、全オーストラリア人口の四六%をしめるようになり一挙に大都会となった。

夫が新聞広告でみつけて、私達を迎えるため用意しておいてくれた家には、バラやライラック、ハイビスカス等の花が咲きそろい、花好きの私は大感激であった。一八〇坪程の敷地に小じんまりした2LDKのレンガ造りの家にはふかふかのカーペットが敷きつめられていた。前後にゆったりした庭があって、緑の芝生が広がるバックヤードには大きなレモンの木に金色をした実がいっぱいなっていた。家主がシドニーに転勤になり、その留守の間貸す事にしたそうで、家具付で一週間三〇ドルであった。あまり貧富の差がなく中流社会のオーストラリアでは、少し小さめではあるがごく平均的な家である。

当時オーストラリアドルは一ドル四〇〇円でアメリカドルの三六〇円よりも高かった。日本円にすると月四、八〇〇〇円の家賃である。ちょうど当時の夫の日本での給料がそれぐらいであったから、日本の円の価値がまだまだ低かったのがわかる。

この家のオーナーが、「親切な人だから」と夫に紹介してくれたのが道をへだてて向かいに住むジャネットだった。この度の旅行で一番会いたかった人である。私の娘達にとっても、実の叔母のような存在で、シドニーに住んでいた時にも、学校の休みに何度か遊びに行った。また二年程前には次女が新婚旅行先をふるさととオーストラリアにして、夫婦で三日も泊めてもらったりしている。

その頃、夫は合併会社を作る準備のため多忙で、泊まりがけの出張で家を空けることが多かった。二五歳の若い母親と幼児が、異国の地で留守を守っている図は、よほど心もとなげに見えたのだろう。彼女は親身になってよくめんどうを見てくれた。私用の車を買うまでは、週に一度、車で「セイフ・ウェイ」という大きなスーパーに買物に連れていってくれた。鶏は丸ごと一羽買い、肉はかたまりで一ポンド単位、アイスクリームは二リットルは入るような大きな容器入り、と何もかもスケールが大きい。目を丸くしている私を、彼女はおもしろがっていたようだ。

出発前、娘を姑にあずけ一〇週間の英会話集中コースをうけてきたものの、まだまだ未熟で語彙も少なかった。それにオーストラリア独特の発音が聞きとりにくい。小さな誤解や、大きな勘違いは日常茶飯事であった。それに表現の違いも多々ある。ある時ジャネットの末娘、五歳のリンダが自分の赤ちゃんの時の写真を見せてくれた。まるまると太って、とってもかわいい。私はそれを素直に表現したつもりであった。とたんにリンダが大声で泣きだした。「太った」が彼女をひどく傷つけたらしい。

「日本では、赤ちゃんは太った方がかわいくて、それはほめ言葉で…」

しどろもどろで弁解にあいつとめ、大汗をかいた。またこんな事もあった。

一緒に買物から帰ったところへ電報が届いた。それを開けたジャネットの表情がくもり、

「子供たちが悲しむわ。マイハズバンド……ツダイ……」

電報→子供達が悲しむ→誰か死んだ?→まさかご主人が?

私の頭の中をジャネットからどうにか聞き取れただけの単語がくるくるとまわって、何といってよいのかわからず息をのんだ。もう一度よく聞くと、海外出張にいっている彼女の夫からで
「今日帰って来る予定が延びた。楽しみにしていた子供達ががっかりするだろう。」

というだけの事であった。おくやみなんか言わないであーよかった。と胸の中でほっとしたものだ。

夫が出張で家を空けると夜が特に心細い。夜行性のポッサム(7)が庭のプラムやネクタリンを食べにくるのだろう。ガレージの方でカタカタと物音がしたりすると何とも恐ろしい。そんな時、私のベッドルームのブラインドの隙間からジャネットの家を見る。彼女の家のキッチンの灯が明るくともっていると、それだけでほっと安心できた。

この度の旅行で彼女の所に三泊させてもらって昔話に花を咲かせていた時、私がその事を話すと彼女曰く

「貴女がよくそう言ってたから、マット（私の夫の事）が家にいない時は、キッチンの灯をずっとつけておいたのよ。」

三〇年以上も前の私の知らなかった彼女の思いやりであった。

教会の婦人部のクリスマスパーティー、リンダの幼稚園の遠足、長男ポールのクリケットの試合見物と、誘ってくれるものはたいてい金魚のフンよろしく娘を連れてついていった。一人では着られない和服も彼女に手伝ってもらって着て、乞われるままに長女クリスの小学校に、折紙の指導かたがた国際親善のつもりで出かけたこともあった。

一〇ケ月後、次女を出産するために入院した時、娘はすっかり彼女になつき、この時のためにと練習していたナーサリーに行くよりも彼女の所へ行きたがった。私の入院中の一〇日間、夫が出勤する時に、二歳五ケ月の長女は赤いバスケットにお宝をつめこんで毎日ジャネットの家に通った。

出産から三日目、病院から母に出した手紙によると

入院した朝はまだ星の残っているような時間でしたが、彩は「ママどこへ行くの？病院？」といって大好きなジャネットに抱かれて上機嫌で彼女の家へ行きました。

夕方パパが迎えに行くと、帰るのがいやだとジャネットにしがみついて泣いたそうです。

とある。

一年目に家のオーナーがシドニーより戻り、我家は近くに引越す事になったが、ジャネット一

家との交際は帰国までずっと続いた。毎年クリスマスには彼女の家に招待され、近所に住む夫妻の二人のお母さんも一緒に、真夏のオーストラリア式クリスマスを祝った。

2　日本人の友人達

海外での日本人の友人は「戦友のようなもの」とは戦前満州で過ごした経験のある、友人の母上の言である。戦友とまでは言えなくても、何かと事があるたび助けられたり、助けたり、遠くの親戚よりも頼りになる存在であった。私にとって友人は品物に例えるのは申し訳ないが、「貴重品であり、必需品」というところだろうか。

インフルエンザで子供共ども枕を並べて寝こんだ時、切迫流産の気があって医者より絶対安静を言い渡された時、その他何度かあった私のピンチ、そんな時夫は出張で留守というのが我家のジンクス。その度に「神の贈り物」のようなありがたい救いの手がのびる。

私の動けない間のキンダーへの送り迎え、下の子をあずかってくれたり食事の差入れ等、いろいろな友人に助けられた。

特にメルボルン時代は、夫の仕事関係のお客様を家で接待する事が多く、大切なお客様をする時等は私の緊張が伝わるのか、ふだん丈夫な子供達がそんな時にかぎって高熱をだす。

当日は昼間ゴルフをする人達におにぎりのお弁当を作って届け、夜は家に夕食に招待する、という予定になっていた。長女をキンダーに送りにいった時に出合った友人が、前夜次女が高熱の

ためか幻覚症状を起こして、ほとんど一睡もできなかった私を見かねて、

「夜にそなえて、あなたは少し眠った方がいい。私がお弁当つくるから。」

と申し出てくれた。彼女の届けてくれたおにぎりは、私流のとは少しちがって、丸い太鼓型の上に色どりよくふりかけがまぶしてあって、見るからに食欲をそそった。

私の人生の過ぎていった様々な事の多くは忘却のかなたに沈んではいるが、ある一瞬のシーンの幾つかは、そこだけ切り取られた絵のごとく、まざまざと記憶に鮮明に留まっている。あのおにぎりもその一つで、感謝の気持と、かわいらしいあの色と型は今もはっきりと私の頭のアルバムに残っている。

3　不思議な自然

メルボルンには一日に四季がある、といわれる。温暖な気候ではあるが空気が乾いているせいか、一日の寒暖の差がはげしいのだ。夏の昼間、時にはヒートウェイブと呼ばれる熱風が吹き、四〇度を超えることもある。そんな時には日よけを深く下ろし、ブラインドも窓もしめきって暗くした部屋の中でひたすら夕方を待つ。日本の夏のように窓を開け放てば熱風が吹きこみ、家の中の温度が上がってしまうのでそれは禁物である。夕方になると南極の方からクールチェンジといわれる冷たい風が吹き、うそのように涼しくなる。

ヒートウェイブの吹く日は「ファイヤー・バン・デイ」といってバーベキューやごみ焼き等、

屋外で火を使う事は禁止される。ある日裏庭のドラム缶で紙くずを燃やしていたら、隣人が大あわてで飛んできて、塀越しに、

「ファイヤーバン、ファイヤーバン」

と身ぶり手ぶりで注意してくれた。知らなかったとはいえ、通報でもされれば罰則ものなのだ。

オーストラリアの森は揮発性の油を含んだユーカリ[8]の木が多い。乾いた空気やヒートウェイブのせいで、自然発火しブッシュファイヤーという森林火災を引き起こす。時には何日も燃え続け、人家やカンガルー、コアラ等の野生動物を巻きこんだ大惨事となる。しかし一方ブッシュファイヤーは自然の摂理ともいえるもので、オーストラリア固有の何種類かの植物には、この火事による高温でのみ種がはじけて次の世代を残すことができるものがあるそうだ。

無残に焼けただれて、真黒な木立が延々とつづくユーカリの林で、一年もするとその黒い幹に緑の芽が吹き出し、もとの森へと蘇生していく。その生命力の強さには目をみはるものがある。

4　動物の楽園

オーストラリアには特有の動物が多く棲息している。特にシドニーに住んだ時には、動物園に行かなくても、居ながらにして珍しい動物達に遭遇した。

シドニーは幾つもの入江と岬が複雑に入りこみ、起伏に富んだ地形である。地図を見ると岬の先の方は緑でぬられ、パークやリザーブと書かれている。自然の森林地帯（ブッシュ）をほとん

ど手をつけることなくそのまま残してあるのだ。このブッシュは鳥や野生動物の快適な寝ぐらになっている。シドニーで私達が住んだ家もリザーブのすぐ近く、鳥や動物の楽園の中に人間の居住区があるという感じのところであった。

近所の人が餌づけしているのをまね、砂糖入りのボールをテラスに置いてみた。その名の通りカラフルな、レインボーロリキットというオウム科の鳥が毎日三〇羽ぐらい来るようになった。ずらりと手すりに止まり、にぎやかなことこの上ない。

そのうち小さな肉片を目的にクッカバラ(9)(わらいかわせみ)も遊びに来るようになった。小さな肉片を投げてやると器用にくちばしで受けとめる。こちらが彼等の訪れに気づかないでいると、台所の窓をコツコツとくちばしでたたいて催促するまでになった。

黄色い冠をもったクックツウーという白いオウムは家の木部をかじるというので嫌われもの。隣人は氷片をなげておいはらうと言っていたが、私はユーモラスな彼等が大好きだった。細い糸杉のてっぺんに来て止まる。梢がしなって弓形になると、こうもりのように逆さ吊りになったオウムがそのままクルクルと落下する。「あれっ」と思ったとたん、地面すれすれの所で、さっと羽を広げ身をかわす。こんな事を繰り返してスリルを楽しむように遊んでいる。飽きることなく眺めている私であった。

洗濯を干すために裏庭に出るとき、何度もギョッとさせられたのがブルータング(10)と呼ばれる体長三〇センチ程のトカゲ。人畜無害のおとなしい性格であるが、形がグロテスクなので我家では嫌われものであった。

　ハリモグラにも庭で二度あった。山あらしのような針状の毛を逆だてて、丸くなっていた。ハリモグラは、単孔類という最も原始的な哺乳類である。腸も尿道も一つの穴に集まっていて、卵を産んで母乳で育てるという変わりものである。単孔類は世界広しといえどもこのハリモグラと、やはりオーストラリアにしかいないカモノハシの二種だけである。

　自然がいっぱいで動物達にとって楽園であるということは、自然の子としての人間にとっても快適であるということであろう。動物と花木が好きな私には特に幸せなシドニー時代であった。

三章

1　出産

　メルボルンでは二度のお産を体験した。日本で長女を出産した経験があったので、さしたる不安も感じないですんだのは幸いであった。

　オーストラリアの看護婦さんは精神的な面で看護するトレーニングを受けていて、患者に対してとても親切で頼りになる。日本に比べて社会的地位も高く、そのためか颯爽と仕事をこなしている。

　国際色豊かな国なので、お産にもお国柄が出るようで、アングロサクソン系は静か、イタリア、ギリシャ系は派手にさわぐということである。となりの産室から大さわぎしている声が耳に入ってくると、私はあまりみっともないまねはできないと、こんな所で日本人意識が顔を出す。

入院生活は快適であった。食事はスープからデザートまでのフルコース、前日にメニューがきて各二種類の中から自分の好きな方に印を入れて選ぶ。出産の次の日からシャワーを使い、その間にベッドがきれいに整えられていた。夕方の面会時間が近づくと大変だ。ヘアカーラや化粧道具を持ちだして、念入りにおしゃれをする。時間がくるときれいなガウンをはおって枕を背にベッドの上にすわる。シスター（看護婦のこと）がぐるりとみんなを見わたして、

「用意はいい？　みんなきれいになってるわね。」

なんて茶目っけたっぷりに声をかけてから、まるで舞台の幕を開けるようにおもむろにドアを開ける。すると手に花束を抱えた夫達や親族らしき人達が一度に入ってきて、ベッドごとにラブシーンをくりひろげるのだ。もっとも私の所は夫とは日本式の面会だったけれど……。

退院後は市からホームヘルパーが二週間、一〇時から一五時迄家に来て家事を手伝ってくれるという制度があり、料金はその家の収入によって割り出される。この制度は産後だけではなく、私の場合三女を妊娠中、切迫流産の危険があるからと医者から安静を言い渡された時にも来てもらった。先日、日本でもやっと同じような制度ができたようで、新聞に「厚生省が少子化対策事業、出産直後ママに格安のヘルパー」（二〇〇〇年二月二三日）という記事がでていた。先進国を自負する日本だが福祉の面では、実に三〇年もオーストラリアに後れをとったことになる。

産後しばらくは、月に一、二度それぞれの地域にあるベビーセンターに通う。日本の交番所のような独立した小じんまりした建物に、専属の保健婦が一人常駐している。赤ちゃんの体重を計ってもらったり、予防接種を受けたり離乳食の相談をしたりした。

政府からの子供手当てというのもあった。額は忘れてしまったが、二人目は一人目の倍額より多く、三人目は率がもっと高くなった。当時は収入には関係なく支給され、母親の口座に振り込まれる。人口増加を願って子供を産むことを奨励するための政策である。高齢者福祉はもちろんのこと、子育て期の母親にも手厚い配慮がなされていた。

2　カルチャーショック

長女が三歳になってキンダーに通いだした。このキンダーは教会に属していて、教会の裏庭に別棟があり、二〇名程の子供に先生が二名という小さな私立のものであった。教会の隣が牧師の家で、奥さんと三人の娘さん、少し年がはなれてかわいい男の子マイケルがいた。マイケルもそのキンダーに通っていて、私の娘とも仲良くしていた。送り迎えの時など、お父さんの牧師さんと顔を合わせる機会がよくあり、

「マイケルがアヤコが大好きでね。家でもよく話しているよ。」

温和な顔でそんな事を話してくれたものだ。ある日、シティ（市街地）に出かける電車の中で偶然彼と会い、街までの二、三〇分の間とりとめもない話をしていた。どういう経緯であったもの

かマイケルの話になった。

マイケルは、夫婦の実子ではなく養子だという。オーストラリアには子供を産んだ女性が、自分で育てられないと意思表示すれば引きとって世話をしてくれる養子縁組機関がある。日本のような戸籍制度がないオーストラリアでは、正式に結婚したり、出産したりすると州政府の「出生・死亡・結婚登記所」へ届け出る。こうした登記は個人単位で行われる。各個人は両親の姓名などが記入された出生証明書を持っているが、子供を産んだ女性の方には出産の記録は残らない。ある意味で母親の事情で闇に葬られかねない状況にある小さな命が助かる可能性は高い。マイケルと現在の両親は、養子縁組機関でめぐり会ったそうである。その事実を彼が物心ついた頃から、折りにふれ家族でかくさず話していて、彼もよく理解しているという。両親がどうしても男の子が欲しかった事。マイケルを一目見たときに、私達の子供になるのはこの子だと直感して、めぐり合わせてくださった神様に心から感謝した事。三人の姉達も赤ん坊の彼が家にきた時どんなにか大喜びし、かわいがったか等々、愛情をこめて明るく話すのだそうだ。彼自身は姉達にむかって
「ぼくは選ばれて、この家の子供になったんだ。」

と誇らしげに自慢しているとか。

日本人なら話してはならない事としてひたかくしにするのではないだろうか。私は少なからずショックを受けたが、云われてみれば大きくなって何かの拍子に真実がわかるというよりも、小

さい時から自然な形で知っている方が子供のためかもしれないと思う。白人社会では、自分の子供がいながら養子を迎え、実子同様に育てている家族、時には人種の違う子供をひきとって育てている家族も多々いるが、度量の広さ、人間愛の深さに感心させられる。

子供を自分の分身とみなす傾向のある日本人と、たとえ我子でも一人の独立した人格と認める白人社会の考え方の違いが、根底にあるのではなかろうか。

3　学校教育

これは私が三人の子供達を通して得た体験的学校教育の概略である。

A　プレップ（prep）

オーストラリアの義務教育は五歳から始まる。小学校一年生の前に、プレップという、幼稚園児から小学生にスムーズに移行するための予備クラスがある。

我家の子供達の古い通知表を出してみると、読み方、話し方、作文、スペリング、社会、理科、算数、図工等の項目がならび、一年生以上のそれと同じである。ただ一学期の終りの欄には、先生のコメントと生活態度の評価のみが記入されており、学習の項目には斜線がひかれてあった。後半の二学期の終わりには作文以外のすべての学習の項目に評価が記入されていて、先生のコメントの最後に「一年生に進級」と書かれている。

幼稚園では生活習慣を身につけながら友達と楽しく遊び、集団生活を学ぶことが目的であったが、学校での学習となると自分自身と向きあう、集中力や注意力が必要となる。この通知表から、子供の環境への順応を助け、学校生活にソフトランディングさせようとする学校側の配慮が感じられた。

それでもこの年齢には生まれ月の違いや個人差により、難なく学習に入っていける子供もいれば、そうでない子供もいる。一年間のプレップでの様子によっては、教師と親の間で話し合いがもたれ、一年生に進むのか留年するのかを相談する。最終的には親の考えが優先されるようである。

留年といっても悲壮感などはさらさらない。基礎があやふやなままで次のステップに進むよりも、しっかりともう一度足がためをしてからの方が本人のため、と割りきっているからだろう。

私の囲りにも何人かの留年をきめた親がいたが、教育熱心な知的な人が多い。子供の方も親のしっかりした考え方をわかっているので、劣等感にうちひしがれるということもない。（このあたりは、「気楽にいこうよ。」take it easy　が合言葉の、楽天的な国民性が影響しているのかもしれない。）

学年が進むと逆に飛び級する優秀な子供もでてくる。みんな一緒に入学し、卒業していく日本の義務教育にはない、子供の個性の尊重がここにはある。

B　ハイスクール

小学校六年生を終えると中・高一貫の六年制のハイスクールに進む。義務教育はハイスクールの四年生までで、長女が在籍していた頃は、かなりの生徒が四年生で卒業試験を受け、就職したり、専門学校に進んだりした。五年生以上に残る生徒はたいてい大学を目指し、H・S・C（HIGH SCHOOL CERTIFICATE）という大学入学資格検定試験を受ける。この成績によって希望の大学や学部を調整する。オーストラリアの大学は二校をのぞいて、すべて国立か州立で日本の大学にくらべて数が少ない。「みんなが行くから自分も」という日本式の進学志望者はいないので、進学率は一〇％にも満たない。高等教育としては大学のほかにTAFEという職業訓練教育校がある。TAFEの運営は州が七割、国が二割、授業料が一割という割合でおこなわれている。大学を卒業するよりもTAFEを卒業するほうが就職には有利なようで、学生数は大学生の二倍の一〇〇万人を越えている。

長女はシドニー日本人学校・中学部を卒業して、私立ミッション系の女子校のハイスクール部四年生に編入した。私立といえども入学試験はなく、校長先生と本人、両親との面談があるのみであった。校長は教師らしい威厳を備えていると同時に、相手を包みこむような温かな眼差しをもった年輩の女性であった。

日本人学校では、日本国内と同じ検定教科書を使い、日本と同じカリキュラムで勉強してきたが、オーストラリアには検定教科書はない。娘が最初に手にした国語（英語）の教科書は市販の

ペーパー・バックの小説「レベッカ」であった。夢中で読んだ娘が

「ママ、おもしろいから読んでみたら。」

とすすめてくれた。英国の郊外、壮大な館の中でくり広げられるロマンチックなミステリーで読みだしたらおもしろくて、辞書をひくのももどかしく、一気に読み終えた。その後この本をもとに、どんな風に授業が展開していったのか興味あるところだが、今では知る由もない。

C　日本語学校、通信教育

長女が六歳になり、日本の学齢期になった。当時メルボルンには日本人学校はなかったので、平日は現地校に行き、土曜日の午前中は日本語補習学校に通う。家庭では日本の文部省から送られてくる「母の手引書」付の教科書とワークブックで国語、算数、理科、社会の四科目を教える。月末にはテストをさせ、それを日本に送ると点をつけて、いろいろな注意や日本の学童との比較等のコメント付で送り返されてくる。

家庭での会話は極力日本語を話してはいたものの、親子で日常使う語彙等はしれたものである。長女は現地校では英語で暮し、放課後は近所のオーストラリア人の仲良し兄妹と「ピーターパンごっこ」等してのびのびと楽しげに遊んでいた。家で見るテレビも英語。まだビデオもなかった時代、日本の番組を見せるすべもなかった。かくして子供達の使う言葉は英語と、両親から受け継いだ関西なまりのたどたどしい日本語少々となっていた。彼女の下に三歳と一歳の妹がいて、

忙しい母親は日本語の読み書きも日本語学校が始まるまで教えていなかった。

日本語学校の初日は、父兄同伴で教室へ入った。毎年一年生を受けもたれる、白髪の本田先生が当然のように

「みなさん、お名前は書けますね。一人づつ黒板に書いてみましょう。」

と子供達にやさしく声をかけた時、後ろで立って見学していた私は「しまった！」と思ったが後の祭。十五名の子供の内、日本語で名前を書けなかったのは、我子を入れて三名。在豪生活が長い子供たちばかりであった。

最初は入学の日のショックがきいて親子ともどもやる気満々で、妹達を寝かしつけてから毎晩一時間ほどの特訓がはじまり、どうにかひらがなを卒業した。

同時に始まった通信教育は四教科もあり、やっとひらがなの読み書きができるようになった子供には、大変な負担になった。勉強の途中で電話が入ったり、下の子をトイレに連れていったり、私がちょっと中座でもすれば、脱兎のごとく逃げだして私をカッカさせた。子供にすれば学校の友達は外で遊んでいるのに、何故自分だけ余分な日本の勉強までさせられるのかと理不尽に思ったのだろう。日本語学校では、日本で一週間かけて学ぶ国語の授業をわずか土曜日の午前中三時間で進むので宿題が多かった。毎回、前の週に習った漢字のテストもあり、金曜日になると親子してパニックになる。姉の勉強に手をとられ、母親にかまってもらえない妹達は不満でぐずりだす。

三年生終了の帰国まで、この日本語学校と通信教育を曲がりなりにも続けたが、私の三人の子育ての中で一番きつい三年間であった。

四章

1　再会

ユリの車でチャツウッドに向かった。チャツウッドはシドニー郊外の副都心とでもいうような、にぎやかな所である。飛行場から市街地をぬけるまで、オリンピックをめざして進捗している道路工事の混乱にまきこまれて、車はなかなか進まない。

シドニーは今、空前のオリンピック景気に沸いている。とはいえ、思いの他工事が遅れ、経費がかさみ、シドニーっ子をはらはらさせているのも事実である。オリンピックへの関心も、主催者側のチケット横流し疑惑が浮上した事で水を差され、スポーツ好きで知られるオーストラリア人の熱気も少々さめた感がある。ユリもオリンピック期間中は、どこか海外に避難したいぐらいだと言う。

シティーをぬける時初めて海底トンネルを通った。私が住んでいた頃は、街から北部の住宅地に行くには眼下にオペラハウスを見ながらハーバーブリッジを渡ったものだ。海底トンネルをぬけると、なつかしい郊外にでた。一〇年間毎日のように車で走りまわっていた地域だ。

住宅街は一一年前とちっとも変わらないゆったりとしたたたずまいを見せていた。そこここに今を盛りと咲いているジャカランタのやさしい紫の花が、長い間抱き続けた私のオーストラリアへの想いをしずかに満たしてくれる。

2　現在のオーストラリア社会

チャツウッドのショッピングセンターはずい分様変わりしていた。私のいた頃から再開発が進められていたが、ますますにぎやかになり少し雑多な感さえした。歩いている人も店で働いている人も、アジア系の人の数が増えたようである。

チャツウッドのカフェテラスには、私のために昔の絵の仲間が集まってくれた。カプチーノのカップ片手におしゃべりをするあい間に、ユリが顔なじみの若いウェイトレスと、聞きなれない言語で言葉を交わしている。ユリの故郷インドネシアから最近移民として移住してきた人らしい。多民族化が一段と進んだことを肌で感じる。

移民の元国籍はその時代背景を反映しているようだ。私の帰国前の二、三年は一九九七年の香港返還にそなえて、裕福な香港人達がこの辺りの豪邸を買いあさり、中国人人口が増加した。ベトナム戦争終結後の一九七〇年代には、この国は疲れきったベトナム人のボートピープルを受け入れた。そしてそれを機に、アジアから大勢の移民を受け入れることになった。

開国以来約一三〇年もつづいた差別的移民政策を、文化多元主義政策へと転換し、多文化国家

(Multiculture Austrалia) へと歩みはじめたのである。

しかし元白豪主義であったオーストラリア社会全体が無条件にこの政府の政策を受け入れた訳ではない。「アジア人の移民反対運動」が何度ももちあがり、マスコミで日夜賛否両論を戦わせた経過もある。反対の理由には、アジア系移民が増えすぎることでオーストラリア全体が「アジア化」するのではという憂慮があるようだ。

これまでオーストラリアでは、歴史的に労働者人口が少なく働き手市場であったため、恵まれた労働条件を甘受してきた。その居心地のよい職場を、労を惜しまず働くアジア系移民によって奪われるという危機感もあったであろう。

いろいろの試行錯誤の後、現在のオーストラリアには、移民を従来の白人中心の文化に同化させるだけでなく、それぞれの母国文化も尊重して受け入れようとする体制が整ってきている。国営の「BBS」(特別放送サービス)では英語以外に四〇以上の言語でテレビやラジオの放送があり、新聞や雑誌も同じ数の言語で発行されている。また民間のボランティアによる通訳が登録されており、病院その他で言葉の壁でこまったときには母国語と英語のかけ橋となってくれる。

航空機の発達、インターネットや衛星テレビ等で感覚的にはますます近づいた祖国との連帯感を保ちつつ、豊かな国オーストラリアでのびやかに生活する、新時代の移民がこれからも増えることだろう。

一九八一年、歴史家のリチャード・ホワイトは「オーストラリアのアイデンティティーは発見されるべきものではなく、創り出していくものだ。」と述べている。白人社会の歴史の浅いこの国にとって、それは尤もなことと云えよう。

同じ多民族国家アメリカは「メルティング・ポット」、カナダはそれぞれの文化圏を住みわける「パッチ・ワーク」といわれている。オーストラリアが目指す所は、アメリカ程の混沌をさけ、カナダよりは混じりあった、モザイクのような「マルチ文化国家」ではないだろうか。

多民族国家として時を重ね、民族間の調和を計り、ますます美しいモザイク模様を描いて見せてくれることを切に願っている。

3　福祉国家の方向

メルボルンの空港で迎えてくれたジョンとジャネットは共に七〇歳になったというが、昔とちっとも変わっていないのは唯風貌だけではない。ジョンは今だ現役で人材派遣会社の役員をしている。海外出張に六五回も行ったというビジネスマンであるが、何度も職場を変えている。日本のように終身雇傭の習慣がなく、一つの仕事でキャリアを積むとそれを武器にして、より良い条件の次なる職場を捜す。職場が昇進させてくれるのを待つのではなく、自らＰＲして地位を登っていくのがオーストラリア流である。

二二年ぶりのメルボルンは私が住んでいた頃とくらべるとずい分洗練され、垢抜けた印象を受けた。市街地には高層ビルが建ちならび、ヤラ川の川沿いにはウオーターフロントを飾る小粋な店が増えていた。住宅街の真直にのびた道路には、両側からどっしりした年代を感じさせる街路樹が木蔭を作り涼しげだ。

一五年前に引っ越したジャネットの家はビーチに近い古い屋敷街にあった。一軒の家を左右対象に二つに割ったようなイギリス風の家。築八〇年という。外見はそれほど豪奢ではないが中に入って驚いた。ステンドグラスのはまったドアの向うに、こんなに快適で優雅な空間があろうとは、想像するのはむつかしい。昔ジャネットが、

「いつか古いクラシックな家に住むのが夢」

といっていた意味が初めて理解できた。古い物を慈しみながら新しいいぶきを吹き込む、その調和の絶妙さ。

昔は日本にも何世代もが住みつづけた家があった。戦後日本の使い捨て文化は、家さえも築二五年もたてば取りこわして建て替える。買い替えの時には古家の価値はないに等しい。オーストラリアでは車にしろ家にしろまだ使える物には妥当な値がつく。物を大切にする精神がまだ残っているといえよう。日本のあちこちで今問題になっているゴミの山は不法に投棄された建築廃材が多くをしめているという。この短いサイクルで家を壊し、ゴミを作りだしていけば、狭い日本はどうなってしまうのだろう。そんな心配が心をよぎる。

週末、クリスの誕生日のお祝と私の歓迎会を兼ねて家族全員が集まった。

お母さん子だったポールはミッション系私立学校の小学部の校長になり、二人の子供の父親に

なっていた。気だてのやさしいクリスは州政府の幼児虐待対策セクションで重要なポストにつき、アメリカで行われた国際会議に出席する等活躍中である。末っ子で私の娘達を妹のようにかわいがってくれたリンダは、七歳の双子の女の子達の良き母親ぶりが板についていた。

それぞれの伴侶とジョンのお母さんリタも加わり総勢一四人。そのにぎやかさは昔バークラング家で過ごしたクリスマスを想い出させた。しかし残念なことは、ジャネットと私が出かけるとき、娘達のベビーシッター役をひき受けてくれていたジャネットのお母さんの姿をもうみられないことであった。

オーストラリアの家庭では子供が高校を卒業した段階で親の家から独立していくのが普通であるが、事あるごとに家族が集まり絆を深めている。

リタは九二歳の高齢ながら、自分の家に一人で住んでいる。庭の芝刈りは、三週間に一度教会系のNPO[11]が来て、実費で引き受けてくれる。家事は政府の「在宅・地域ケア事業」のホームヘルパー派遣サービスを受ける。費用は受給する年金によって違うが、極めて低額であるようだ。食料や生活用品の買出しは週末のジョンの仕事。週に一度ずつの美容院と病院通いには、ジャネットが付き添う。

オーストラリアでは六〇歳以上は美容院も割引になる。白髪をふんわりと紫色に染め、週に一度はセットしてもらって、明るい色の服を着こなすおしゃれな老婦人が多い。リタのように子供や孫が近くに住む恵まれた人ばかりではないだろうが、身よりのない重い障害をもった老人でも数多くのサービスを利用することで、在宅でも充分社会生活を送ることができるようになってい る。

オーストラリアの高齢者ケアサービスが、施設ケアから在宅ケアへと大きく転換したのは、一九八五年から連邦政府が始めた「在宅・地域ケア事業」による。施設経費負担の増大と「ケアは在宅が最良」という声におされてそれまでの施設拡大策を一転させた。

在宅サービスは着替え、入浴介助、料理、そうじ等をするヘルパー派遣のほか訪問看護、昼食の配達、車での送迎などの多岐にわたる。提供者は教会系法人や地域ボランティア、自治体、企業などで、連邦政府が直接補助する仕組だ。公務員が全面的に介護を担う北欧とは一味違う。民間のケアサービスを州や自治体が追いかけるようにして助成してきた歴史があるため、制度や額にばらつきが目立っていたが、「在宅・地域ケアサービス」で一本化した。高齢者の約二割が何らかのサービスを利用するほど普及している。

一方高齢者施設はホステル（ケアハウス）とナーシングホーム（特別養護老人ホーム）が全国に各一五〇〇カ所ずつ計三〇〇〇カ所ある。

三年前一四年ぶりに政権についた自由党が、それまで不要であったナーシングホームの入居金をホステルの入居金（各四〇〇万から八〇〇万円）同様に徴収する案を打ち出し物議をかもした。そのため入居金の支払い方法を分割にしたり、資産合計が一定額以下なら不要にするなどの手直しをした。政府のねらいは、両方の施設を一本化することで効率よく運営し経費負担を軽減することにある。

高齢者対策においては、先進国の中でも特に進んだ国といわれてきたオーストラリアであるが、経済状況の悪化にともない苦肉の策をとらざるを得ないようになってきたようだ。

福祉サービスを受ける対象者の財産や収入が厳しくチェックされ、老齢年金の受給年齢も段階的に引き上げられることになった。

第二次大戦後の高度経済成長期に形成された理想的な福祉国家は今や「中福祉・中負担」国家といわれるようになっている。

オーストラリアの老齢者は福祉を当然の権利として受け、慈善を受けるような卑屈さなどは微塵もない。また在宅ケアがよいからといって家族が犠牲を強いられる事もなく、まわりの目をプレッシャーに感じる必要もない。

「目の前に困っている人がいれば、何の迷いもなく当然の事として手を貸す。」

という長い間に培われてきたボランティア精神が福祉の中にも生きつづけるかぎり、この国の老人達の顔は明るい。経済的支援だけが福祉ではなく、こうした伝統を受けついできたオーストラリアの福祉の心が失われることのない様に祈りたい。大切なことは目に見えないところにある。見えないものこそ本物なのだ。

【注】

（1）ジャカランタ　桐の花のように淡く端麗な紫色の房を飾った巨木。

（2）アボリジニ　オーストラリア先住民。四万〜五万年前、海面が今より低い時期に北のジャワ島周辺の島々から移住してきたと考えられる。（参考文献　1）

（3）ニュージーランド　一八四一年ニューサウスウェールズ植民地から分離し英国の直轄植民地となる。（参考文献　1）

（4）六植民地と一直轄領　ニューサウスウェールズ、ビクトリアクィーンズランド・タスマニア・サウスオーストラリア、ウェスタンオーストラリアとノーテリトリー

（5）白豪主義　**White Austlaria Policy**　の訳語でヨーロッパ系の白人住民を中心とするオーストラリアをつくろう、という白人優先の考え方や政策をいう。（参考文献　1）

（6）カウラ事件　事件当時のカウラ収容所の日本人捕虜は約一、〇〇〇名、「戦死を前提とした突撃を捕虜の投票できめた。死者二三四人、負傷者一〇五人。

（7）ポッサム　和名フクロギツネ。有袋目クスクス科

夜行性、おもに木の上で生活するが時にはアナウサギの穴や人家の軒下等に住む。

（8）ユーカリ　世界中に五〇〇種以上あり、そのほとんどがオーストラリア産、ガムツリーと呼ばれオーストラリア全土に分布する。

（9）クッカバラ　かわせみ科最大の鳥。人間の笑い声のような声で仲間どうし鳴きかわす。二〇年以上生きる。

（10）ブルータング　アオジタトカゲ類、草食性、あざやかな青い舌をもつ。

（11）ＮＰＯ　非営利組織

【参考文献】

（1）『知っておきたいオーストラリア・ニュージーランド』
歴史教育者協議会（編集）一九九九年　青木書店

（2）『カウラ日本兵捕虜収容所』
永瀬隆・吉田晶編　一九八九年　青木書店

（3）『モンティ一〇〇年の青春』
エセル・メイ・パンション　一九八七年　神戸日豪協会

（4）日本経済新聞二〇〇〇年三月二日・三日
―「民」が支える高齢社会・豪州リポート上・下―

（5）朝日新聞一九九九年一一月五日
―英女王と別れ、共和制選ぶか。―

子どもの人間学

茶谷　詠子

一章　人間学って何だろう

1　子どもの人間学とは

「子どもとはいかなる人間か、子どもにとって発達することはどういうことか、子どもは両親と家庭・自分のからだと物・学校と教師・言葉や道徳をどのように経験しているか」

著者はこうした子どもの存在が、教育的人間学の中核であると位置づける。教育されるべき人間を研究対象とする人間学とは、誕生から死に至るまでの日々を生きる存在としての人間を対象とする。(1)

私は、「子どもの人間学」という主題に惹かれてこれを選んだ。

十年前、「人間探訪の旅」という講座が開講され、私達熟年女性の学習が始まった。講座内容は、教育のみならず、自然科学、心理学、歴史と多岐に亘り、社会問題に話題が及ぶこともある。時には、過去を振り返り、現在を見つめ、未来に向かって話し合う。

現在は、「教育的人間学」という和田修二先生の放送大学のテキストによる講義が行われている。幼児期の子どもに関することから始まり、成長していくにつれての事柄も述べられている。膨大、かつ奥行きの深い、「子どもの人間学」をこのテキストと共に勉強したい。

小さな子ども、それはとても可愛らしく、いとおしいものである。しかし、それのみでなく、時折、難しいものと感じる。

まず、子どもとは、「まだ小さいという保留付きの人間であり、大人に本質的に依存した人間であり、子どもから見た人間の本質は教育されなければならない動物である」と言われる。子どもは、長い間、大人と特に変わりはないものとして、「小型の大人」の扱いを受けて来た。近代になり、大人と違った存在と考えられるようになっても、理性的でないとの理由から、「小型の人間」と呼ばれたり、一方、大人の社会の頽廃との対比による無垢な「天使」と理想化されるがちな面もあった。(2)

しかし、実際の子どもは、そのいずれでもなく、「小さな人間」である。人との関係にあっては、その関係の意味を自分なりに察知して、それに応じて動くことが出来る。

身近な例として、3歳になる孫を見ていると理解できる。とても悲しい時や、辛い時など、感情が高ぶっている時は母親に甘え、大胆な遊び相手は父親に求めていく。祖父母がそばに居る時は、我が侭やおねだりは祖父母にする。自分自身のおかれている立場や、その時の気持ちに忠実に従って行動している。「幼児は、その本質上、現在のみに集中して生きる。」という、モンテッソーリーの述べる言葉通りである。
子どもの人間学は、あらゆる人間学の中で最も基本的なものであり、我々がいま何をすべきか、してはならないかを知るための基盤である。

2　我が子　ひとの子

私のこれまでの人生の一時期に、大勢の子ども達との出会いがあった。それらの子ども達は、小学生・中学生・高校生であり、幼児期の子ども達ではないが、子どもに関して考察する際に自分の経験をしたことを加えたいと考え、彼等について述べてみたい。これらの子ども達と私とのかかわりとは、英語学習を通じての交流であった。

最初は、小学生となった我が子を小さい時から英語に親しませようということであった。父親が数年間アメリカで留学生活を送っていたこともあり、日常生活でよく英単語を使っていた。一九七〇年代は、テレビや新聞でも、今ほど英語が溢れてはいなかった。輸入品の缶詰やお菓子の箱に書かれている英語を発音してみせるなどするうち、次第に子ども達が興味を持ち始めたので、英米の絵本や「イソップ物語」の様な、筋書きが子供たちにも予め分かっている物語を買ってきて、読み聞かせた。シュルツ作の「ピーナッツ」の4コマ漫画は、単なるイラスト本として手渡したが、台詞の英単語を拾い覚えるようになったのには、こちらが驚いた。古ぼけて色褪せている、お気に入りだった挿絵入りの英単語の本は、今では、孫がとても気に入り、読んでくれと母親にせがむようだ。

そうするうちに、小学生の二人の娘に始めたこの英語教育が、子ども仲間の話題となって、やがて、友人や同級生を加えてのグループ学習へと発展していった。仲間と共に勉強するようになり、我が子達は、一段と興味が湧き、熱心に学ぶようになった。ところが、皮肉なことが起こった。以前から英語に慣れ親しんでいた彼女達は、聞くこと、話すこと、書くこと、全てを他の子どもよりも早く習得した。すると、上手に出来た子どもにあげていた「花マル」の対象者がいつも我が子となる。他の子ども達がつまらなさそうにしているので私も辛くなり、後回しにするようになった。預かっているよその子やその親に対して私なりに気を遣うこともあり、一緒に教えることに悩み始めた。そして、我が子を別に、一人だけで教えることにした。しかし、あれだけ意欲的な態度で学習していたのに、みるみるうちにやる気が失せてきた。子どもの長い将来を考えると、この方法を続けることは、好ましい事態をではないと感じ、思い切ってやめることを考えた。そのうち、どの子どもも中学受験のための塾通いが始まったことも重なり、このグループは解散した。

子どもは、児童期に入ると集団生活の中で自分を発見していく。楽しさや辛さを味わいながら仲間意識が強まっていく。子どもなりに相対的・客観的なものの見方で仲間に対しての遠慮や譲る心も芽生える。同時に、優位の立場にいる状態も意識している。しかし、自らの道徳的な観念が確立していないこの時期は、善悪や適否の判断は、親、指導者の決定が方向づけとなるようだ。

以後、中学生、高校生との学習を始めるようになった時も、我が子は他人に預けて指導して頂いた。

3　いろいろな子ども達

やがて、私の英語学習も、中学生だけを対象とすることにした。地域の公立中学校生、また遠く離れた私立中学校生たちであった。各々の学校の授業に特色があった。個別に少人数のグループに分け、出来る限り細やかに指導していく方針であった。英語学習のために費やす時間が増えてきたが、色々な子供たちやその親たちと接することが出来た。兄弟・姉妹が二人、三人と続けて加わったりと、それなりにやり甲斐が出てきた。

印象に残る子も何人かいた。礼儀正しく、決められたことは必ずやるA子さん・B君の姉弟、とても頭が良く真面目だが殆ど話さず、首を左右に振るか、うなずくかで自分を表現していた無口なC君、3年間殆ど変わらず他人を笑わせ、楽しい雰囲気を作ってくれたD君、サッカーボールをいつも放さず持っていた、サッカー少年のE君。F子さんは真面目だが、走って来て慌ただしく帰っていく姿が気になった。

ユニークな子どもが大勢いた。中には、3年間のうちにだんだん暗くなっていく、反抗的な態度の子達もいた。しかし、卒業近くになると、明るさを取り戻し、3月の送別会は毎年のこと乍ら、楽しいひとときを過ごした。

交流を重ねた子ども達は、地域の中学校の生徒数から見れば、ほんの一握りの数である。世間では、思春期になると親や大人たちとの関係がギクシャクすると言われるが、特に目立った反抗を示す子は少なかった。社会的・地域的・家庭的な環境も、まだ穏やかだったようであった。

4　新しい自分

一週間のうち、土曜日・日曜日を除く五日間は、英語学習のグループに費やすことが多くなった。子ども達は夕方から来るが、その学習のための準備や家事に、朝から夕方迄追われる毎日であった。自宅で始めたこのグループも人数が増えてきて、夕方から夜遅くまで多数の子供たちが出入りするようになった。その時間は、家族も帰宅し、夕食後は各々の時間を過ごす家庭での貴重なひとときである。それが、常にざわざわとして家族に迷惑をかけ始めたので、近くに場所を借り、学習の場を移した。すると、最初は、家族のことも気になったが、雑事に邪魔をされることも無く、英語学習に落ち着いて専念できることが嬉しかった。

どうすれば理解し易いか、幅広く実用的な英語が身につくのか等、個人や全体を対象にしての教える方法を、試行錯誤した。子ども達も親も、学校の教科の成績を上げることを希望したが、実用英語とはかけ離れている学習内容に疑問を感じることも度々あった。宿題も個人別に目を通して、それぞれの個性を知ることに努力し、時間をかけた。子ども達の親とも交流を深め、この英語学習グループに没頭していった。

そのうちに、子どもたちには、各々必ず良いところがあり、英語という一つの事柄を通しても、特性があることに気づいた。文法問題が理解しにくくても、リーダーの和訳を上手く出来る子ども、読むのがとても上手な子ども等、皆各々誉めるところを持っていた。そして、待ってやることの必要性を感じた。私はかなり性急な性格だったので、これを身につけるのには、忍耐と時間が必要であった。

ある時に、我が子を育てている時は、視野も狭く融通性に欠けていた自分自身の変化に気付いた。よその子ども達との交流によって、子どもとのかかわり方や子どもに対する考え方が変わっていくのが分かった。誉めること、待つこと、分からないから学習に来ているんだということを意識すること、というこの三つを念頭におくことの肝要さを自覚した。しかし、子ども達も私も、常に心身ともに充足した状態ではなかったので、この信念通りとはならずに、突き走ったり、落ち込むこともあった。

英語教育に重点を置いている私立高校や、大学併設の高校に受験する子ども達が増えて来た。受験のための英語学習はこのグループで、と希望する子どもが多く、その責任の重大さには、夜半に目が醒めることがしばしばあった。懸念し、悩み考えて夜明けまで起きることが多くなり、白髪が増えたのもこの頃であった。

幸いにも、毎年良い結果が出て、親子から感謝された。その時は私も心から喜び、幸せに感じた。そして、頂いた喜びと感謝の言葉を心に深く刻み、「神が私に与えた良き事」と信じた。時計の針に追われる日々の中で、自己の変化に改めて気付き、驚いた。子ども達との英語学習の時間に充実感を覚え、生きがいを感じている。私にも他人に与えるこのような物が授かっている実感と共に、新しい自分を発見したのもこの頃であった。

二章　思春期の子ども

1　子どもの成長

ぼく、もういかなきゃなんない
すぐにいかなきゃなんない
どこへいくのかわからないけれど
さくらなみきのしたをとおって
おおどおりをしんごうでわたって
いつもながめているやまをめじるしに
ひとりでいかなきゃなんない
どうしてなのかしらないけれど
(以下略)

この詩の題名は、「さようなら」であり、谷川俊太郎氏の作である。(3)

子どもが成長する過程でのある時期に、湧き上がって来る感情がよく表れていると思う。何か得体の知れぬものを感じ、それに従っての決意や今迄とは違ったものへの恐怖心、探検心、そして無邪気さの中に潜む孤独感とも思う。子ども自身も、周りの大人も気付かない感情の変化の一つかと考える。子どもの成長の時の気持ちを、傍らにいる大人が適切に把握できると、親子共に楽になる。子どもの発達を自然に任せずに、「教育」という大人の助けが必要である時かもしれない。

諺に、「子は親の背中を見て育つ」や、「負うた子どもに教えられ」というものがある。自分の子どもからは、教えられていることがあっても気付かずにいることもある。少し余裕を持って子どもと接したい。今日では、親子共々多忙のせいか、会話が少なく、背中を見せている場合も多いようだ。大人の良しとしている考えで、時として子どもを意のままに操っているのではないかと思う。子どもから教わることもあると改めて認識してみる必要がある。

2　子どもの背景

生涯のうちで、最も成長の著しい子ども、特に思春期の子どもにとって、心身ともにその発達には目を見張るものがある。子どもと接すると、その子ども達の背景が見えてくるようになった。また、時には、我が子を第三者の視点で見ることも出来た。両親・兄弟・友人・教師などの人間関係や、地域など社会背景も反映している。そして、育った環境が大きく影響していると感じた。

色々な子ども達との出会いの中で、A子さん、B君の母親は、礼儀正しい、けじめのある態度で接して来られた。一年に2～3回行う親との話し合いの時には、身なりはきっちりとして、丁寧な言葉遣いで自分の意見をはっきりと言われた。親子共々お付き合いのしやすい家族であった。中学校三年間、会話が殆ど無かったC君は、高校三年の時に会う機会があった。父親の海外転勤で彼以外の家族全員が海外に住んでいること、知人宅にホームステイをして高校に通っていることなどを自ら話してくれた。他人との生活の中で培われた社交性が見えてほっとした。その後、アメリカで再会した時には、彼の豊富な話題に魅せられ、一段と磨かれた社交術に感心した。

学習に対して真面目で意欲的なF子さんは、遅刻が時々あり、慌ただしい感じの子どもであった。親との話し合いの時に、母親が思い余って、家庭の事情を語られた。父親がアルコール依存症で経済的・精神的に苦労の多い日々であること、母親の仕事の関係でF子が弟妹の面倒をみていることなどを涙ながらに話された。私は、この話に何かお手伝いでも出来れば、と思い、「月謝はいりません。でも、もしお気になさるのなら、半分でいいですよ。」と伝えた。すると、母親は答えられた、「F子は英語が好きで喜んでここに来ています。月謝を払っていないことを知れば、娘はどんなに悲しむか分かりません。私も親として頑張りますから。」と。私は、この言葉に、浅はかな自分自身を恥ずかしく、情けなく思った。また、相手を深く傷つけたのではないかと感じ、申し訳なさで一杯であった。

子ども達は、生まれてから色々な環境の下で育っていく。親の背中を見ながら、親からの語りかけや行動を見て、子ども自身も確実な言動を身につけていく。思春期の揺れ動く時期に、家族との離別を上手に取り入れて成長していった子ども、親の苦労と努力の結晶を自分なりに素直に受け入れて、協力し乍ら頑張って高校進学を果たした子ども、一人っ子として生まれて以来、ある時までは大切に育てられたが、親の事情で一家心中という、悲惨な事態で若い生命を断った子どももいた。

心に残っている子ども達は数え切れない。各々の異なった背景は、接している者に時として幸せをもたらすことも多かった。が、反対に、もっとよく理解できていれば、何か助力の手を差し出すことが出来たかもしれないと思うと、後悔の念で一杯の時もあった。子ども達を育てている環境である家庭、その家族たちの影響力の重大さに改めて気付いたのもこの頃であった。

3　中学生と共に

二十数年に亘るこの英語学習グループで、一貫して関わったのが、中学生達であった。丁度、思春期前期の中学校生活の三年間では、身体の成長が著しく、それに伴わない精神的発達の中で不安定な時期を迎えている。こうした中学生の揺れ動く感情を相手にある時は正面から、またある時は斜めからぶつかり乍ら、彼等と共に毎日を過ごしていた。勿論、思春期の表れ方も個人差があるが、今から考えるとその社会的背景、地域的な特色、家庭環境に影響されているところが大きい。

一九七〇年代後半は、社会も未だ平穏であった。母親達も家庭にいる人が多かったようだ。中学生といっても、子ども達には、無邪気でからりとした明るさがあった。放課後の生活にも単科だけの塾通いや、自ら好むお稽古事を続けている子どもも多かった。当時の公立中学校では、初めて英語を勉強する子どもが大半であった。中学生となって希望に溢れている上に、新しい教科への珍しさや新鮮な気持ちが加わり、学習する態度にも意欲が感じられた。集中力も充分あった。時が経ち、一九八〇年代前半になると、学校の部活動が盛んになり、特に運動部は、連日早朝から放課後遅くまでの練習があった。他校との試合が近づくと日曜日も返上であった。その激しい練習の後の塾やお稽古事に通う子供たちには、まだ明るい元気な姿が見られた。

この英語学習グループの子ども達も、学習時間は真面目に学び、その前後や少しの休憩時には、家庭や学校でのこと、好きなタレントやテレビ番組などを大声で話し合い、笑い転げていた。時には、些細な事でも派手に喧嘩をすることもあった。私も、共に笑い、驚くこともしばしばであった。毎年のこと乍ら、バレンタインデーの頃には、男子生徒にこっそりとプレゼントを渡す女子生徒の姿があり、微笑ましく楽しいひとときであった。

また、春休みや夏休みには、時間の許す限り補習を入れて朝から夜まで学習をした。日頃、何かと心遣いを頂いているご父兄の好意に報いる機会でもあった。補習は子ども達にとっては嫌なもののようであったが、それでも、「サービスはもうええで。」とか「おまけはいらんで。」などと口々に言い乍らも、学校の先生の許可を得て、練習の合間にはユニフォーム姿で走って来た。そして、慌ただしく学習しては、学校へ走り戻っていく姿に私は力づけられた。彼等とは、共に喜び合ったことも度々であった。苦手な問題を克服した時、学校の成績が上がった時には、いがぐり頭を撫ぜたり、両肩を力強く持ったりして喜び、励ました。その時の、はにかんだ微笑を浮かべて上目遣いに私を見た表情は、忘れることの出来ない姿の一つである。

いつしか、世間では、学校の窓ガラス、扉や教具が壊されて、校内暴力が取り沙汰されるようになった。この自然に恵まれ、穏かな新興住宅地の中学校にも、その風が吹き込むようになった。私のもとにいる僅かな子供たちの中にも、二・三人がひどい悪戯をする状態が続いた。本もノートも出さない。返事はしない。無気力な態度をとり、学習が終わると借りている場所の備品を壊す。非常ベルを鳴らして近所の人々を驚かす等である。私も、その対応に追われて落ち着かず、イライラとすることが度々で疲労が積もるのを覚えた。

この状態が二〜三年は続いたが、いつしか、また元の静けさが戻ってきた。しかし、子ども達から明るい元気な姿が消えていく様子に気がついた。自発的に行動しない。学習時も、それ以外の私的な事についても、会話の声が小さい。あまり笑わない。学習グループ全体が静かで暗くなったようであった。あれ程盛んだった部活動も、強制力の無い、本人の意思次第で入退部できるものへと変わっていった。この頃から、子ども達が塾中心の生活を送っているように思えた。

中学生と三年間、共に歩んでいると、個人差はあるが、彼等は時と共に著しく変化していくのが分かる。中学一年生頃は、幼さも残っており、大人への入り口で戸惑っている様子である。二年生となると、新しい生活にも慣れて、自分の内面に目を向け始めているようである。三年生は学校行事も多く、その主役的存在であり、参加への意気込みも見られる。高校入試が近づくと、精神面で揺れ動いている様子が分かる。そして、卒業間近になると、脱皮を終えたのか、落ち着きが見られるようになる。

こうして三年間の状態を振り返ってみると、子どもの成長や発達、人格の形成にとって思春期の大切さやその意義の重大さを考えさせられた。社会に於ける位置づけもはっきりせずに、子どもから大人への移り行く中間期といえる。自我も目覚める。親・兄弟・友人と違う自分を意識し始める。容貌、身体つき、性格、ものの考え方や能力などと、自分と他人との相違をはっきり意識するようになる。外への関心が、内面へと向かう。身体の急激な発達と生理的変化に気付き、また、大人への尊敬と反撥、愛情と嫌悪、自立と依存というように反対の感情で揺れ動く。

親子関係も、自ら変わっていくようだ。今迄に無かったぎくしゃくとしたものが生じる。ここで大切なのは、親も思春期の子どもと共に成長することである。親と子の対立は、子ども側の問題だけではないと考える。子どもの要求を認め、親の権威を押し付けるだけでなく、自分を見つめて互いに成長することである。

4 高校生と出会って

中学生と共に歩むようになって、十数年が経った頃であった。学習グループの人数も増え、手いっぱいの状態であった。家庭内では、二人の子ども達の私立中学校への入学、住居の引っ越し等があったが、学習グループは続けたので、その場所へ通うことになった。私も、我が子の高校進学、大学入試と、何年かに一度は試練の時を迎えた。そして、我が二人の子ども達も、大学生活を送る頃となり、一段落した気持ちになった。これまでの私の生活は、家族のことと学習グループのことが大半を占めていた。ただ、その多忙な中でも、学生時代に得た英語の知識は失いたくないと思い、その勉強のために遠くまで通うこともあった。しかし、物足りなさが残った。精神的に余裕が出来たせいか、中学生対象の英語指導にどっぷりと浸かっている日々への焦りが濃くなった。そして、高校生との学習を始めることにした。

高校生の英語学習、学校や先生に依っては、使用する教科書やサブリーダーの選び方が様々である。義務教育とは異なる多様さに、驚き、新鮮な気持ちが湧いた。学習内容は、社会・政治・経済と多方面に亘る題材を扱っていた。それゆえ、私も準備にかなり時間を費やすこととなった。しかし、やり甲斐は増し、励みともなって、多忙乍ら充実感を味わった。

長い期間に絶えることなく取り上げられているワーズワースの詩は、懐かしく思い、またジェイムズ・ジョイスの「ユリシーズ」は、難解な内容で悩まされた学生時代を思い出した。学校の先生は、高校生を対象に、長い物語の数節をどの様に指導されるのか、とても興味があり、共に授業を受けたくなったこともあった。

中学時代から引き続いて学習する子ども達が多数であったが、新しく加わる子ども達によって、一味違った空気が入ってくるように感じた。高校生になると、中学生時代から接していた子ども達もすっかり落ち着いてくる。大人の世界に近づきつつ、迷いが残っている彼等は、ある時は同じ目線で物事を捉えられたかと思うと、又ある時は、近づき難く感じる時もあったり、今迄とは異なる緊張を感じることもあった。しかし、慣れるに従い、中学生よりも、より感覚的に近い彼等との新鮮なコミュニケーションが、何よりの楽しみとなった。

興味深い一例がある。中学時代には反抗的な態度で困らせられた男子生徒が、ある時、一人きりでやって来た。そして、「頑張ります。宜しくお願いいたします。」と、頭を下げたのである。私に、人間に対する信頼を改めて教えてくれた思春期物語であった。

高校生と接している内に、彼等の年代は、自我に目覚めたが、まだ「これが自分だ。」というはっきりした自覚がほんの少ししかない、と言われていることを実感したことがしばしばあった。彼等は自分の性格や能力の実体がはっきりと掴めていない様である。価値観に対する明確な解答も出せないでいる。一生を通じて、最も自己批判の気持ちが高まり、次第にそれを受け入れられるように変化してくる高校生と接していく場合には、親や指導者ができることは、危険防止ぐらい、と言われる。彼等自身が持つ人間形成の力を信じることである。自身の持つ、強い力の育成には、この時期の子どもへの適切な親の接し方が大切である。

現代の高校生の姿もまた様々である。下校途中ですれ違う彼等の姿や、道端で群を成して興じている会話の一端を耳に挟むことがある。それらには、健全な息吹が感じられる。しかし、新聞記事のニュースからは、信じがたい事実も知らされる。青年心理学者であるシュプランガーの言葉を思い出した。[4]「青年ほどその独房から、憧れの眼をもって、窓の外を眺めているものはない。青年ほど、その深い孤独から接触と了解とを渇望している者はない。青年ほど遠方に立って大聲で呼んでいるものはない。」と述べている。

思春期の子ども達、心を病む者も、そうでない者も、今一度、憧憬と接触の渇望に満ちた眼差しで、遠く他の世界を見つめて欲しいと思う。その時でしか見られないものが、きっとあると信じたい。

三章　幼児期の子ども

1　家庭教育の原点

この章では、幼児期の子どもについて述べる。

「子どもが本質的に大人に依存した、教育を必要とする人間であるとき、最初に出会う大人は両親であり、養育される場所は家庭である。」と言われている。[5]子どもにとって自分だけの両親がいるということは、生まれてからの養育を自らの責任と考え、その意思と能力を持っている大人がいるということである。子どもの中には、事情により、自分を産んだ両親とともに生活出来ないものもいる。その時でも、子どもは両親に代わる大人の世話が無くては、育つことは出来ない。故に、子どもにとって、養育の意思と能力を持った大人がいることが切実な問題である。子どもは両親のもとで、発達に必要な基本的安全を守られ、落ち着いて自由な探検に向かう心のゆとりと意欲を育てられる。

しかし、今日の社会では、大人の個人主義化と性の開放が進み、離婚率の増加も家族関係を希薄化させている要因といえる。女性の社会進出、父親の父権喪失などによる家庭環境の変転が、子どもの両親への信頼性を脅かしているといっても過言ではない。これらの社会状況が子どものストレスを強めている。

そこで、家庭教育を行う上で気をつけなければならない課題が二つある。第一は、子どもが日常生活を送る中で、安らぎを感じることが出来るように両親が心を配ることである。子どもがいつも精神的安定を保つには、両親は相互の信頼性に基づいて、しっかりとした絆で結ばれた家庭を作り上げる努力をすることである。近頃は、「団欒」という言葉が忘れられがちになっているが、明るい笑いや会話のある生き生きとした家庭を取り戻す努力が必要だと思われる。平和な寛ぎの場所である家庭から子どもにとって良き生活感情が生まれ、それが好ましい人間形成の原点となる。

第二の課題は、家庭は巣立ちの準備の場所だということである。子どもは成長し、家を離れて実社会に巣立つものである。子どもにとって未知で偉大なものへの関心を持つことが出来るように、意欲を触発させる為にも、それ迄に出口を作ることは家庭の重要な役割である。

家庭教育は、この二つの課題が均衡を保って行われることが大切であり、そこで子どもは順調に発達をし、未知の偉大な世界への探検の気持ちも膨らむ。やがて、その世界で積極的に創造的な活動ができるのである、両親も、これまでの、〃保護者として〃から〃人生の先輩〃へとその役割を変えていくことが出来る。

しかし、いつの時代でも、人間が教育されなければならない子どもとして生まれてくる事実は不変である。子どもを産み育てる役割を担う者としては、「教育する責任に目覚めた大人になる」必要がある。(6) 両親は、各々の特性を良く認識し、それを生かして子どもの教育を行うことである。

女性は、妊娠という肉体的な条件に起源し、「抱え込む母性」と「突き放す母性」を所有している。家庭を守り、子どもを育てる役割（「抱え込む母性」）だけでなく、肉体的な分離から精神的な分離へ、そして社会的な分離へと「突き放す母性」がバランスよく働くことが大切である。父親は、母親と胎児というように子どもと肉体的に結ばれていないことから、「客観的な父性」と、母子を危険から守る為に働く「防御する父性」を持っていると言われる。

このように、相互の特性を生かしつつ、良き夫婦として「相愛と協力」で子どもと共に日常生活を送ることである。これが、子どもにとって最良の家庭であり、家庭教育の原点であると言える。

2 子どもの遊び

子どもの遊びは、子どもが遊びを通じて新しい世界の発見や体験から、自己を発見し、確認することで、自己形成に役立つ。遊びは子どもの生活そのものである。

子どもの遊びは、子どもの発達には不可欠である。遊びを通じて様々な発達がなされる。大人には、自由奔放で創造性があると思われるが、子どもなりの拘束がある。「いたずら」でさえ、真面目な探検なのである。

幼児期の子どもの遊びは、殆ど「振り遊び」とか「見立て遊び」と言われる。いわゆる「ごっこ遊び」のことである。「ごっこ遊び」には、大人の生活の模倣があり、大人とのコミュニケーションの欲求が大切な動機づけとなっている。

孫を見ていても、「ごっこ遊び」で一日が終わる。内容的には、発達の段階で変化が見られる。家庭での母親の姿を模倣の対象とするのは、成長の比較的早い時期に見られた。身丈に余る鞄や袋を引き摺るようにして、「出掛ける」遊びは、共働きの両親の姿の模倣である。仲間と遊べるようになると、独りのときは何役でも演じて仲間と共に遊んでいる場面にいる。その時点で一番印象深く気に入っていることが「ごっこ遊び」を通してよく見えてくる。

また、戸外での遊びは、自然にふれることで健康に大変役立つと思う。きらきらと輝く太陽、澄み切った青空、ぽっかり浮かんだ雲、吹く風の爽やかさ、木々の緑など、自然が季節によって変化していくのを肌で感じることが出来る。また、砂場の砂とは違う手触りの土、昆虫の動き、鳥の囀りなども、五感の発達を促し、情緒が豊かになる。更に、想像力を駆使することで、独創性が育つ。

遊びで、おもちゃの貸し借りや、遊具の使用の順番待ちなど、協力、譲る心や思いやりの大切さを自ら知る。そして、身体や知性・社会性が発達する。

レールスは、子どもは自由だから遊ぶのではなく、「遊ぶから自由になる。」「遊びこそ自由の教師。」と言っている。(7)

3　しつけ

子どもの人格形成にかかわりがあるのが、遊びと共にしつけである。

幼児期のしつけで、子どもの自我や能力を無視して押し付けると反抗に出会う。

自分の考えが芽生えて、やろうとする気持ちとうまく合うと成功する。子どももその行動の意味が分かると更に良いのである。が、実際には難しいと考える。しつけの方法を挙げてみる。

①条件付け

一定の状況と子どもの行動をいつも結び付ける。その状況になると行動が自然に行えるようになる（食後の歯磨き、洗顔、手洗いなど）。生活習慣は、この条件付けによってしつけられる。

②賞罰

例えば、自分の身のまわりのこと（身辺自立）が、うまく出来たときは「賞」、叱られる時は

「罰」。子どもは、叱られないように努力するが、これは母子関係が心理的に密接であれば、効果がある。大人の一方的な考えで用いると子どもの行動がコントロールされるので、乱用は禁物である。

③モデリング

親が毎日何気なく行っているやり方を、子どもは自然に身につけていく。しつけの最も基礎的な様式であり、親が良きモデルを示すことが大切である。

④自我に訴える

自我の芽生えの時に合わせる。子どもが寂しさや悲しさを感じ、泣き出しているときなど、その気持ちを受け入れて、「我慢しようね」と自我に訴える。自我の発達の充実や促進に効果的である。

⑤両親のしつけの仕方の一致

両親は、日頃から意見交換をして、協力体制を作ること。役割を同じくするのではなく、互いに補い合うようにすれば、好ましい。例えば、理や知は父親で情は母親、という様にである。

⑥欲求不満耐性を育てる

親は子どもの欲求を精神的に受け入れても、その具体的な実現を少し後に延ばす。欲求不満に耐え得る経験をさせることで我慢強くなる。性格教育の目標となる。幼児期のしつけは、乳幼児期の間に育ってきた母子の愛着関係から出来上がるものである。母親が愛情を持って子どもさせることである。

と接して行くことは大切である。それには、子どもと共に共感していき、子どもの関心を起こ

4 集団生活

子どもが集団で行動することで、自ら感じて学んでいくことは極めて重要なことである。これは、子どもの物の見方から考えてみると理解しやすい。ピアジェは、三つの見方を提唱している。

①汎心論（アニミズム）

すべての対象が自分と同じような生命や感情を持っており、車も風も動くものは生きていると考える。生物・無生物の区別が無い。

②実在論（実念論）

自分が見たり、聞いたり、考えたり、想像するもの全てが実在すると思い込んでいる。神様は本当に存在し、祈れば願いが全て叶うという考えも、その一例である。

③人工論

太陽や月、山や海も全て人間が作ったものだと考えているというもの。幼児は両親から絶えず養育されているので、親は全知全能であるかのように見え、更には、この考えを大人全般に拡大する為、こういった見方を持つ。

ピアジェは、まだ幼児期に於ける認知の特徴は、「自己中心性」と指摘している。三つの見方

を見ると、幼児特有の自己中心的嗜好が分かる。また、ピアジェは、この自己中心性という認知の特徴から解放されていくことが必要と考え、脱中心化の過程と呼んだ。この脱中心化は、ある年齢に達すると自然に達成されるものではない(8)。現実生活で他人との交流でトラブルの経験と他人の存在を自覚し、意見に耳を傾け、その意見を取り入れて行くことで脱中心化が出来る。即ち、社会生活に適応するために、自分の視点からのみ対処していては、上手くやっていけない。この経験から対処の仕方を身につける。

一歳頃から他人への興味が少しずつ湧き、二歳頃では、友達の傍で同じ活動をする。これが発展し、相手の真似をし始め、三歳頃になると、競争意識が少し出来てくる。そして、多数の仲間の中で競争することで発達していく。四歳頃は、協力の要素を知り、ルールのある組織も理解する。五歳頃になると、競争をはっきりと意識し、他人との行動で優位になろうとする。

競争にて、諦め・忍耐・協力の重要性を知り、愛他心も生まれる。自己中心性の考えから脱却を行い、仲間への助力・共感も覚え、知的発達が形成される。家庭やその周りの友人仲間の小さな集団から、保育所・幼稚園という大きな集団の中で、当初は不安からの戸惑いもあるが、やがて、新しい仲間も増え、自分の居場所をその大規模集団の中で作ることが出来る。そこで、知識面でなく、情操面を育てる課題を時間に従って行うことが出来る。時には、仲間と共に昼食をとる楽しさを味わうなど、自分の行為を律せられるようになる。入園のときに、母子分離の悲しさや不安な気持ちから大声で泣いていた子どもの姿を、卒園のときには見かけない。

子どもが集団生活に参加するようになると、親にとって特に気になるのが他の子どもとの違いである。子育てに於いて、他の子どもの比較は、成長した後まで、何らかの形で子どもの心に残ると言われる。「こうあるべき」という、大人の観念を捨てることが肝要である。一人一人の特色で異なることはあるが、劣ることはない。学習に於いても、行動でも、自分の子どもを「必ず出来る」と信じ、待ってやることである。子どもは失敗を繰り返し乍ら、必ず自分で考える力をつけていく。

近年の傾向で何事も良い、悪いの二分化にされがちであるが、子どもも親も十人十色である。自己に自信を持って我が子を見守り、個性を伸ばすことが一番大切である。そうすることで、子育てに余裕も出来てくるのではないかと思う。子どもの教育については、親は信念を持って行うことが大切である。

四章　親と子の人間学

1　子育てをとりまく環境

子どもにとって大切な環境である家庭、その中に於ける母親に注目してみたい。

現代社会の家族関係は、核家族化、少子化、女性の社会進出などで、従来の形態と異なっている。働く女性の中には、出産後も仕事を続けることを望む人が増えているが、一方、女性は家にいて家事と子育てに専念するもの、という偏見も今なお残っている。それを受けてか、女性側に、結婚を望まない、子どもを産まないという考えが出現し始めている。しかし、子どもを育てることは、とても重要なことである。小さな生命を守り育むことは、母親にとって重大な任務であり、意義であることと考えられる。確実に成長していく子どもとのかかわりは育児への不安な気持ちと家事で多忙な日々にあっても、豊かな気持ちを起こさせてくれる。

家事や子育てに専念している女性にも、ストレスは多く、悩みも深いようである。核家族化で母子が孤立の状態にあり、視野が限られて来ると言われているが、社会の文化・規範の変化で物事を自分の物差しで測りにくくなっている。また、家庭にあっても社会に出てもメディアからの情報が溢れている。時には、過多な情報に振り回されそうになる。しかし、地域活動、子育て支援グループなどの社会参加を通じ、立場が近い人々と交流する女性の姿も多く見られるようになった。良い傾向であると考える。

一方、仕事で社会進出している女性にとって、仕事・家事・子育てと身体的にも、精神的にも負担は大きい。仕事や子どもの養育を他人に委ねているということからの悩み、不安もある。子どもは幼いほど母親の存在を意識し、必要としている。母親不在の子どもは、精神的に落ち付きが無いとも言われている。幼児期の母と子のかかわりで大切なのは、時間的な長さよりも密度の濃さであると考える。保育所への朝夕の送迎や、帰宅後就寝までの時間の中で、一緒に遊ぶ、絵本を見る、お話をしてあげるなどを通して気持ちを通い合わせることが出来る。更には、抱いてやるだけでも、コミュニケーションになり得るであろう。

近頃は、国も子育て支援として、エンゼルプランなどを打ち出した。老人施設の近くに子育て支援施設を作る話も聞く。保育所併設の企業や、保育所と幼稚園の提携により、時間延長の預かりも増えている。職場では、仕事分担性（ＪＯＢ　ＳＨＡＲＩＮＧ）という発想も出現してきた。

いずれの立場の女性にとっても、家庭内にあっては、父親の助力が一番大切である。物事を客観的に見つめ、冷静な判断を下せる父性を持った父親は、育児や家事への協力もさることながら、母親の精神的な支えである。それと共に、父親も我が子の成長を目にすることで、驚きや喜びを深く味わうことと思われる。その上、父親の持つ父性は、子どもの成長過程に於いて、身体的・精神的発達を促す上にも必要である。父親の大きな包容力と共に、子どもに語りかけ、耳を傾ける姿勢を保ち乍ら成長することを念頭におくことが重要である。育児、家事、外出、と若い夫婦が共に行動している姿を見かけることが多くなり、喜ばしいことと思う。

社会、地域も応援している。子どもの未来と共に健闘している親たちに、心からエールを送りたい。

2　育ちつづける

「子どもの人間学」が、あらゆる人間学の中で最も基本的な学問であることは既に述べた。これを念頭に置いて、子ども、親、そして人間を再考してみる。

人間は、最初は皆子どもである。そして、子どもを人間の本質的な形成存在として理解すると、子どもが大人に依って教育される必要性も周知のところである。その大人を、人間を知るためにも、子どもの人間学の視点から捉えることが必要である。

子どもは将来性があり、生成発展していく存在である為に、必要な教育をする大人は、実に重大な責任を負っている。大人の判断次第で、教育の価値が大きく左右される。大人は、今までの人生で、先駆者や周囲の人々、自ら学んだ知識、経験に基づいての教育を子どもにしている。その過程に於いては、子どもの言葉や行為から、彼等の考えを大人が感じ、取り入れるべきことがあるということを、忘れないよう心掛けることが大切である。大人の持つ知識だけを取り入れた教育、大人から与えるのみの一方的な行為は、時として子どもを思わぬ方向へ導くことがある。ここでは、家庭という場を例にして、子どもと大人との教育の場、相互作用の場として捉えていくこととする。

子どもを教育する場合に、心をもって接することの大切さは、良く言われることである。人間の持っている心は、物事を思考し、判断を下して行動を起こす。そして、他人を思いやり、自分を見つめることが出来る。その心をもって子どもに語りかけたい。また、子どもからの話を、心から聞くことである。幾度も繰り返し聞いて、心から共感することで、子どもにも大人にも、ゆとりが出来てくる。また、一歩、子どもの心に近づくことになる。お互いに心を寄せ合うことは、子どもが大人に成長するまでの道程で、必ずプラスになると信じる。

それでは、心とはどの様なものであろうか。人それぞれ、理解しているものも多様であろう。私自身、抽象的なものとして捉えていた。ある書物によると、次のように述べてあった。(9) 子どもが生まれつき所有している自我の上に、発達過程に取り入れた情緒・知識・意欲の三つが載っている三角錐のようなもの。この具体的な説明によって、底辺に当たる自我を充分発達させることが、バランスが良く取れて安定することも理解し易い。自我を育てる大切さが、安定した心を育てる重要さに繋がっていくこととなる。

大人は、自身の心を育てることを認識すべきである。多忙な日々を送っている大人たちであるが、今一度、考えてみたい。限りある人生の為に、価値あるものをより多く取り入れて努力することは、無論、大切なことである。しかし、時には、立ち止まり、振り返り、後戻りすることも必要かもしれない。

また、時には、ぼんやりとすることも良いのではないかと思う。子どもが、ボーッとしている時は、心が育っている時であると言われているが、大人にも同じ事が言えるであろう。人間が人間らしく生きることとを可能にしてくれる時間を取り戻す必要性を感じることがある。

「こころで見なくちゃ、ものごとはよく見えないってことさ。かんじんなことは、目に見えないんだよ。(10)」

これは、子どもが読む本の一文であるが、大人も思い出し、肝心なことをよく見る為にも、育ちつづけることである。子どもを教育する責任に目覚めた大人となる為にも、人間らしく生きる為にも、育ち続けることを心掛けることである。そして、子どもと共に歩む教育は、人が、限られた時の中で得たものを次の世代に精一杯伝えていく行為と考えられる。

人生で得た様々な経験から、自己の存在の証（あか）しを一つでも残して生命を終えたい、との願望がある限り、育ち続けたいと望む。私も、より良い終着点を求めて、行きつ戻りつし乍ら、人生の探訪の旅を続けていくことであろう。

【引用文献】

(1) 和田修二　一九九八年　教育的人間学　放送大学教育振興会　3頁
(2) 同書　41頁
(3) 谷川俊太郎　一九八八年　詩集はだか　筑摩書房　34頁
(4) シュプランガー　土井竹治訳　一九七三年　青年の心理　五月書房
(5) 和田修二　前掲書　56頁
(6) 和田修二　同書　61頁
(7) 和田修二　同書　77頁
(8) 小林芳郎監修　萩原はるみ編著　一九九八年　乳・幼児の発達心理学　保育出版社　86頁
(9) 吉川武彦　一九九八年　いまこころの育ちが危ない　毎日新聞社　152~153頁
(10) サン・テクジュペリ　内藤濯訳　一九六二年　星の王子様　岩波書店　99頁

【参考文献】

和田修二　前掲書
辰野千寿　一九八六年　教育心理学　山文社
柴崎正行　一九八九年　無藤隆　教育心理学　ミネルヴァ書房
小林芳郎監修　萩原はるみ編著　前掲書
千石保　鐘ケ江晴彦　佐藤郡衛　一九八七年　日本の中学生　ＮＨＫブックス
河合隼雄　一九九二年　子どもと学校　岩波新書
河合隼雄　一九九八年　こころの子育て　朝日新聞社
吉川武彦　前掲書
武田健　一九八七年　心を育てる　誠信書房
河合隼雄　谷川俊太郎　他　一九九九年　家族はどこへ行くのか　岩波書店
シュプランガー　土井竹治訳　一九五七年　青年の心理　五月書房
柳平彬　子どものやる気　一九八五年　創元社

茶道と私

大谷　智江子

はじめに

私たちの生活においてお茶を飲むという事は、日常性とは切り離して考えられない事である。しかし、抹茶を「一服いかがですか」といわれると、日本の伝統文化の重みの前に、自然と襟を正さなければとなんとなく態度がぎこちなくなりがちだ。その抹茶を「茶道」という。「茶道」という言葉は一七世紀初頭、規範的な「道」の思想が強く意識されて登場してきた。それまでは「茶の湯」と呼ばれており、今日でも、「茶の湯」と「茶道」は、殆ど同義に用いられている。ここでは、私と関わった「茶の湯」として文章を進めたいと思う。

歴史的には抹茶は戦国時代、武士の間で育ったものである。これが現在では女性の稽古事として定着し、最近は男性や外国人も参加する生活文化として価値が見直されてきた。国際化が進展する中で日本文化の理解を深める為の重要な役割を期待されている。

私が「茶の湯」を稽古事として始めたのは、二〇歳（一九六五）の頃である。最初は、点前の順序を覚える事が主であったが、歳月を重ねるにつれ、精神性を持つ「茶の湯」の奥の深さに興味を感じるようになった。禅の思想を基本とした「茶の湯」、その禅の心とは、茶の心とは何か、一服の茶の味わい、安らぎはどこから生まれてくるのか、「茶の湯」の歴史を辿りながら、それを通して日本の文化の心を考えてみたいと思う。

一章　茶の湯を思う

1　茶の湯との関わり

私は一九六五（昭和四〇）年頃、別段根拠も無く、ふと茶の湯の稽古について話を聞いた事が動機となり習い始めた。

当時、女性は花嫁修行のひとつとして、茶道から行儀作法を身につけ、その資格を取得することが必要だという親の思いがあったようだ。現在もその風習は多少残っているものの以前ほどではないと思われる。

稽古は一つひとつの基本を充分に行う。立居振舞は勿論のこと、お辞儀は相手に挨拶する事である。お辞儀の仕方には、真、行、草の三通りがあり、真は手のひらを全部膝前の畳に自然につけ、お腹が膝につくぐらいのつもりで、上体を前にかがめる最も丁重な動作を持つ礼である。掛物を拝見したり、主客の応対をする時にこのお辞儀をする。行は、背筋を伸ばした上体を前に、手の指の第二関節から先だけが、畳につくよう自然に頭を下げる。これは主客との軽いお辞儀である。草は、指先を膝前の畳につけて上体を軽く前に下げる。亭主が点前中の軽い挨拶として、また連客の隣同士の会釈程度に行う礼である。

頭の下げ方、手の置き方のバランス、何気ない動作だが、きれいなお辞儀はとても美しい姿になる。それは単に頭を下げるだけでは、意思の疎通を欠くことになり、心を感じる事は不可能である。また、立ったまま挨拶をする立礼も、真・行・草があり、正座同様の心構えで行う必要がある。「礼に始まり、礼に終る」、これが全ての道の第一歩となる。

襖の開閉は、右手、左手を交互に扱い、手の動作を機敏に気品よく行う作法である。

そして、点前の稽古として、最も基本で重要な帛紗[1]の捌き方に入る。帛紗捌きにも、真・行・草があり、点前の種類によって変化する。初めは草の捌き方を修得し、茶道具の棗、茶杓を清める作法を行う。清めるとは拭うことであるが、ただ拭く意味だけでなく、美しく見せる所作があり、そこに茶の美学に通じるものがある。そして、同時に大切な茶道具を扱う心が必要となる。

このように述べると若者から、茶の稽古は非常に堅苦しく辛気臭いものと思われるが、若い世代の人達も、一度、茶の湯を体験すると、ゆったりした優雅な気分が漂う。また、季節に応じた菓子を味わいつつ、抹茶を飲むと気持ちが満たされ、心身の健康が保持される。

先生は、弟子の稽古に対する態度には、厳しい視線が光っているが、門下生への心遣いは非常に心温まるものがあった。今でも鮮明に記憶していることは、夕方、仕事の帰りに空腹で稽古へ来る弟子に、いつも簡単な茶事を振舞い、私もお相伴にあずかったことがある。このように和気藹々とした雰囲気の中で、入門的な作法から、口伝による点前を修練し、茶会、茶事の手伝い等にも参加する。そこでは表面の稽古のみでなく、水屋(2)の心配りは、点前以上に客への配慮が必要であることも学ぶ。私にとっては結婚する迄の七年間、茶の湯の稽古を通して、日常生活の実用性と創意工夫を勉強した。当時、先生は「女性は一生台所に立つのだから、三六五種類の料理を覚えなさい。」と話されたのも、今から思えば遠い昔のことの様に思われる。

その後、二〇年近い歳月が過ぎたある日、縁あって再び、娘時代の先生の稽古に参加する事ができこの上ない幸せであった。当時、既に四〇代半ばを過ぎていた私は、長く正座すると膝が少々痛くなりつつあり、点前をするのに多少の不安もあった。久々に炉の前で定座(3)した時は感激したものだった。また二〇年ぶりに持った帛紗の感触も、言葉にならないぐらい感動したのである。点前は頭で覚えていないものの、茶道具を運び帛紗を捌く一連の作法は、体が覚えており次々と自然に動く。一服点ておしまいの挨拶をする頃は、膝の痛みのことはすっかり忘れ、それ以後、膝が治ったのを覚えている。好きなことをするのは、苦痛である事を取り払う念力があることを体験した。再び、茶の湯に出会い、それへの思いを新たにして修練に励んでいる現在である。

2　人との出会い・茶道具との出会い

茶道の精神性をいう「一期一会」とは、禅語であり、茶会のたびに一生に一度のものと考え、主客ともに誠心誠意相手の心入れをくみ、供応するという意味である。

茶会は、小間[4]、広間[5]の茶室において厳粛に催すものから、多人数の大寄せ茶会[6]、友人同士の和やかな茶会等、時と場合に応じて多種多様に開かれるが、根底にある精神は「一期一会」である。茶の言葉で「釜を懸ける」という表現が「茶会を開く」という意味を表している。

年始めに某高校の茶道部へ見学に行った時のことであった。茶室の床飾りは、竹の花入れに椿と立派な結び柳[7]が、初春の寿に相応しく、自然の趣を味わうかのように飾られていた。一般的に、新春の茶席には結び柳が床飾りに用いられることが多い。それは、今日このように出会った人との和を大切にし、また来年もこのもとにおいて、再会できることを意味しているものである。

こうした趣のある中で、入部したばかりの初心者が、短期間の稽古にも関わらず、堂々とした素直な点前をするのを見て、久方ぶりに爽快な気分を味わった。この出会いを通して自分自信に「稽古とは一より習い十を知り、十よりかえるもとのその一」という利休百首の一首を思い出した。[8]

また、ある時は、かわいい園児と楽しいお茶の勉強会を開いた。園児は私が和服姿で正座している様子を見て、神妙な態度になる。靴もきちんと揃えて脱ぎ、正座をし、膝の上に両手を置き、その位置から手を床につけて、五本の指もしっかり揃えて真のお辞儀をする。

次に茶道具の説明と簡単な点前を披露し、抹茶を点て、菓子の取り方や抹茶の飲み方を教える。抹茶の戴き方の作法は、両隣の友達の間に置き、「もう一服いかがですか」、「お先」、と言った後、自分の正面に置き直し、「いただきます」と三回挨拶をする。そして、手の平に抹茶茶碗をのせ、二度回して飲む。これは、それぞれの立場の人を敬う事に通じている。園児は初めての経験で戸惑いはあったものの、新しい体験への関心が芽生え、この出会いが将来ほんの僅かでも園児の心に残る事を願う。

茶会が多種多様にあることは前述したが、この茶会のすがたの中で、茶道具にも「一期一会」の心がある。つまり、茶会に使用する茶道具は、その取り合わせによって趣向が変化するという事である。床飾りには、軸、花、花入、香合、そして、点前をする一切の茶道具、これ等を季節に応じて亭主の趣により、客の心を打つべく配慮をする必要がある為、実に困難な選択である。

こうした中で生きているものは、花と炭のように思われがちだが、種々の茶道具には名物ものばかりではなく、亭主の歴史が刻まれたものもあり、それらの茶道具には心がある。それは茶会において、「一期一会」の席で多くの人と出会えた時と同様に、大きな感動を与えるのである。茶道具にも創った人の心が宿り、また、使う人の心も宿るのである。茶道具は、人々に出会った時、生命を甦らすのである。

3　禅の心と茶道

花無心招蝶　花、無心にして蝶を招き
蝶無心尋花　蝶、無心にして花を尋ねる
花開時蝶来　花開くとき蝶来る

蝶来時花開　蝶来るとき花開く(9)

江戸時代後期の禅僧大愚良寛（一七五八―一八三一）の詩である。

詩はのどかな風景を連想する中に、禅の教えが説かれている。咲く花も無心、飛んでいる蝶も無心、何事にも囚われない自然の出会い、無心、それが禅の心となる。また、幼少の頃、手毬をつき、「てんてんてんまり」と歌いながら遊んだ記憶があるが、この歌の調べと子供の和やかな情景を浮かべる時、また、この中にも子供が無心で楽しんでいる姿から禅の教えがあったのだと振り返る。このように禅とは、心を静め真理を求めて、自然の在るがままの姿、つまり無の境地に達する事である。

禅語は日々の生活の教え、様々な人生に対する教訓が説かれている。茶席に禅語が掛けられているのは、安らぎを求める中に、日々の生活を見直すべき教えなのである。また、禅語は茶席の雰囲気を高め、客との接点に大きな役割を持ち、亭主の心が客に伝えようとしている思いがある。しかし、禅語の解釈の仕方は人それぞれの捉え方があり、一概に意味が同じとは限らない事もある。

禅　語

歩歩是道場　ほほこれどうじょう

一歩一歩目的に向かって前進する。

無事是貴人　ぶじこれきにん
　無事は静寂の境地をいい、真に自己に立ちかえった心の安らかさをいう。
　貴人とは仏のこと。
莫忘想　もうそうするなかれ
　忘想しない邪念を起こさない。
日日是好日　にちにちこれこうじつ
日々が最上の日であれば、かけがえの無い一日であるといえる。
即心即仏　そくしんそくぶつ
　心そのものが仏である。
行雲流水　こううんりゅうすい
　空を行く雲と流れる水、一点の執着なく、物に応じ事に従って行動する。
千里同風　せんりどうふう
　千里もの遠い場所にも同じ風が吹いている。どんなところでも、どんな
　人の所でも皆同じ。
禅語は茶とのつながりのみならず、日常生活における指針でもあるように思われる。

二章　茶の歴史

1　喫茶の始まり

喫茶の歴史は中国が最も古く、漢の時代から薬用として飲まれていたのである。唐代（六一六―九〇八）には、僧侶の間で座禅の眠気覚ましとして淹茶[10]（團茶）の法が用いられ、次第に一般にも広まっていったが、自生の植物をそのまま食べたり煮たり煎じたりしていたのである。

八世紀中期には、陸羽の『茶経[11]』により、製茶の方法、茶の道具、茶礼などを説き系統立てた。陸羽が茶を導いた最初の人である。

そして、中国では、四、五世紀頃から茶は人体に良い作用があると言われていた。またそれぞれの地方によって、茶の呼び方も、茶（とう）、捈（た）、檟（か）、檟（せつ）、茗（みょう）、荈（せん）、と様々であったが、『茶経』をもとに木の名称も「茶」として統一されたのである。

宋代（九六〇―一二七九）になると、葉茶は石臼で細かく粉に挽く製法へと改良され、抹茶が発明され、これが今日の抹茶の源になっている。また、飲むための道具も進歩し、湯瓶、天目ができたのである。そして、抹茶に熱湯を注ぎ、竹を細かくした泡立て器（茶筅）で掻き回す方法が発明され、これが今日の抹茶の源になっている。また、飲むための道具も進歩し、湯瓶、天目茶碗[12]、天目台[13]などが使われ、点て方、作法も定着したのである。こうした抹茶は禅宗寺院において、法事などで供茶として行われていた。中国では抹茶と禅の繋がりは既に始まっていたのである。

その後、一三世紀には蒙古民族の勢力によって中国は荒廃し、元の諸帝の暴政により従うことになった。その為、中国の所産であった偉大な宋文化は全て破壊されてしまった。

そして一五世紀中頃に、明朝が国を再建しようと試みたが、内部紛争が続き、また、一七世紀には再び外敵に屈し中国の風俗慣習も完全に改革されてしまった。時代の紛争により隆盛を極めた抹茶は、完全に忘れ去られたのである。

一方、日本は奈良時代から平安初期の頃、遣唐使、留学僧によって中国から茶が伝来し始めた。初めは宗教行事として、また、中国と同様に薬用として使用されていた。

七二九（天平元）年、聖武天皇が宮中に百人の僧侶を招き、大法要を催した時に茶が使われたのが、日本最古のものである。

八〇五（延暦二四）年には伝教大師（天台宗の祖、最澄）が唐から茶種を持ち帰って、比叡山麓の坂本の地に植え、これが日本の茶の発祥地になったのである。現在、京阪電車の坂本駅前に日吉茶園があり、ここに受け継がれている。（グラビアページ参照）また、八〇六（延暦二五）年には、弘法大師（真言宗の祖、空海）が唐より石臼を持ち帰っている。その後、八一五（弘仁六）年に嵯峨天皇が、近江国唐崎を行幸の時に、梵釈寺の僧侶永忠[14]が茶を献じた事により、畿内（近畿）に茶の種を植える事を命じたのである。また、春秋の宮中の法要にも茶が使われていた。

八九四（寛永六）年に遣唐使が廃止され、九〇七年に唐が滅び中国との交流が一時途絶えたが、宋の時代になり国交が回復した。

平安時代末期に、僧侶栄西（一一四一―一二一五）が、宋に留学して茶種、茶道具一式と点茶方法を修得して帰ってきた。栄西は臨済宗（禅宗）の開祖であり、京都の建仁寺、鎌倉の寿福寺、博多の聖福寺を建立した高僧である。

その後、茶種は京都の栂尾高山寺の開山明恵上人（一一七三―一二三二）により、栂尾深瀬に植えられた。これが今日、宇治を初め各地にもたらした茶の生産地の拠点となったのである。

こうして喫茶の習慣は、禅宗寺院や武家社会に浸透し、鎌倉時代後期には庶民の間にも普及していった。

そして、この頃中国の高僧の墨蹟、唐物茶器の古銅、青磁の花瓶、建盞[15]、窯変、窯盞の茶碗などが日本に伝来してきた。

2 茶の湯の成り立ち

南北朝時代から室町時代初期にかけて、公家、武家の上流社会では、闘茶[16]という茶の遊びが盛んになり茶は遊戯化した。闘茶は、初めの頃、喫茶亭[17]と称する場所で催し唐物の茶道具を飾り競い合っていた。茶の点て方は禅院の茶礼で行っていた。また、それまで板の間であったが、次第に和様化し、連歌の会所[18]（書院）などで行われるようになり、「茶の湯」とか「数寄」と呼ばれる寄合いの場になったのである。

東山時代には、足利義政が茶を愛好しており、側近である能阿弥[19]によって将軍のための茶儀が決められた。足利幕府によって多数の唐物名物が収集され、これが東山御物と呼ばれるコレクションである。義政は東山殿（現在の金閣寺）の東求堂[20]の中にある茶室にて、豪華な唐物を使って茶の湯を楽しんだ事であろう。この茶室（同仁斉）が四畳半茶室の始まりである。足利義政の時代になると、茶道の先駆者である村田珠光（一四二三―一五〇二）が新しい茶の湯を創りだし、義政に終始茶の指導を行っていた。

珠光は能阿弥に師事しながら、大徳寺の一休宗純に参禅し、茶儀の形よりも茶を学ぶ心構えとして、礼儀を尽くすことを説いている。そして当時、流行していた連歌「冷え枯れる」は美意識の表現であり、美しさと禅との精神を茶の湯に実現しよう考えたのである。また、茶道具も豪華な唐物でなく、質素な侘びた和物の組み合わせの中に美を見出そうとしたのである。こうした珠光の創意により、茶の湯は貴族本位から一般向きのものとなり、大変な流行を生むようになっていった。室町末期になり、堺の町人達によって珠光流の茶の湯が好まれ、広まっていった。

そして、次ぎに新しい文化の中心になった人物が千利休の師でもある武野紹鴎である。

紹鴎は、富裕な商人で、堺の南宗寺にて禅を学び、歌、書、茶の湯を修行し、珠光流の茶の湯を確立したのである。

木や竹の生地の美しさを生かした曲物[21]の建水[22]、竹の蓋置などを実用化している。また、紹鴎は侘びの姿の説明として、正直で、慎み深く、おごらぬようにと云って、侘びを一段と深めたのである。

3　茶の湯の大成から現在まで

紹鴎の弟子である田中与四郎は、一五二二（大永二）年堺の今市に誕生した。後の千利休であり、現在の茶道を大成した人である。

利休の祖父、道悦過剋斉は同朋衆[23]の一人である千阿弥であり、千の名はこの祖父の号の一字をとったといわれている。

利休は、一七歳の時、北向道陳[24]に師事し、一九歳になると紹鴎の門下に入り宗易となる。その後、豊臣秀吉が初めて宮中において、茶会を催した。その時、宗易が茶頭[25]を務めた事から、秀吉より朝廷の号の申請が行われ、利休の号が許されたのである。一五八五（天正一三）年十月七日の事である。

利休は戦国時代、織田信長、豊臣秀吉の茶頭を務めていた。それにより、儀礼的な茶の湯も行いつつ、茶会の形式、茶事の趣向も、利休の侘び茶の思想をもとに改革して新興武家社会に広めたのである。茶室の出入り口は、従来、高貴な客人は貴人口から、供の下人は躙口[26]からとされていたが、それを利休の創意により、身分の上下に関係なく、皆、躙口を利用するようになった。そして、茶室に通じる小庭も、手水鉢、飛石、腰垣、腰掛、待合、雪隠などを設け、露地と名付けた。客人に対する心配りが、ここから始まったことを意味している。

としたのである。

また、利休は茶道具も自ら竹花入、茶杓を創り、侘びたものの中に人間本来の精神を生かそうとしたのである。

そして、利休は茶室も四畳半が一般的に定型とされていたものを、利休の新しい発想から二畳（待庵）[27]の小型化した茶室が誕生している。利休の茶道は、侘びの精神を根底に、受け継いだ作法をそのまま継承せず、利休の創意により大きく変化していったのである。

その後、利休の孫、宗旦が侘びの精神の茶道を継承した。宗旦は三人の子供達に、表千家宗左、裏千家宗室、武者小路千家宗守を作り、それが現在三千家として侘び茶の伝統を守り続けている。流派は他にも多数ある。

茶の伝来は唐から始まり、華やかな唐物の道具から次第に、国焼、竹など使うようになり、そこに楚楚とした侘びの心が一層深まり定着したのである。

三章　茶の味わいと茶の効用

1　茶を味わう

日常茶飯事に飲用している茶には、抹茶、葉茶があり、それぞれお茶特有の味として、甘味、苦味、渋味、香りがある。

お茶は、飲む時の心身の状態によって味が微妙に違ったりする。食後に一家団欒で飲むお茶、友人と会話を楽しみゆっくり味わいながら飲むお茶、喉の渇きを潤す為に飲むお茶など、人さまざまな味わい方がある。

私は、抹茶、葉茶を問わずお茶を飲むと安らぎを感じる。特に疲れている時は、甘い物を食べ、抹茶を飲むと心の回復に繋がる。

しかし、どのようなお茶でも無造作に入れると苦かったり、色だけでおいしさを味わう事は不可能である。入れる人の心がお茶の味を作り出し、もてなしの心で入れたお茶は茶の良し悪しに関わらず、おいしく飲むことができる。

抹茶は、先入観で苦いと思っている人がいるが、勿論、抹茶の種類によっても味は異なるが、これは深みのある日本最高の物ではないかと思われる。そして、抹茶の点て方には、薄茶と濃茶があり、薄茶は点てる、濃茶は練るという。薄茶は個々に点てて振舞う。濃茶は抹茶の量を多く入れるので、丁寧に茶筅で生クリームの感じになるくらいまで練ると、濃茶独特の苦味の中に甘味と香りが生まれてくる。また、濃茶は、飲む人の人数分の抹茶を多量に入れて、心を落ち着かせてゆっくり練る。主客から末客まで同じ抹茶茶碗にて、受け渡しをしながら飲む作法である。濃茶を飲む時は、事前に飲み口を拭うための浸した茶巾を懐中して、飲み終わるとそれで処理をして次客に渡す。初めての人には、少し抵抗があるかもしれないが、一つの茶碗を共有することにより、そこから連帯感が生まれ和の心を培う。

この濃茶の作法がカトリックのミサの所作に、共通点があることを武者小路千家の一四代家元千宗守によって見出された。千宗守家元は、中学、高校がミッション系の学校であったことから、カトリックのミサの儀式に参加した時、濃茶の飲みまわしに似ている事に気づいたようだ。大変興味深い話である。

また、濃茶の色は、深い緑色で非常に美しく、これを黒の楽茶碗に入れると視覚的な美として調和し、趣が異なるほどに味わいも倍増する。

茶の湯における抹茶茶碗は、数ある焼き物の中から、楽焼、萩焼、唐津焼の三窯を取り上げて、「一楽・二萩・三唐津」と呼び、茶碗として高い評価がある。日本全国に多数ある窯元の焼物の特徴を思い浮かべながら味わう一服の抹茶には新たな趣を感じる。

このように茶の味は、心の動きにも敏感で人の心に茶の持つ味が表現されており、正しく人生の味のように思われる。

2　中国茶と英国茶の味わい

最も古い歴史のある中国茶は、広大な自然の大地から生まれ一千種類もある。

最近、日本でも目覚しく中国茶が浸透し始めている。馴染みのある烏龍茶、鉄観音茶は老若男女問わず飲用されている。

中国茶は、種類が豊富というだけでなく、長い歴史と豊かな大自然で作られているので、香り、色、味にそれぞれの特徴を持っている。国内の広い地域にわたって生産されており、色や栽培方法から大きく六分類する事ができる。青茶（チンチャ）・黒茶（ヘイチャ）・緑茶（リュイチャ）・黄茶（ホアンチャ）・紅茶（ホンチャ）・白茶（バイチャ）の六種類となり、簡単に説明してゆく。

青茶は香りの良い半発酵茶であり、烏龍茶も青茶に入り、葉茶の暗緑色を青と表すことから青茶と呼ばれている。

黒茶の代表的なものにプアール茶がある。独特のカビ臭さがあるが、食事に合うのでよく飲まれる。

緑茶は、中国で最も生産量が多く広域で栽培され、葉茶を蒸すのではなく釜で炒めた葉茶として、一般的に飲まれている。日本の緑茶は蒸す製法で行っている。

黄茶は黄色い葉茶で湯を入れると、葉茶が浮き沈みする。このお茶を入れる時は透明の茶器を使うと葉茶の様子が見えて美しい。

紅茶は、発酵茶で独特の香りを持っている。中国紅茶は紅茶の本家本元である。中国風の味わい方は急須に入れて、ミルク、砂糖は入れずストレートで飲まれている。

白茶は、新芽に白毛が多い茶葉を使うので白茶と呼ばれている。味はシンプルで甘い香りがする。また、刺激が少なく胃に優しいお茶である。

中国茶の入れ方は煎茶同様、茶器を温め、葉茶の種類に応じた量と蒸し時間に心配りが必要である。中国の茶器は、日本の煎茶用の茶器とは異なり、中国茶の種類によって茶器を使い分けると楽しいティータイムになる。

一方、英国茶は、午後に紅茶を楽しむ習慣があり、アフタヌーンティと呼ばれ、日本でも愛好者が増えている。茶の湯のような作法は無く、テーブルに準備するのは、カップ、ティーポット、ミルク、シュガー、ケーキ皿、スコーン、クッキー、時間帯によってはサンドウィッチなどがある。

紅茶の入れ方は、沸騰させた湯を、葉の入ったポットに勢いよく注ぎ蓋をする。しかし、日本茶は沸騰後少しおいてから注ぐ。紅茶は熱湯を注ぐと葉茶は上下に動き茶の成分を抜き出し、紅茶の種類によって蒸し時間は違ってくる。蒸した紅茶をティーポットに入れて、テーブルに用意をして客が個々に入れる。

このように中国茶・英国茶の形態は抹茶と違うが、茶を入れる、茶を点てるという所作の中にあるもてなしの心は同様である。

3　茶の成分

茶が薬用として飲用しはじめたことは前述したが、最近、緑茶が健康と美容を保つ為に効果的であると注目されている。

緑茶には、ビタミンC、カテキン、タンニン、カフェイン、アミノ酸、フッ素など天然成分が豊富に含まれている。これらの成分が身体に有効な働きをしてくれるのである。

カフェインは、覚醒作用があり、脳を刺激し精神を安定させる効果のあることはよく知られている。

カテキンは、茶の渋味の元になっている。また、薬効として素晴らしいものがあり、ガンの発生を抑える作用があることは、実験によって証明されている。老化の原因である過酸化脂質の成分抑制、高血圧、高コレステロールの改善、抗菌、抗ウィルス作用、さらに動脈硬化や心臓病など医学的にもよいとされている。

タンニンもカテキンと同じ仲間であるが、タンパク質を凝固させる働きがあり、胃腸の粘膜を保護するのでお酒を飲む前にお茶を飲むと良い。しかし、食前・食後に濃いお茶を飲むと気分が悪くなることがある。これは多量のタンニンが胃壁を収縮させて消化を妨げるからである。このような時には、タンニンの少ない番茶を飲むとよい。

昔は、科学的研究を経て茶が薬用として飲まれたのではなく生活経験による生活の知恵から身体に良い飲物とされていたのである。

緑茶の中でもタンニンが多く含まれているのが、抹茶・玉露である。毎日緑茶を飲んで、健康と美容を保持されることを願う。

「朝茶は難を逃れる」という言い伝えがある。これは多忙な日々、朝にお茶を飲むぐらいの時間を持とうということであろう。

四章　茶の心

1　季節と茶

茶の湯のもてなしには、季節感が要求され自然の雰囲気を創り出す工夫を、四季を通じて配慮する必要がある。その自然の姿を茶席の中で大きく位置付けているのが花であり、それはまた暦でもある。

茶花は野山に咲いているものを、茶室に季節が漂うかのようにあしらい、花器との調和によって季節感が一層引き立つものである。花入れにも真・行・草の区別がある。真は古銅、祥瑞[28]、青磁などの唐物、行は磁器の吊り花入、国焼の格調高い形をしているもの、古銅型の楽焼などである。草は竹、籠、木、釉薬のかかっていない焼物、南蛮物などに分類している。

床の掛物が墨蹟の時は、古銅の花入を用いる。水仙の季節には鶴首の花入にこの花を生けると、鶴が上を向いて嘴をのばしている姿に見えるよう演出できる。吊り花入の旅枕があり信楽焼・伊賀焼などがある。旅枕は花が入れ易いことと、趣向の中に旅を表現できる効果がある。床の軸飾りに「行雲流水」の禅語を掛け、旅枕に芽ぶきの枝と季節の花を一輪生ける。すると大自然の空を悠々と行く雲、滞りなく流れる水、この調和から旅をしている感じのしつらいができ、点前も旅箪笥[29]にすると情緒深いもてなしとなる。

茶席の和菓子も季節を先取りして茶を引き立てる役割がある。菓子には主菓子、干菓子があり、季節をあしらった和菓子に職人の技、心が伝わる見事な菓子がある。その和菓子を表現しているものに銘[30]がある。山路・千代見草・秋の舞・井出の里等、他多数ある。

また、茶道具も季節に応じ味わい深くする。冬の寒い季節には筒茶碗[31]、夏は平茶碗[32]、水指も釣瓶を使用して涼感を味わう。茶道具から漂う季節感には芸術性がある。

銘にちなんで、利休が自刃する直前に創った茶杓に銘を「泪」と記し、弟子の古田織部に贈った。利休の無念の思いを表しているのであろうか、銘の持つ意味深さを感じさせる。

そして、茶の湯において、季節の趣を持っている大切な茶事がある。夏の暑い時季、早朝の涼しい時間に行われる朝茶事がある。朝の六時頃に席入りして、初炭、懐石、中立ち、濃茶、薄茶の順に進行しておよそ三時間ぐらいで退席となる。早朝の爽やかな涼気の中で催し清々しい気分を味わうものである。

また、冬の寒い夜長の季節に楽しむ夜咄の茶事がある。夕方の五時から六時頃に席入りをして、前茶[33]、初炭、懐石、中立ち、濃茶、薄茶をして、朝茶事と同じく三時間ぐらいで退席をする。この茶事は現在でも電灯は使わず、行灯・手燭・短檠[34]などの灯火を用いて行う風情のある茶事である。この他にも季節に応じて行う茶事がある。炉塞ぎの茶事、四月末の炉を塞ぐ時に炉を惜しむ心を表す茶事。初風炉の茶事は、炉から風炉へと移り変わり五月から十月まで風炉を使用する。五月の初めに風炉を用いる時に行い、初夏の感じを表す茶事である。また、名残の茶事は、十月半ばから末にかけて行われる茶事であり、本来は前年の口切から使っていた茶壷の茶がなくなる頃、その茶への名残を惜しむと言う意味であった。しかし、現在ではいつでも茶が手に入るので、むしろ五月から親しんできた風炉への名残を惜しんでいることのように思われる。そして、開炉の茶事は、十一月になり、その年初めて炉を開いて行う茶事であり、このように季節を通した様々な茶事がある。

2　日常生活と茶

茶の湯は日常生活と深い繋がりを持つものであり、合理性についても同じことが云える。例えば、風炉を使用する時季は初夏から初秋の暑い季節なので、火を客から遠ざけ、涼しくする心配りをする。風炉の正面に正座して点前をするが、夏は、茶葉の力が弱まり、暑い湯で点てると茶の香りがなくなるので湯の温度を下げる為に釜に一杓の水を差す。差し水という緩急の振舞いは日常生活に生かされている。

一方、炉は、亭主と客が炉を囲んで寄合う形を取り、暖かさを感じるようにする。点前は炉縁の角に向かって斜めに座ることにより、正面、左側、右側の各々の作法が無駄なく可能である。狭い空間を実に合理的に活用させている。そして、炉から炭の熾る音、湯の滾る音は生きた生活そのもので、風情も漂う。

こうした茶の湯は、作法も手順良く、点前畳一畳に茶道具を並べて抹茶を点てるのであるが、非常に効率良く組み立てられている。実に合理的な日常生活のあしらいが集約しているのである。

併せて茶の湯の精神となる禅の思想からなる生活の知恵と豊かな心の養いは日常生活そのものであるといえよう。

茶の湯の茶の字は、草かんむりに人、その中に木と書く。草かんむりは食物、木は住居を表し、その間に人が入って茶となっている。人間の日常生活と茶の関係が字の成り立ちからも理解できる。

3　茶の心

茶の湯は禅の思想を基にした精神性を持つものであるから、遊戯的なものではない。茶の湯の修練の中心となる点前の順序一つひとつの所作に意味がある。作法としてのみの行動では、趣や味わいを生み出すことは不可能と言える。そこに人に対して精神誠意を尽くした茶を点てる事により、もてなしの心が生まれ、茶の味、茶の心が出てくる。また、点前を通して自分の味を創り出し、自分の型の中に心身を込めることにより形となる。

利休が茶の精神として打ち立てた「和敬静寂」という禅語があるが、和は人間同士の和で和を求める心から平和を願う心を指す。敬は人を敬う心を養えば争いごとはなくなる。清は清く正しい心で静にも通じて、心の平静を養うことができる。寂はひっそりと落ち着いた心で、侘び、寂びの心を表現したものである。これを修得するにはさらなる努力が必要であるが、茶の心は無限に広がり奥が深い。

また、茶の心得事として利休七則がある。

一、茶は服のよきように点て
二、炭は湯の沸くように置き
三、花は野にあるように
四、夏は涼しく冬は暖かに
五、刻限は早目に
六、降らずとも傘の用意
七、相客に心せよ

この七則から、茶は日常生活そのものであることを理解できる。そして同時に当たり前にする事の難しさがここにある。

茶の心は、思いやりの心、禅の心に通じ、人として生きて行く為の基本である事を茶の湯を通して改めて認識した次第である。

これまでの茶の湯は、点前が中心の実践で畳に座って点てることが基本であったが、生活様式の変化、国際化が進展する中で、立礼の方式が多く取り入れられるようになってきた。服装においては、和服の着用が簡略されて洋服が目立ってきている。

新しい時代に対応する茶の湯の形態は少しづつ変化するものの、日本の伝統文化として継承される茶の湯の心は不変である。

【注】

(1) 帛紗　約二八センチ正方形の三方を縫った絹の布
(2) 水屋　茶室の隣室に設けて茶の湯の用意をする所
(3) 定座　定められた位置
(4) 小間　茶道で四畳半以下の茶室
(5) 広間　書院造（武家住宅建築の様式）の表向の客間（四畳半以上の茶室）
(6) 大寄せ茶会　現在の茶会のスタイルとして一般に親しまれている。濃茶点前や薄茶点前の部分だけを独立させた形式をとる。
(7) 結び柳　中国より伝来した陽の木、悪魔払い、陽気を招き輪をつくることで風情と共に和の心を表している
(8) 利休百首の諺
(9) 参考文献10 p.2
(10) 淹茶（だしちゃ）茶の葉を蒸して茶臼に入れてつき団子にして保存し、これを適宜に削り、他の香味有る食品と共に煮だしして、その汁を飲む
(11) 茶経　中国茶の歴史、製法、器具などについて詳述したもの（全三巻）
(12) 天目茶碗　中国浙江省天目山の仏寺から伝来。福建省窯のものが代表的。日本では瀬戸焼などが知られている
(13) 天目台　神仏または貴人に献茶するため、天目茶碗をのせる台
(14) 永忠　平安初期の学僧。
(15) 建盞　建窯で造った茶碗。天目の一種。
(16) 闘茶　南北朝、室町期に茶会で本茶・非茶などを判別し、茶の優劣を競った遊戯
(17) 喫茶亭　寄り合いの場
(18) 連歌の会所　室町・南北朝期に広く流行した庶民文芸を読み合う場

(19)能阿弥　室町時代の連歌師・画家・阿弥流の祖。足利義政の同朋衆
(20)東求堂　義政の持仏堂として、西芳寺の西来堂に模して建てられた
(21)曲物　檜・杉などの薄い材を円形に曲げ、そこを取り付けた容器
(22)建水　水こぼし、茶の湯で茶碗を注いだ水を捨てる容器
(23)同朋衆　将軍家の側近であり、話相手をつとめる
(24)北向道陳（一五〇四～一五六二）　空海に師事、武野紹鷗と親交、千利休の最初の師で、利休を紹鷗に推薦した。
(25)茶頭　安土桃山時代以降、茶の湯の事を司る役
(26)躙口　茶室特有の小さな出入り口
(27)待庵　京都府山崎の妙喜庵にある茶室
(28)祥瑞　中国、明末・清初に作られた染め付け磁器
(29)旅箪笥　茶の湯の棚物の一つ。千利休が豊臣秀吉の小田原の陣に従った時に旅行用の茶箪笥として考案したといわれるもの。
(30)和菓子の銘　山路は栗を使ったもの。千代見草は菊の形をしたもの。秋の舞は銀杏を使ったもの。井出の里は山吹のこと。
(31)筒茶碗　一般の茶碗より深い筒形の茶碗の呼称
(32)平茶碗　夏はなるべく浅い茶碗を用いて涼しい感じを出すもの
(33)前茶　席入り後、水屋・道具でまず一服を振舞う
(34)短檠（たんけい）　ひくいともし火

【参考文献】
(1) 裏千家茶道のおしえ　千　宗室　1968年　日本放送出版協会
(2) 煎茶入門　小川　八重子　1973年　(株) 婦人画報社
(3) 利休に帰れ、いま茶の心を問う　大徳寺如意庵　立花大亀　1983年　(株) 主婦の友社
(4) 岡倉天心　茶の本　ソートン・F・直子　訳　1969年　(株) 海南書房
(5) 大百科事典9　1985年　平凡社
(6) 茶の湯、そして禅　朝比奈恵子　1991年　河出書房新社
(7) 禅語事典　天龍寺師家　平田精耕　1988年　PHP研究所
(8) お茶の事典　斎藤光哉　1996年　成美堂出版
(9) ジャポニカ15大日本百科事典　1970年　(株) 小学館
(10) 淡交タイムス　1997年　茶道裏千家淡交会
(11) なごみ　1981～87年　淡交社
(12) 淡　交　2000年5・6月号

【参考資料】
(1) 中日新聞　1994年4月12日版
(2) 読売新聞　1994年4月29日版
(3) 朝日新聞　1994年4月15日版

万葉集から見る平城京

細川　佐和子

序章

1　万葉集と出合う

昭和二〇年代後半のことである。中学の音楽の時間に時々レコード鑑賞がおこなわれた。今考えるとザーザー雑音の入るすさまじいレコードであった。が、北陸の山里に住む中学生にとって当時一流の音楽に出合えるチャンスはなく、したがってそれは十分にすばらしい音色であった。レコードはバッハ、モーツアルト、ベートーベンなどが多かったが、私はとりわけオーケストラのすばらしさに魅了され、毎日レコード鑑賞の日があればいいと思ったものである。

二学期の終わり頃だったであろうか。「越天楽」を学習しレコードで聴くことになった。日本古来の雅楽で荘厳であるはずだが、笛の音に眠気を誘われうつらうつらしながら、西洋の音楽の方がずっといいと思い続けていた。ところが教師は参考までにもう一曲聴こうといって、プリントを配りはじめた。うんざりしながらもプリントの歌詞を読む。

人恋ふは　哀しきものと　平城山に
もとほり来つつ　堪えがたかりき
いにしへも　夫に恋ひつつ　越へしとふ
平城山の路に　涙落としぬ

（北見志保子作詞「平城山」）

人を恋う心の機微など一四歳の少女に分かろうはずがない。だがレコードがまわりだし、ソプラノの歌声がごくゆっくりとしかし次第に高揚していくと、女の人の悲しみが心に沁み入り、大人の世界に足を踏み入れたように感じたのである。

再びこの歌に出合うのは高校の古文の時間である。万葉集、古今集などの和歌の単元であったが、その日のプリントのなかに「平城山」があった。古文の教師は、これは万葉集の女流歌人笠女郎の歌を念頭において作られたのだろうと説明した。その歌は

君に恋ひ　いたもすべなみ　平城山の　小松が下に　立ち嘆くかも　（巻四—五九三）

である。この歌が私と万葉集との出合いとなる。

2　笠女郎の熱唱

少し寄り道になるが笠女郎の話をしよう。彼女は万葉集後期の歌人で、大伴家の嫡男家持に恋

をした。大伴家持とは後年万葉集の総編集者となる人物である。彼女は奈良山から彼の邸宅を見下ろし深いためいきをつく。万葉集には彼へ熱い胸のうちを吐露した一群の歌がある。

白鳥の　飛羽山松の　待ちつつそ　我が恋ひ渡る　この月ごろを　（巻四―五八八）

我が宿の　夕影草の　白露の　消ぬがにもとな　思ほゆるかも　（巻四―五九四）

など名歌が多いが、名門の貴公子家持にあこがれる女性は多く、彼女のひたむきな愛に彼は心を動かされなかった。そこで女郎は歌う。

相思はぬ　人を思ふは　大寺の　餓鬼の後へに　ぬかづくごとし　（巻四―六〇八）

報われない愛にいつまでもとらわれているのはばかばかしいと自嘲し、突っぱねるのである。万葉集には彼女のように自分の意志をしっかりと表現できる理知的な女性が多い。それ故に万葉集は一層魅力的であった。

ところで、笠女郎が見下ろした平城京の町並はいつ、どのようにして作られ、人口二〇万人の国際都市に発展していったのか、万葉集に寄りながら検索していこう。

一章

1　平城遷都―惜別の歌―

七一〇（和銅三）年旧暦の春三月、第四〇代元明女帝は大和三山に囲まれた藤原京から文武百官とともに中ツ道を北上した。新しい都平城京への遷都である。桜の花が咲き小鳥がさえずる春らんまんの季節。大勢の女官たちも付き随ってひとしお華やいだ行列であったことだろう。当時五〇歳の女帝はどんな思いで輿を進めたのであろうか。

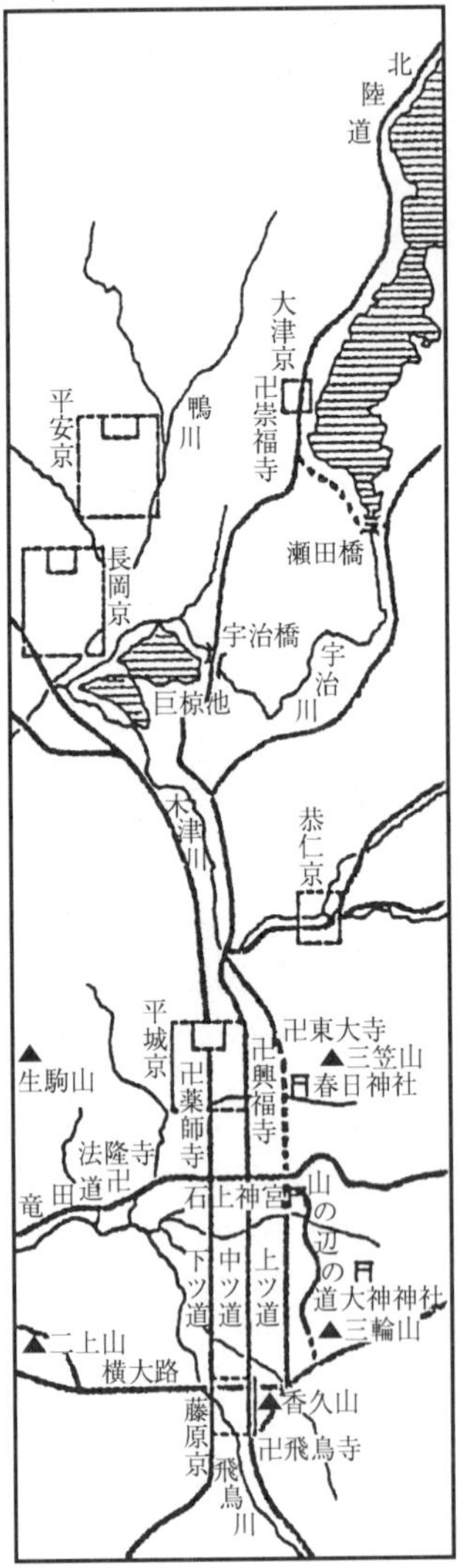

藤原京と新しく成った平城京との間は約二〇キロメートルの道程である。ちょうど中間点にあ

たる長屋原で輿を停めて、女帝は歌う。

飛ぶ鳥の　明日香の里を　置きて去なば　君があたりは　見えずかもあらむ（巻一―七八）

飛鳥は天武、持統、文武の各天皇や夫草壁皇子など女帝にとって大切な人々が眠る父祖の地であり、皇太子妃として幸せだった若い日の思い出がある。そんな飛鳥古京や藤原京に今別れを告げなければならない。遷都は自らの意志でなく、藤原不比等らの新興勢力におしきられたこともあり、右の歌からは女帝の切々たる胸のうちがつたわってくる。この時、頭の中をかつて父（天智天皇）の決行した近江遷都が横切ったかもしれない。

三四年前、父（当時は中之兄皇子）はやはり文武百官を率いて山の辺の道を近江へと北上した。飛鳥の守護神である三輪山が見えなくなるあたりで、額田王が惜別の歌を朗詠した。

三輪山を　しかも隠すか　雲だにも　情あらなも　隠さふべしや（巻一―一八）

あの時もまた春三月であった。うららかな春の陽気とは裏腹に遙か北方の新京への不安と緊張と、そして飛鳥への狂おしいほどの愛惜の情で、一行の感は高ぶっていた。歌を聞きながら感極まって泣き出す者も多かった。そんな中で父だけは終始全く冷静であった。

今自分はあの時の父の立場にあるが、とても父のようには振舞えない。

「飛ぶ鳥の　飛鳥の里を・・・」の歌は旧都に別れを告げる手向けの儀礼歌であるが、愛惜の情がひしひしと伝わってくる。

長屋原は現在の天理市西井戸堂町あたりである。中ツ道は吉野道といわれ、吉野詣に利用された。約三百年後の平安時代、藤原道長も吉野の金峯山詣の際、京都から中ツ道を南下しここで一泊したと「御堂関白日記」に記している。

大きな宿駅があったにちがいない。現在、天理教詰め所・宿舎の大きな建物が温泉旅館のように立ち並ぶ通りから西へ一・五キロほどの地である。ここから中ツ道らしき古道が奈良の大安寺あたりまで今も細々と続く。細くて車の行き交いもままならないが、途中のいくつかの集落の低い軒の連なりに古道の趣きが感じられる。

ちなみに上ツ道は泊瀬詣の道、下ツ道は巨勢路を通って紀州へ行く道である。これら三本の計画道路に平行して東寄りに走る山の辺の道は自然発生的にできた古代からの道である。

2 役民の歌

さて、長屋原で一つの儀式を終えた女帝の一行は心も新たに新京へ向かうが、万葉集には新京造営に従事する役民（労働者）の長歌と反歌が載っている。長歌の大筋は次のようである。

慣れ親しんだ藤原の地から、新京のための資材を筏舟に積んで、川の曲り角ごとにいくたびも振り返りつつ、泊瀬川を下り佐保川を遡って厳冬の川原で野宿をする。大君のために、住み慣れた我が家もいとおしい妻子も置いて重労働に従事して作った京だから、千代まで続いてほしい。

反歌
あをによし　奈良の宮には　万代に　我も通はむ　忘るとおもふな　　読み人しらず（巻一―八〇）

切ない歌である。平城京とは平坦な地に設けられた都の意であるが、山を削り谷を埋め古墳をも削った。法華寺近くの平城天皇楊梅（やまもも）御陵は前方後円墳の後円部を後に利用するのだが、前方部は平城京造営の際削りとられた。塚の主の霊を慰撫しつつ、おそれおののきながら塚を崩したであろう役民の姿が目に浮かぶ。

佐保川の流れも大々的に変え、東堀川などの水路も開削した。現在に至っても佐保川は蛇行せずまっすぐ南下し時に直角に西に折れている。平城京の西を流れる秋篠川も西一坊沿いに直線的に南下し、人工的に流れを変えたと見ることができる。役民は厳しい労役のために逃亡する者が多く、またようやく任を終えた者も故郷へ帰る途中に飢えと病で倒れるというありさまであった。

当時の国際都市唐の都長安をモデルにしたことは万人の知るところだが、役民にとっては平年の課役の上に更に課せられた労働である。まさに血と汗の結晶であるがゆえに、反歌で繰り返し訴える。役民の歌は新都を寿ぐものであろうが、彼らの悲痛な呻き声が聞こえてくるような歌である。

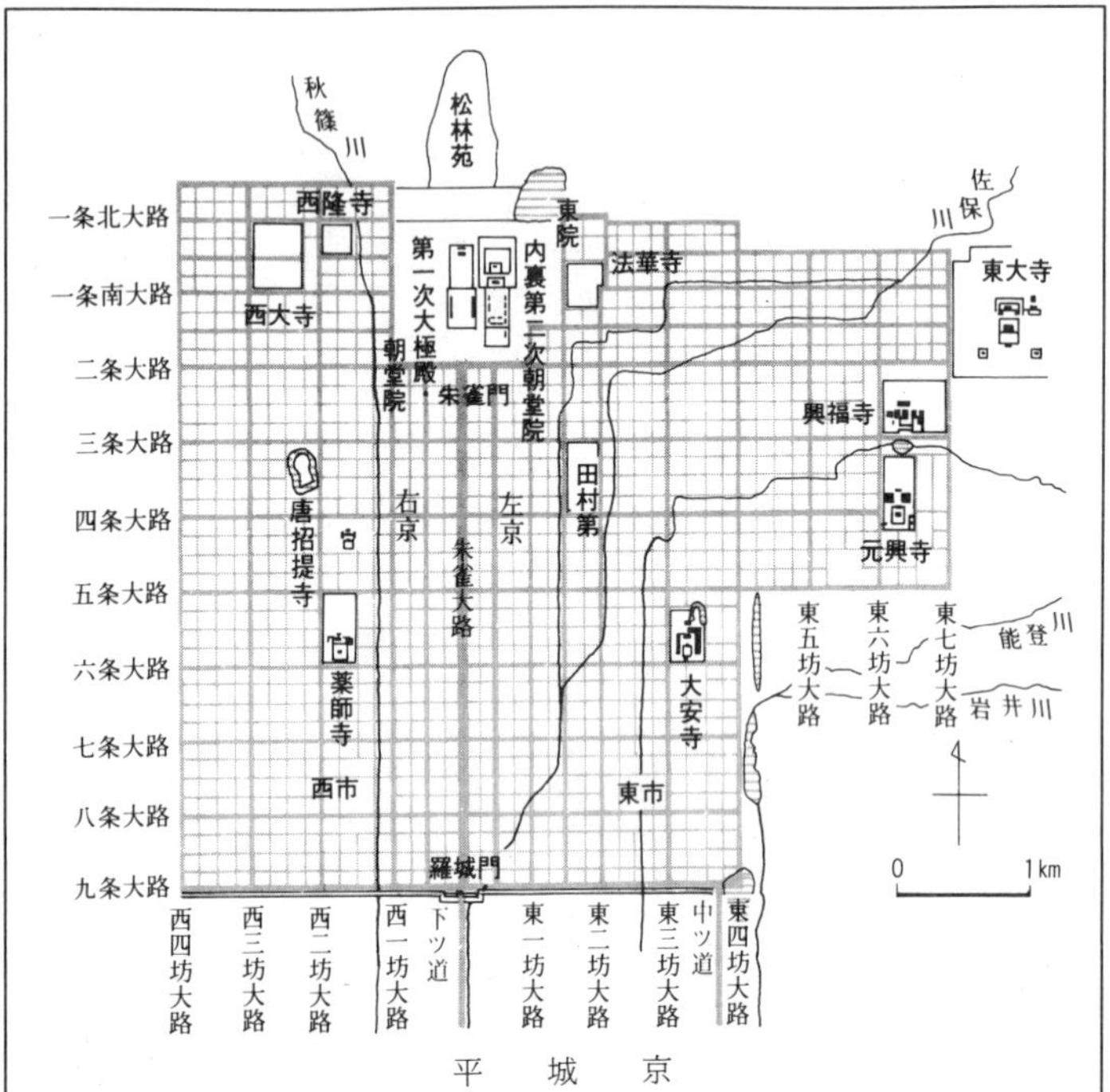

平　城　京

3　和銅開珎

見逃してはならないのは、この時作られた貨幣和銅開珎のことである。一九九九年に飛鳥池遺跡から富本銭がみつかったことでその座を譲るまで、日本最初の貨幣として扱われてきた。原価の安い銅で銅貨をつくり、高い価格で流通させれば差額は朝廷の収入となる。これを新都造営の資金としたわけである。年号も和銅と改めた。どれほど流通したかは不明であるが、例えば中級官人や地方豪族の蓄えた財力を吸い上げるため蓄銭叙位令（巨額の銭を蓄えて政府に献上することで位階をもらう）を制定している。

万葉集には貨幣や銭貨を歌ったものはない。だが平城京に作られた公営市場の歌がある。

東の　市の植木の　木垂るまで　逢はず久しみ　うべ恋ひにけり　　門部王（巻三ー三一〇）

西の市に　ただひとり出て　目並べず　買ひてし絹の　商じこりかも

読み人知らず（巻七ー一二六四）

こうして遷都を決意した元明女帝にとっても造営に従事した役民にしても、共に苦衷のうちに平城京が形造られ、約八〇年間の奈良時代が続くことになる。

二章

1　あをによし奈良の都ー長屋王の栄華ー

あをによし　奈良の都は　咲く花の　にほふがごとく　今盛りなり　　（巻三ー三二八）

この有名な歌の作者小野老は九州太宰府の役人であった。つい先頃公務の出張で上京し、仕事を終えて太宰府にもどった時、美しい都のようすを同僚の前で披露した。彼の歌のとおり、遷都

皇室系図

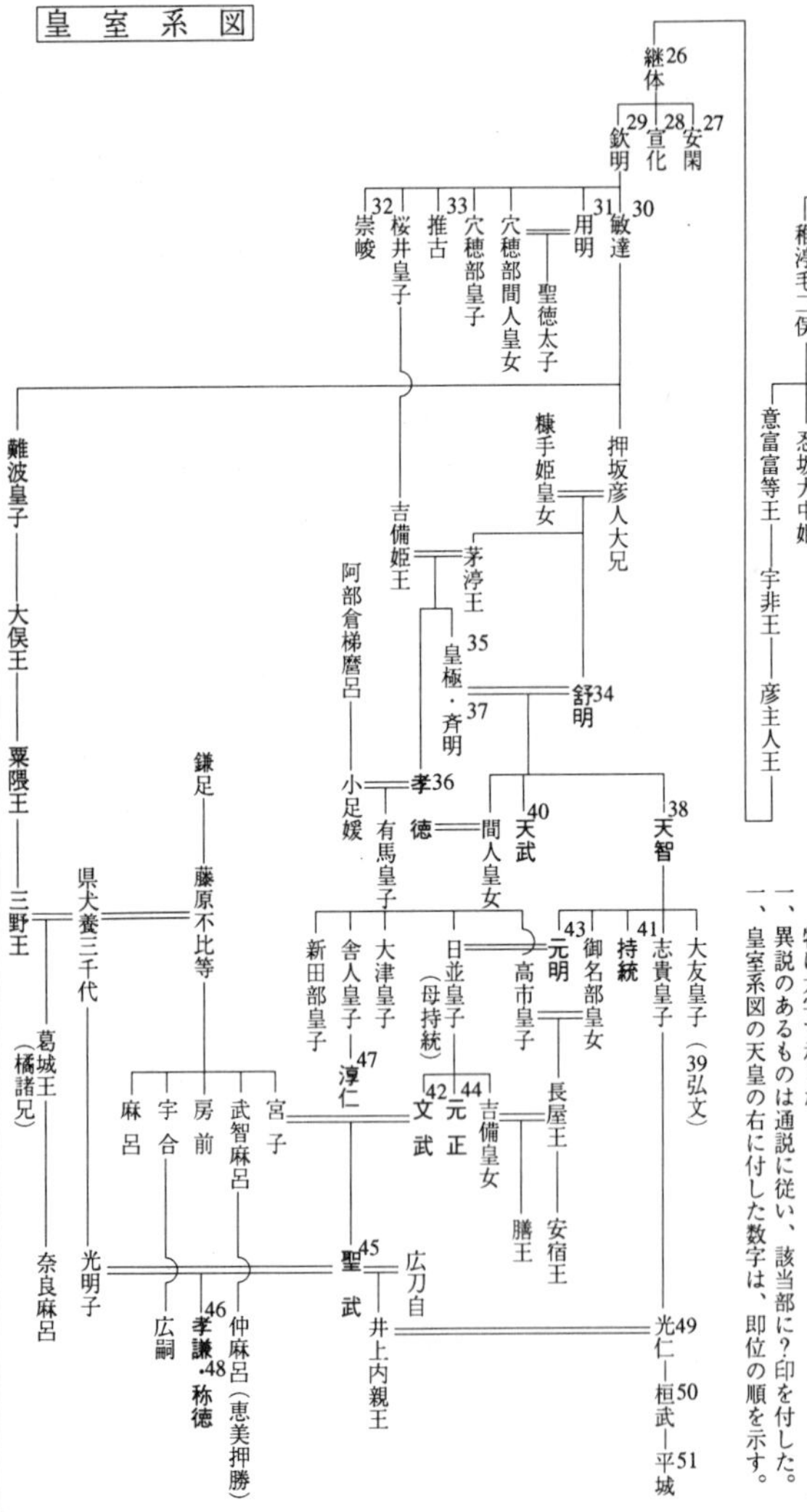

一、この系図は万葉集を理解するうえに必要と思われるものを中心に編集したものである。
一、系図中の破線は省略を示し、二重線は婚姻関係を示す。なを婚姻・出産は必ずしも順序通りではない。
一、氏名の用字はなるべく万葉集のものを尊重し、主要人物は太字で示した。
一、異説のあるものは通説に従い、該当部に?印を付した。
一、皇室系図の天皇の右に付した数字は、即位の順を示す。

後約二〇年を経て平城京には華やかな天平文化が花開きはじめていた。

都大路に植えられた柳や橘などの街路樹は、今や大きく成長してさわやかな緑の風に揺れている。長く続く築地塀ごしには、朱塗りの柱や瓦屋根をもつ貴族の大邸宅が見え隠れする。遷都後十年にしてもう四八寺も建ったというから、多くの大寺の甍が遠くに近くに輝いて見えたことだろう。七二〇（養老四）年政界の大立て者藤原不比等が没すると、その直後代わって長屋王が右大臣の座につき権力を持つ。

長屋王の生活は一九八八（昭和六三）年九月、デパートの建築現場から約五万点もの木簡が出土したことで大いにマスコミを賑わせた。

文人政治家である彼は、サロン作宝楼で置酒の宴（酒を飲み詩を詠む遊宴）をしばしば開いたり、海外からの使節団の一行を自宅に招いたりしている。このことは当時平城京が大陸との交流盛んな国際都市に成長していたことを如実に物語っているではないか。「オンザロックにチーズというグルメぶり」とセンセーショナルに書き立てられたが、実際専用の氷室を持つ美食家でもあった。この上ない血統の良さと巨大な財力をバックに贅の限りを尽くしているのである。藤原京に住んでいた頃の歌であろうが、長屋王の歌を一首記すと

佐保過ぎて　奈良の手向けに　置く幣は　妹を目離れず　相見しめとそ　（巻三―三〇〇）

ずっと妻を見させてくださいといって旅先で幣をたむけるという、いかにも愛妻家らしい歌で

ある。しかし皇位に近い者ほど命をねらわれる時代、前のページの系図を見ればわかるが彼もまた謀略にかかり自害させられてしまう。

2　羅生門から朱雀門へ

さて、海外使節団の一行は難波津に上陸、大和川沿いに藤井寺から王寺町へ竜田越えをして大和郡山市西九条町にいたる。そこには両翼に羅城を持ち、高さ二三メートル間口三一・八メートルの羅生門がそびえていた。大陸からの賓客に皇都の壮大さを誇示する平城京最初の重要な門なのである。

昭和五四年奈良県は佐保川にかかる羅生門橋のたもとに羅生門公園を作っている。松や柳を植えたかなりの緑地帯だが、堤防下にあるためあまり目立たない。東南の角に「羅生門跡」の碑がたっている。一帯はセキスイハウス、ダイワハウスなどの工場地帯で車の往来が激しく、古をしのぶといった風情はない。

ここで使節団の一行は下馬し、幅七二メートルの朱雀大路を宮城までしずしずと北上するのである。築地塀の脇を側溝が流れ柳がそよぐ。よく整備された美しい大路だったのであろう。大伴家持は国守として赴任した越中の地で

春の日に　萌れる柳を　取り持ちて　見れば都の　大路し思ほゆ（巻一九ー四一四二）

と、歌って都大路をしのんでいる。

約四キロ大路を進み行くと、やがて朱雀門の偉容が見えてくる。太い朱塗りの円柱に入母屋造り、二重屋根の豪壮な門である。長安の都の使者たちも目をみはったにちがいない。門の前の広場には天皇も出迎えて雅楽の演奏とともに、歓迎式典が華やかに繰り広げられた。

朱雀門は平成十年新しく復元され、平城宮跡にかつての偉容を誇っている。三月下旬のある日、私はそこに立って広場を見下ろした。風の強い日で、門の屋根の四隅から下がる風鐸がカランカランと鳴り続けていた。意外に低く太く力強い音色である。ウイークデーのせいか広場の人影はまばらであった。目を閉じて風鐸の鳴る音を聞いていると、使節団の一行の幡をなびかせながら近づいてきた往時がよみがえるようである。

広場の横の芝生に渦文様の盾をモチーフにしたモニュメントが立つ。勇壮な隼人族が宮城内に悪魔の立ち入らないよう盾を握って警護した記念の碑である。近くに高田好胤氏の筆による「あをによし 奈良の都は 咲く花の・・・」の歌碑ものびやかに立っている。

七三四（天平六）年ここで聖武天皇主催の歌垣が行なわれた。男女二四〇余人その中に貴族も交えて歌舞音曲が行なわれ、歓をきわめたという。

この頃が天平文化の最盛期といえようか。万葉集には単身赴任をした官人の都を思う歌が何首も載るが、中には次のような歌もある。

藤波の　花は盛りに　なりにけり　奈良の都を　思ほすや君　　大伴四綱（巻三―三三〇）

長屋王の自害後、天皇家とのつながりを一層強固にして権勢を奮う藤原氏を皮肉っているのである。

三章

1　爛熟から頽廃へ―聖武天皇の懊悩―

熟すれば落ちるのが常で、爛熟しきった天平時代にやがてかげりが見えはじめる。一見華やかに輝いてみえる貴族文化にも、内実は皇位継承問題や権力闘争など血みどろの権謀術数が渦巻いていた。

更に天然痘が貧富の差なく人々を襲う。また凶作続きで餓死者の死骸があちこち転がり、盗賊がひんぱんに出没してますます社会不安が広がった。この時期現世の苦しみを救ってくれるという如来像など多くの仏像が作られる。これが今に残る天平のみ仏たちである。

七四〇（天平一二）年中央政府に不満を持った藤原広継が北九州で兵を挙げると、聖武天皇は反乱から逃れるように東国へ五年間もの彷徨の旅にでてしまう。学者はさまざまに憶測するが、まったく不可解な行動である。この間一時皇都を山城の恭仁宮（くにのみや）に置いたり、近江に信香楽宮を造営したりする。また難波宮と恭仁宮のどちらを皇都としたらよいかと群臣に投票させて、結局平城京に戻るなど天皇の心は揺れ動いていた。

2　国分寺跡

聖武天皇は仏教に厚い信仰を寄せていた。それ故にこの不安定な社会情勢は自分の信仰心の足りないせいだとして盧舎那仏座像の造立を発願し、八年の歳月をかけて完工した。万葉集にこの大仏の鍍金に使う金が陸奥の国に出たことを寿ぐ歌がある。

すめろぎの　御代栄えむと　東なる　陸奥山に　黄金花咲く　　大伴家持（巻一八―四〇九七）

一方、諸国に国分寺・国分尼寺の造営を命じた。それらは政治・経済・文化の中心である国府に隣接して建立され、その数は七二カ所にも及ぶ。現在は集落の外れの野原や雑木林に礎石のみ残すものが多い。たいてい国分寺跡と書かれた石碑と説明板が片隅に立つ。これらの跡を訪ねるのも楽しい。草に埋もれた礎石の上に立って田の面を渡る風に吹かれると、ありし日の堂塔や中におはします仏像、その前に伏し拝む人々が影絵のように浮かび上がる。かつて、きらびやかな天平文化が都を遠く離れた鄙の地まではるばる浸透してきたことを思い、また政争渦巻く平城京を逃れた聖武天皇の懊悩を思う。

「にほふがごとく　今盛りなり」とあこがれ慕われた平城京が頽廃の度を深めると、それに歩調を合わせるかのように万葉集も終わりを告げる。以後二五・六年間奈良時代は続くが、凄惨な権力闘争が打ち続き平城京は急速に衰退していく。

終章

1　五年間　奈良に住む

三〇年前、私は五年間奈良に住んだ。家から自転車で五分も行けばもう平城宮跡であった。その頃建物はないに等しく、大極殿跡に土を盛り上げて一本の松が植えてあるだけである。だだっ広い野原は四季折々にすばらしく、娘たちとしばしば宮跡で遊んだ。れんげの花を摘んだり、水路を流れてきた金魚をすくったりした日々。いつでも三笠山や春日奥山の青垣がやさしく見守ってくれているようであった。同時にあの山々が遷都してきた元明女帝の苦衷も、聖武天皇の苦悩もすべて見ていたのかと感慨にふけったものである。

西暦二〇一〇年は平城遷都千三百年にあたる。シルクロードの終着駅という美しいネーミングを持つ古の平城京は、万葉集とあいまって私の心の中にますます大きな位置を占める。

【参考文献】

澤瀉久孝　「新校万葉集」　（創元社　一九四九年）

伊藤　博　「万葉集釋注」　（集英社　一九九九年）

日本古典文学全集　「万葉集」（小学館　一九七一年）
中西　進　「万葉の歌」（保育社　一九八六年）
奈良県歴史学会　「奈良の歴史散歩」（山川出版　一九九三年）
阿部　猛　「万葉びとの生活」（東京堂出版　一九九五年）
石丸晶子　「万葉の女たち男たち」（朝日文庫　一九九四年）
大塚初重　他六名　「長屋王邸を掘る」（山川出版　一九九二年）
桜井　満　「万葉集要覧」（桜楓社　一九七六年）

心の羅針盤

岡野　麗子

一章　プロローグ

1　麗澤とは

私の今日までの人生の羅針盤として、指針を与え導き育ててくれたのが、モラロジーであった。(モラロジーとは、法学博士「広池千九郎」がつくったことばで、礼儀、作法、慣習等一般にモラル、道徳といわれるものと、世界の聖人といわれる人々が説き示した、思想、道徳、又日本の皇室に伝わる思想、道徳の内容を比較研究して、あわせてそれらの実践の効果も研究する学問)

このモラロジーとの出会いは、私が物心ついた時には、空気の様な存在で我が家にあった。私の麗子という名前は、モラロジーを学ぶ者には馴染みの深い「麗澤」から一字をもらって親は付けたという。私は六人姉妹と弟、七人の四番目に生まれたのであるが、四番目の子供に麗子と付けた事を考えると、私は何か運命的なものを感じる。

〝麗しい〟女としては、とても感じの良い響きである。麗しい、その様な希望も含めながら、父は更に大きな願いをこめて、私にこの名を付けた事に最近気が付いた。

「麗澤」とは、中国の古典『易経』(1)の一節に「象に曰く。麗ける澤は兌びなり。君子以って朋友と講習す。」からとったものである。その意味は「並んでいる沢が、お互いに潤し合い、周囲の草木もその沢の水のおかげによって、青々と生い茂るように、立派な人間になろうとするものには、優れた師のもとで、志を同じくする友と切磋琢磨して人格の完成を目指すと同時に、周囲の人々にもすばらしい影響を与えていくよう努力すべきである」と。この解釈はモラロジー教育の理念ともなっている。

多分父は、人間として立派に成長して欲しい、またモラロジーの学びを、親から子へ、また孫へと伝えるようにと名づけたのであろう。親が子供の名前を考える時は、色々な思いや、願いをこめて付ける。多分、私が生まれた頃は、父が真剣にモラロジーを勉強しようと考えていた時期と思われる。幼少の頃は画数が多く難しくて馴染めなかったが、この年齢になると愛着があり、又親の熱い思いが私に託された事に感謝している。

2　親が遺したもの

娘が六人も居ると親は大変であったと思う。当時は、兄弟の多いこともめずらしくはなかったが気苦労もあったに違いない。自分が子供を育ててみて親の有難さがわかる。父は、将来どんな人と結婚するかわからないからと色々な体験をさせた。どの様な境遇になっても、しっかりと生きていく事を期待したのであろう。たとえ貧しくとも、充実した生活を送るだけの忍耐や、努力をする精神を養うようにとの父の愛情であろう。今は飽食の時代であるのでこの様な考え方は通らないが、父は、鰯ばかりたべていたのでは鯛のおいしさを知らない。鯛ばかりでも鯛のおいしさはわからない。人生には、山も谷もあると教えた。また楽する事を考えないで、明るく苦労を乗り越えていくようにと教えた。

娘たちの結婚の相手には、親と同居、夫の兄弟は、多い方が良いと考え実行した。当時の世間一般の考え方とは逆の発想である。若い時の苦労は乗り越えられるし、苦労した分人間の味が出ると教えた。

教育勅語[2]等もよく話題にしていた。「お前達の姑様になられる人達は、教育勅語で育って来られた年代の人々だ、だから結婚して一緒に生活する中で、その様な価値観を理解しておくことは将来の為に大切だ」、と食事時に折々の内容を教えてくれた。時には封建的な「女大学[3]」の事も教えた。学校では戦後の民主主義を学びながら、家庭にあっては古い封建的な価値観を教えられていた。自分がこの年齢になっていろいろな事を経験してくると、父が意図していた、世代の価値観にギャップがあることを知る、というその様な家庭教育も良かったと納得できる。

父はモラロジーの理念をたえず身を持って実行した。明治の親らしく、一徹な子供の教育であった。父が生きていたならば、娘たちの現在をどの様に感じるであろうか、と時々考える。存命している頃に、もっともっと色々な事を話したり聴いておきたかったと思う今日この頃だ。

人間は宇宙自然の法則によって「生かされている」、生きているのでなく、生かされている事に感謝する。日々陰徳を積む努力をする事を願っているだろう。姉妹が連れ合い共々に集まると、父の思い出話となる。子や孫達は、父あるいは祖父が熱心に勉強していたモラロジーを、自分達も心の羅針盤として受け継いでいく事が大切だと考えている。

3　次の世代に伝えること

我々世代が親から受け継いできた価値観がいつまで続くだろうか。最近の社会現象にはびっくりする事、信じられない事、想像もしなかった出来事が余りにも多すぎる。ニュースになる事件は、ほんの一握りの人々の出来事かも知れないが恐ろしくなる。

日本人のある年齢層には、伝統的な文化や価値観、儒教に基づいて培われてきた道徳心が根付いている事は確かである。家庭の中で親から子へ、孫へと伝わって来た、他者に対する思いやりの心、年長者に対する尊敬の心、日々の生活に感謝する心、とりたてて教えなくても日常生活から感化を受けて身について育ってきた様に思う。

自然に対する畏敬の念、日の出に思わず手を合せて拝する姿、食べ物を粗末にする事を戒められて育った。しかしその様な事は現在に通じないと聞く、科学技術が発達し、情報も多く、飽食といわれる日本で育つ子供達が、人間として何を基準に考え暮らしていけば良いのか難しい。時代が変わり価値観が変わっているのも事実である。新しい世紀に向かって変化していく事がある反面大事に受け継いでいく事いつの時代にあっても、大切に守り育てていく事も多々あるのではないだろうか。

先人達が時代を超えて説き示した生活の基準、実践した姿、それらはいつの時代にも人間が「基本の心」として持ち続けなければ、真の幸せな、平和で安心した人生が過ごせないのではないだろうか。日本人は心を中心とした文化を作りあげてきた国民であるという。その心、基本の心を大切に守っていきたいものだ。

地球上には内戦や飢餓に苦しむ人々が多い中で、同じ人間でありながら平和で満ち足りた暮らしを楽しむ人もある。自分達の幸せだけに満足しないで、共に生きる喜び、他者へも目を向けて、平和で安心して暮せる、成熟した社会を作っていきたいものだ。頭で考え口にする事はたやすいが日々生活していく中で、たえず心して生きていかなければ楽な方へ、楽な方へと自分中心の考えになってしまう。時にはゆっくりと内省する心のゆとりを持ちたいものだ。せめて自分の子供達は日々の暮らしの中で、人間として、日本人としての誇りと自覚を持って、内省しながら過して欲しいと思う。子供を身ごもった時から、神仏に念じていた事は、社会に役立つ人間に育って欲しい。人の役に立ち、人の幸せを祈る、心のゆとりを持つ人になって欲しいという事である。

二章　学祖「広池千九郎」の志

1　教育家をめざす

広池千九郎（一八六六～一九三八）は、大分県中津で、信仰の厚い父、半六と孝行心の深い母、里ゑの長男として生まれた。小学校を卒業後、中津市校[4]にて学び、その後母校の助教として三年間勤める。しかし師範学校出身でない者は、いくら能力があり努力しても報われない事と、教師が生徒を指導していくには、教師自身がより深く学問を修得する必要を感じ、師範学校の入学をめざしたが失敗した。私塾「麗澤館[5]」で勉強を続けて、応請試業[6]合格により、初等師範科卒業の資格をもらい念願の教師、訓導となった。この間麗澤館で漢学者小川含章[7]（一八一二～一八九四）先生の薫陶を受け、漢学、英語、又日本国体について学んだ。これが広池千九郎のその後の人生に大きな礎となったのである。

千九郎が教師となった一八八五年頃は、近代日本建設をめざして、世の中が急速に変化していた時期でもある。教育を充実させる事が国力を貯え、近代日本実現に役立つと考える政府は、その基礎はまず人づくりであると幾度も教育改革を行った。すべての子弟に教育の機会を与えるが、思うように浸透しなかった。初代文部大臣、森有礼[8]（一八四七～一八八九）は、米国の有識者に日本の教育方策について意見を求める書簡を送って、欧米の教育方法を取り入れている。ダビット・モルレー[9]（一八三〇～一九〇五）から返信が届き、後日モルレーは、来日して文部省顧問となり、日本の学制実施の基礎作りに関わっている。

千九郎は九州の辺地にあっても、学問の必要性を農民達に説き、青年教師として教育に情熱を燃やした。彼は実学による教育をめざし、子守学校や夜間学校の設立に奔走している。又千九郎はペスタロッチ（一七四六～一八二七）の教育に刺激されて、自分もペスタロッチ[10]のように「家産一万円に達すれば、孤児五〇人を養わん」と目標を建てた、その努力が実って、樋田町に夜間学校[11]が一八八六年開設された。

教育を充実させる為には教師個人がいくら情熱を注いでも、教師の身分が経済的に安定していなければ、国家、社会に役立つ教育が出来ないと考えた。そこで同郷の仲間に互助会[12]の必要性を説き、一八九〇（明治二三）年それを設立して翌年一月から発足した。日本で最初に結成された互助会の発起人は広池千九郎であった。

教育には、読み、書き、そろばんも大切であるが、それ以上に道徳教育が重要であることを主張した。それは歴史を通してなされるべきだと考え、『中津歴史』[13]として郷土史を発行する。この郷土史は学術的にも高く評価されたものである。

道徳については、『小学修身用書』[14]三巻も書き、偉人や賢人の話ではなく、農村の子弟が身近に感じる人々の例を取り、生きた教育をめざした。男女の区別なく、人間として又社会の一員として生きる術を教育しようとした。

『学問のすすめ』[15]（福沢諭吉他著）は中津市校を開校する時、福沢諭吉が同郷の人々に学問の趣意を書き示したものである。千九郎は中津市校で学ぶ事によって、学問のすすめの中にもあるように、学問は実学でなければならないと考えた。実学を学ぶ事が日常生活に役立つ教育に繋がると考え、又歴史は人間としての生き方をも学び、その事が子供達の幸せに繋がり、ひいては国づくりにも役立つと考えた。

大分の辺地にあっては、歴史や国史を研究するにも不便、不自由なので都会に出ることを希望し身重の妻、春子[16]を伴って京都に出る。身寄りのない都会への出郷であるが、大志を抱き信念に向っての行動である為、千九郎夫婦にとっては苦にならなかった。

2　社会的業績

千九郎は京都で『史学普及雑誌』[17]を出版する。広く一般の人、学生、教師に向けて歴史を通して人類の行動には一定不動の法則がある事を理解して欲しいと考えたからである。夫婦が協力して、企画から校正まで行い、低価にして、一人でも多くの人に読んで欲しいと考えた、経済的には困難を極めていたが、雑誌の中身は充実していた。当時の新聞には、この雑誌が高く評価された書評[18]が載っている。三年足らずの京都での研究生活であったが雑誌の発行以外にも『皇室野史』を書いている。

法律学の権威であった穂積陳重博士[19]（一八五六〜一九二六）が「世界の法律には、五大系統があるが、中国の法律学に関しては未開拓なので日本の法律学者に期待したい」と述べているのを知り、千九郎は自分がその任に当ろうと考えこの頃から「日本法制史」と「東洋法制史」の研究を始める。

京都での生活も戦争（日清戦争）が始まったので行き詰まっていたが、以前から師事していた国学者井上頼圀博士[20]（一八三九～一九一四）の紹介により、古事類苑[21]の編纂に携わるようになった。古事類苑は国家事業として取り組まれた我国最初の百科辞典である。一八九五年その仕事に就く為上京した。国学、漢学、歴史等を研究していた千九郎にとっては、願ってもない仕事であった。多くの書物、専門書と出会い自分の研究にもこの仕事は大変役に立った。

法学博士となるための基盤が一層強固なものとなり、その後の彼の人生に大きく貢献したのである。古事類苑の仕事は二九歳の時から一三年間、古事類苑が完成するまで携わった。ちなみに千九郎が携わった部門は、文学、法律、政治、方技[22]、宗教等であった。

千九郎は、研究に必要な専門書購入に当っては国内外を問わず高価な本も多く求めた。また原書を読むには英語はもちろん独学でドイツ語まで修得している。専門として研究をしていた中国法制史であるが、この研究をするについて、古語研究や文章構造までも研究して『支那文典』[23]（一九〇五年）、『応用支那文典』[24]（一九〇九年）を出版している。これらの書は現在もその専門研究者に重宝されている。

これらの著書が学会で認められ、早稲田大学で中国古典の講義を行い名実ともに学者として名をあげていった。その時の講義をまとめて早稲田大学から『東洋法制史序論』[25]『東洋法制史本論』[26]

を出版した。これらの専門書は国内外からも高く評価[27]されている。これらの著述に当っては法学博士、穂積陳重氏に指導を受けて、一九一〇（明治四三）年、『中国古代親族法の研究[28]』と題して東京帝国大学に提出、一九一二（大正元）年法学博士の学位を授与された。

独学で学者として最高位の博士号を受けるのは並大抵のことではなかったと想像に余りある。千九郎がこの様に学者として大成するには、妻春子の人並以上の献身的な内助の功があってのことである。

3　モラロジーの理念

人はそれぞれ、生きがいのある人生を求める。生きがいのある人生とは、どの様な価値観に基づいているのだろうか。家庭生活、社会生活をするためには、各人が守るべき社会規範としての道徳がある。お互いが道徳を守ってこそ、明るく、楽しい、調和のとれた家庭生活や社会生活を送ることが出来る。平和で幸せな生きがいを感じる生活を送る為の道徳、その道徳原理を科学的に確立することが必要と考えた広池千九郎は、新しい科学としての学問、モラロジーを創設した。一九二八（昭和三）年「道徳科学の論文[29]」として世に発表した。

モラロジーとは、耳慣れない言葉で馴染みが少ないが、道徳を表すモラルと、概念を表すギリシャ語のロゴスから出たロジアをもとに造った新しい学術語で、日本語では道徳科学という。研究対象を道徳として、道徳の比較研究や普遍的道徳の確立や実践方法等を学ぶ。豊かさや幸せは、他に求めて得られるものではなく、自らの心の働かせ方（考え方）によって得られるものだ。幸せな人生を実現するうえでの「心の道」を求め、心をみがく、品性をみがく事が第一だとモラロジーでは説いている。

日常生活の中で我々は色々な行為、行動をする。その行為や行動とともにその時の心、気持、考え方によって結果は違ってくる。なぜ結果に違いが出てくるのか、又良い結果を得るにはどの様な考え方、心の働かせ方をすれば良いのかを学ぶ。それらの心の指針となるものを広池千九郎は、今まで研究して来た過程で、世界の聖人といわれる釈迦[30]、孔子[31]、キリスト[32]、ソクラテス[33]等が説き示し、実践した道理を最高道徳とした。慈悲、仁、愛、誠、これらの実践が人間として生きていく根本であると考えた。その事を生涯学び続け、その学びと実践によって親から子へ、人から人へと、温かい心づかいや思いやりの輪を広げていく実践の学問なのだ。

法学博士となった千九郎であるが、永年の研究から法律が人々を幸せにするとは考えられず、自然の法則に沿った生き方や道徳心がなくては、安心して平和な幸せな人生を送れないと痛感した。

千九郎は東洋の古典や歴史を研究するなかで、聖人といわれる先人達が持つ品格、品性に心うたれた。品性を向上させる、品性をみがく事が人間としての幸せにつながり、又、人間はその人のもつ品性にみあった幸福があるのだとも気づく。千九郎は自分の経験から、人生において成功する事が必ずしも幸せに繋がらない事にも気づく。千九郎は法学博士を授与されたが、永年の研究生活に無理を重ねた結果大病を患い、生死の境をさまよう結果となり、今まで培ってきた学問は功なり名をとげる事が出来たが、それらを社会に役立てる事が、出来ない状況になってしまった。真面目に努力して来た結果学位は授与されたが病床にあって今までの自分をかえりみた時、大いに反省した。

千九郎は漢学、歴史を通して学んできた事で、人間の実生活には、一定不動の法則があると理解していた。しかし自分が今日まで過してきた日々をふりかえると、千九郎自身が宇宙自然の法則に添った日々を、過して来なかった事に気づき心から自己に反省をする。人間は成功する事が人生の幸せにつながるとはかぎらない、その事は歴史の中から多くの事例で理解しているつもりであったが、まだまだ自分の生き方に問題があったと気づいた。大いに反省して神に延命を願い、今まで学者として研究してきた事を、これからは人類の幸せの為に使っていく事を神に堅く誓うのである。そこで千九郎は、今までの研究に基づいて得られた結果である最高道徳を自分が実践して、人々に感化を与えたいと考え創設したのがモラロジーである。

又、日本の国体を研究するなかで、日本の国のなりたちは、歴代天皇と国民をぬきにしてはありえない事も、広く国民に知らしめる必要があると考えた。『皇室野史』に述べているが皇室の安寧がある時は、民も平和で落ち着いた生活が送れている事が史実によって証明されている。千九郎は盲目的な愛国者ではないが、それらの事は国史を研究する事によって理解した。皇室によって、日本の伝統文化が継承されて来た事も事実であり、又日本人の国民性も皇室と供に培われたものであるとも述べている。その事を考えるとこれからも我々が受け継ぎ護らなければならない事としている。

現在のモラロジー団体は、二法人があり広く日本国内はもちろん、海外でも活動している。学校法人としての広池学園は、麗澤幼稚園、麗澤高校、麗澤瑞浪中、高、麗澤大学としてモラロジーの理念に基づいた学校教育を行っている。財団法人、モラロジー研究所は老若男女が共に学ぶ、生涯教育として活動している。都道府県単位に協議会があり、市町村には、会員の拠点となる事務所を置いて活動している。海外はアメリカ、ブラジル、韓国、中国（台湾）にも拠点がある。

三章　モラロジーと私

1　命のつながり

物心ついた頃から、我が家にはモラロジーの教えがあった。私達姉妹にとってモラロジーは空気のようなものであった。この家に生まれて来たものは、否応なしに勉強する、家訓でもあった。当時、モラロジーを勉強する人々が家庭研究会を開いて勉強していた。我が家でも勉強会が開かれていて父の友人、知人、近所の人々が参加していた。その日の当番の方が学んだ事や体験を話される。終わるとお茶菓子を頂きながら疑問や感想を話し合う。今思えば、まだお菓子の少ない時代であったからお菓子が目的で座っていたのかも知れない。小学生の頃は年齢相応に理解できる内容が話題となる。親を大切にする、親に心配をかけない、正直、人に親切にする事など、そのときの気持ちや心遣いの話しが私の心を捉えた。

自然界は人間の意志だけで動いているのではない。人間は意識しないでも呼吸をしている。この呼吸が止まると死んでしまう、つまり空気がなければ人間は生きていけない。息をする、意識しないでも心臓が動き呼吸をする。その空気にもお礼をいったりお金を払ったりしていない、当たり前だと思っているが実は大変な事なんだ、有難い事なんだと教えられた。生まれた時から心臓は休む事なく動いているし、生まれようとして生まれてきたのではない、多くの人々の命の繋がりがあって生まれて来た。自分には両親があって、その両親にも両親がある、一〇代遡れば二〇四八人の命の繋がりがあって今自分が生きている、子供心にすごい事なんだと納得した。

この様に子供心にも納得した話しであったが青年期になると反発していた。モラロジーを勉強している親であるが時には人間臭い事もあり感情を出して叱る、友人宅や世間一般に許される事も我が家では許されない、厳しい躾の家庭教育に反発した。モラロジーが嫌いだったわけではない。学校で教えられない事を教えてもらったり、色々な人の話が聴ける事も楽しかった。しかし積極的に勉強しようとはしなかった。親に引っぱられてついて行くとか、自分に何か別の目的がある時は素直に親に従って聴くという風であった。

2　自ら求めて学ぶ

女性は結婚によって環境や人生が変わる事も多い。結婚して子供を育てる、子育てをする事で子供を通して社会とも繋がり世界が広がっていく。

結婚した時（一九六五年）は世の中が高度経済成長に向かう時であった。物、経済、効率に価値観が置かれるようになった。そんな中で子育てをするには親が余程しっかりした心の規範を持たなければいけないと考えた。いつの時代も親は子供の幸せを願う。親以上の人生を歩き幸せになって欲しいと考えるのが親心ではないだろうか。三人の子育てをしながら私も子どもが幸せな人生を歩んで欲しい、社会に役立つ人間に育って欲しい、と子供の将来に夢を持った。子供の幸せな人生とはどんな事だろう。自分は親としてどの様に子供と向き合い、関われば良いのかと考えた時、今まで反発したり批判していたモラロジーの教学に目覚めた。なんとなく聴いていた話、多くの人が経験された人生の経験談、失敗が喜びに繋がった事、親が私達に示した家庭生活、また躾や家庭教育が私の心にしっかり根付いている事に気が付いた。逆境にあっても明るく、前向きに過されている先輩方の姿に私もそうありたいと思った。

3　家庭教育

親が私達に、モラロジーの教学に沿った考え方で子どもとふれ合った様に、自分も今子供に接している。日本人が昔から持っている美徳とされる道徳、決して堅苦しいものでない当たり前の事を、素直な心で善いとされる事が自然な心で出来る、他者への思いやり、幸せを祈る心、それらが無理なく身に付くのは家庭生活の中からだと思う。子供の年齢相応に、その発達度に応じて家庭で親が子供にふれ合う時、家庭教育がなされるものと思われる。

教育学者和田修二[34]氏が教育とは「大人が子供の為に良かれと思って行う援助や指導である。又人間とは教育する責任に目ざめた大人になる事」だと述べている。

ランゲフエルト[35]（一九〇五～一九八九）も「教育されなければならない動物が人間の本質」だとも述べている。親となった以上は責任を持って子供を立派な人格を持った人間に育てなければならない。現在の社会はとりわけ子供に関わる問題が深刻化している。子供の躾、教育にとまどっている親も少なくない。家庭の教育力が低下しているともいわれている。「三ツ子の魂、百まで」の諺があるが、家庭で学び身に付いた事はその後の人生に大きく影響する。

一九九八（平成一〇）年中央教育審議会は答申をまとめた。「新しい時代を拓く心を育てるため」と題し「次世代を育てる心を失う危機」という副題まで付されている。文部省は、一九九九（平成一一）年四月から乳幼児の親を対象に『家庭教育手帳』小、中学生の親を対象に『家庭教育ノート』を作り、配布した。家庭教育の重要性を訴えて、家庭でのしつけや実行すべき事が具体的に示されている。次世代を背負っていく人間を育てる事は家庭や親だけの責任でなく、地域の大人や社会にも責任がある。これらの責任をないがしろにしては将来の日本はどの様になっていくだろうか。個々の人間が真剣に考えなければならないと思う。

私は学生時代に短い期間ではあったが教育実習を体験した。しかし教職に就かなかった。人生経験未熟な教師の一言で、生徒の人生を左右するかも知れないと考えると、教職に就く自信がなかった。自分が子供を授かった時、人間を育てる責任の重さにとまどった。子供は親を選べない、親は親の責任において子供を保護し、教育する。子供を人間として育て、子供の人格形成に関わっていく、子供の人生や幸せを左右する責任が親の側にある、親として逃げる事の出来ない重大な責任である。

これらの事を考えると真剣にモラロジーの勉強をしなければならないと思った。親として人間として何を規範として生活するか、その基準となる羅針盤がモラロジー[36]であった。親がモラロジーを学んで欲しいと願っていた思いが伝わったのだ。相田みつを氏（一九二四～一九九一年）の詩に「育てたように、子は育つ」というのがある。親は子供を信じて育て待つ事も大切なんだと自分を振り返って思うことが多い。

4　禍も福となる

人生には数々の喜びや悲しみがある。悲しみや辛い出来事に遇った時にどの様に対処するか、又気持ちをどう切り変えるかによってその後の人生に影響する。心づかいや気持ちをプラス発想にするかマイナス発想にするかで大きく変わる。自分が歩いて来た道を振り返ると失敗も多々ある。

私の不注意によって生後半年の次男に火傷をさせ、取り返しのつかない指欠損にさせてしまった。次男は物心つく前から左手二指部分欠損のハンディを持ってしまった。一時は悪い方へ悪い方向へ物事を考えてしまう悲観的な状況で、毎日辛くて暗い気持ちで治療に通い、日進月歩の医療を信じたが欠損したものはどうしようもなかった。彼は幼児期より工夫して遊ぶ事を覚えて欠損による不自由を乗り越えて育っていった。器用に折紙遊びも出来るようにもなったし、人並みにリコーダーも吹けた。今ではパソコンのキーボードも操作して仕事に役立てている。

モラロジーの格言[37]に「自ら運命の責を負うて感謝す」というのがある。どの様な出来事に遭遇しても人生を主体的に考えて、積極的に生きていく心の姿勢を述べたものである。運命を受け入れて前向きに明るく感謝の心を持って生活する、その心の姿勢が運命を変えていく事を教えている格言である。

私はこの事故後、次男、仏壇の先祖、義父母、夫、実家の両親に心から詫びた。特に次男には、まったくの親の不注意による事故で難儀を与えてしまった事を折々に詫びた。成長するにつれて反抗や親を責める事を覚悟した。しかし次男からの愚痴は後にも先にも小学生の時に一度だけだった。青年期になると却って親を気づかう言葉で、自分は不自由と思ってないと慰めてくれる。兄妹もハンディのある人にさりげなく気くばりする事を学んで育った。兄妹三人がお互いに悩んだり失意の時は共に支え合って仲が良い。

モラロジーで学んだように、心から反省する事により心が変わり、前途に明るい希望が持てるようになって、前向きに人生を歩む事が出来た。その時には野口英世（一八七六〜一九二八年）や、ヘレンケラー（一八六〇〜一九六八年）を思い出して希望を持って主婦の生活にいそしむ事ができたのを、心から感謝している。

四章　まとめ

1　いかに生きるか

人はなぜ真理を探究するのか、という問に対して哲学者梅原猛氏は[38]、「ソクラテスがいったフィロソフィア［愛知の精神］だという。愛知の精神とは、無限の好奇心を持ち、しかも奥に隠されている真の知恵、体系的な知恵を求める姿勢」を本能として人間が持っているという。人間は何歳になっても好奇心が旺盛だ。好奇心を無くしてしまうと、惰性に陥り生きる意欲を喪失する。好奇心があるから、知りたい、学びたい、深く物事を考えようとする。その過程で、この世の中には偉大な自然の力が働いている事に気がつく。それは不思議な世界、神秘的な世界でもある。自分の意志でこの世に生まれてきた者はいない。人間の意志をこえて偶然が重なりあって、今自分が生かされているのだ。

目に見えない、偉大な力に護られて、生きている。筑波大学の村上和雄教授[39]は、目に見えない偉大な力を、サムシング・グレートと表現している。「人間が、［何々したい］という志があれば、細胞が志に向かって起きてくる。「何々したい」と思って出来ない事はない。この志に向って起きてくる力が、人知を超えた、不思議な偉大な力なのだ」といわれる。

我々に勇気が与えられる言葉である。モラロジーで教えられている、心づかいによって、人生が変わる事を、現代の科学者も認めている。人は自分の持っている能力を、十分に活用しているだろうか。諦めたり、安易に考えて眠らせたままにしていないだろうか。眠らせていては、せっかく、この世に生を受けた者として申しわけないことだと思う。

生涯学習にとってこの「何々したい」という動機づけが先ず必要なことである。勿論自分のおかれている環境も大切であり、自分の能力の覚醒がサムシング・グレートを引き寄せるのではないだろうか。

「人はいかに生きるべきか」というのは、持って生まれた能力を十分に活用しながら、人知を超えた偉大な力に自己を委ねる。それは謙虚な素直な心で感謝することでもある。それによって精神が高揚し、活き活きした生活が送れるのではないだろうか。

昨今の社会をみていると、どうしてこの様な悲惨な事、残忍な事が生じるのかと思う事件が新聞紙上を賑わしている。「衣食足りて礼節を知る」と諺もあるが、物質文明に満ち足りた社会で、この様な事がなぜ起るのか。戦後教育に問題があるのだろうか。

自然の恵みや恩恵、先人達の苦労や努力があってこそ現在の我々の繁栄がある。しかしそれらに感謝する事なく、自分達の欲望を求め過ぎたのではないか。科学技術の発達が人間を幸せにすると考え、心の問題をなおざりにしてしまった事を反省すべきではなかろうか。そのことを親として次の世代を担う人々、子や孫にしっかり伝えていかなければならないと考える。

偉大な自然界の働き（力）によって人間は生かされており、他者との命の繋がりによって自分があることに思いを深めることが大切である。今生きている事に感謝して、一人一人が社会に役立つ人間になる様に、自分を大切に護り育てていく事が基本となる。

2　これからの生き方

自分は今まで生かされてきたのであって、一人で生きてきたのではない。自然界の偉大な力にまもられ、多くの人々に支えられて今日ここにある。「人間探訪の旅」の学習グループでの学びや、モラロジーを学ぶ事で多方面に目が向き、気づきがあった。自分だけの幸せを考えるのではなく、共に生きる人々の幸せを考えてみると社会の問題がみえてくる。

身近な問題として少子化、高齢化、環境、更に国際化の問題等々がある。今現存する者が真剣に考えなければ禍根を残すことになる。近隣をみても子供の数が少ないので、外で元気に遊ぶ子供をめったにみない。結婚しても子供を産まない人も多いと聞く。子供を育てるのが大変だとか、教育費にお金がかかりすぎるというが、子供が少ないことは経済の活性化にも影響がある。行政にだけ頼ってもおられない問題で、個々の人間が自分の問題として受け止めなければ、この国の将来はどうなるのだろう。一人一人が自分の問題として考えるなら、何らかの動きが出てくる筈である。若い友人、知人の中には三人、四人の子育てをしている夫婦もいる。頼もしい事だが、三人、四人の子持ちは少数の人達であろう。なんとか力になり、応援して行こうと考える。

父母や夫、子供に対して主婦としてなすべきことはもちろんであるが、更に視野を拡げて自分に何が出来るか、社会に恩返しをしたいとつねづね考えてきた。その一つが留学生とのかかわりである。留学生を預かり共に生活して、一般の日本人から伝統的な行事や文化を伝えること。逆に彼らの国の文化や習慣を我々も教えてもらう、これも草の根国際交流になるのではないかと考えホストファミリーになった。次に東アフリカ、タンザニアにある学校、ウサンギ女子高等学校への援助である。この高校への援助もタンザニアからの留学生が、我が家にステイした事が発端である。

学祖、広池千九郎が生涯を賭けて、我々門人に示した心づかいや実践、たとえ浅学であっても、それを学び実行していく事が自分のライフワークと考えている。人生は、良き師、良き仲間、良き教えによって充実するといわれているが、本当にその通りだと実感する此の頃である。素晴らしい多くの師と出逢い、また良き仲間に恵まれて今日まで来た事は、望外の喜びであり幸せなことだ。

これから何年の人生があるか解らないが、多くの師、仲間から得た学びを、自分一人のものとせず、子供達や他の人々とも分かちあいたい。そうすることが身近な人、社会の人たち、我が国や世界の人々が、平和で幸せな人生を過せることにつながると考えている。微力な、何程の力もない自分であるが、楽しみながら、こつこつと永く積み重ねて行きたいと考えている。自分も楽しみながら人様の幸せを願い、お手伝いが出来る、その様な充実した日々を過すことが、麗子と名付けた親に報いることだと考えている。

【注釈】

(1) 易経　五経の一ツ周易
(2) 教育勅語　一八五〇（明二三）年明治天皇の名で国民道徳の根源、国民教育の基本理念を明示した勅語
(3) 女大学　女子の修身、斉象の心得を仮名文で記した書
(4) 中津市校　旧藩主奥平昌邁が設立した中等教育の洋学校で本科は英語、別科は訳書で欧米の国政、歴史、経済、和漢等を学ぶ学校。福沢諭吉も設立に関わった。
(5) 麗澤館　明倫会麗澤館　小川合章が開いた私塾
(6) 応請試業　師範学校卒業資格認定試験
(7) 小川合章　漢学者、実学の尊重と道徳の奨励を基とした儒学教育を提唱した。
(8) 森有礼　欧米を巡りのち文相となり、教育制度の改革をしたが帝国憲法発布当日国粋者によって暗殺される。
(9) ダビット・モルレー　アメリカ人、一八七三年来日、一八七九年まで日本の教育に貢献した。
(10) ペスタロッチ　スイスの教育家、ルソー、カントの影響を受けて孤児や小学校教育に生涯を捧げた。
(11) 夜間学校　千九郎が教えていた桶田町に開校する、一八八五年教育令が再改革されて小学教場をみとめたのが夜間学校へとつながった。
(12) 互助会　大分県共立教育会雑誌に互助会設立主意書を載せ賛同を訴えた。

(13) 中津歴史　三年近く史料を集めて一八九二（明二四）年発行の郷土史
(14) 小学修身用書　全三巻一八八八（明二一）年発行
(15) 学問のすすめ　一八七二（明五）年出版、福沢諭吉、小幡篤次郎共著で中津市校を開設する時に作った趣意書である事が端書に書いてある。
(16) 春子　一八七〇～一九五三年　角半衛、えいの長女
(17) 史学普及雑誌　一八九二（明二五）～一八九五（明二八）年　二七号まで発刊
(18) 皇室野史　一八九三（明二六）年発行
(19) 穂積陳重　イギリス、ドイツで法律を学ぶ、民法、戸籍法等の立法に貢献
(20) 井上頼圀　国学者、皇典講究所設立、六国史の校訂をする。
(21) 古事類苑　一八九六～一九一四年、我国最大の百科史料事典、本文一〇〇〇巻、洋本五一冊、文部省に編纂係を設けて以来三五年を要した。
(22) 方技　医術のことをいう
(23) 支那文典　一九〇五（明三八）年発行
(24) 応用支那文典　一九〇九（明四二）年発行
(25) 東洋法制史序論　一九〇五（明三八）年発行
(26) 東洋法制史本論　一九一五（大四）年発行
(27) 書評　ドイツの法学者ヨゼフコーラ氏がドイツで評論している。
(28) 中国古代親族法の研究　一九一〇（明四三）年提出、一九〇九年中国に研究旅行もしている
(29) 道徳科学の論文　初版一九二六（昭三）年発行、新版一九八六（昭六一）年発行
(30) 釈迦　仏教の開祖、生老病死の四苦を脱するために二九歳の時より苦行を行い三五歳で悟りをひらいた。
(31) 孔子　中国春秋時代の思想家、学者、仁を理想の道徳とした論語は孔子の言行録

(32) キリスト　イエス・キリスト、ナザレの大工ヨゼフと妻マリアの子として生まれキリスト教の開祖
(33) ソクラテス　古代ギリシャの哲人、半生を市民の道徳意識の高揚に捧げた。無知の知、知行一致を説く
(34) 和田修二　一九三二（昭七）年生、仏教大学教授
(35) ランゲフェルト　オランダ生まれの教育学者
(36) 相田みつを　書家、詩人　一九二四（大一三）～一九九一（平三）年
(37) 格言　最高道徳の格言　広池学園出版部
(38) 梅原猛　哲学者、一九二五（大一四）年生
(39) 村上和雄　農学博士、一九三六（昭一一）年生、筑波大学教授

【参考文献】

広池千九郎先生の歩み　一九九六年　広池学園出版部
知性　一九九九年　MOKU出版
遺伝子からのメッセージ　村上和雄　一九九六年　(株)日新報道
最高道徳の格言　一八八四年　広池学園出版部
回顧録　広池千九郎　一九九一年　広池学園出版部
教育的人間学　和田修二　一九九四年　放送大学教育振興会
相田みつをいのちのことば　相田みつを　一九九九年　小学館
家庭教育ノート　一九九九年　文部省
まなびとぴあ　二〇〇〇年　モラロジー研究所
人生の転機　広池千九郎の生涯　井出元　一九九五年　広池出版
広池千九郎の思想と生涯　井出元　一九九八年　広池出版

来し方　行く末　宝塚

辰巳　恵以子

一章　六甲・長尾山系に抱かれて

1　阪神間モダニズムと与謝野晶子

［歌碑建立］

武庫川の板の橋をばぬらすなり
　河鹿の聲も月の光も[1]

昨年（平成一一年）、武庫川にかかる宝来橋の南詰めに、晶子（一八七八〜一九四二）自筆の文字が刻まれた歌碑が建立された。一九一七（大正六）年、夫鉄幹と旅の途中宝塚へ立ち寄り、夏の風景を詠んだ歌である。当時板の橋だった宝来橋を、二人でそぞろ歩く光景が目にうつるようだ。

日露戦争に備えて、中国の旅順に在る弟を、想って詠んだ歌

「君死にたまふこと勿れ・・・」

は、世の中が軍国主義を迎えようとしていた時代に、「真の心」をうたったもので、勇気ある晶子を一躍有名にした。

堺で生まれ育った晶子は、その後近代短歌で、さらに浪漫主義の女王として君臨することになる。古くから自治都市として発展した堺は、豊かな経済力をバックに、文化や芸術を開花させる力を持っており、晶子の新しい思想は、堺なくしては育たなかったであろう。

明治初期神戸が開港され、山と海に挟まれた狭い所に、日本国有鉄道（明治一〇年）や、阪神電気鉄道（明治三八年）が設立されると、寒村だった神戸の地図が、塗り替えられていった。阪神間の鉄道の沿線には、次第に新しい住宅地が造られ、大都市大阪から富豪たちがこぞって移り住んだ。当時大阪の最高医学府であった、大阪府立医学校校長の娘であり、芦屋浜に広壮な別荘を構えていた高安道成博士夫人やす子は、与謝野晶子と古くより交流があり、晶子の後援者でもあった。また、宝塚歌劇・阪急電車の生みの親・小林一三と与謝野一家との交流も伝えられている。(2) 与謝野夫妻は、旧知の人たちを阪神間に訪ね、途中宝塚に遊んだときに、歌をしたためたのかもしれない。

［雲雀ヶ丘のモダン住宅と阿部元太郎］

明治末年以降、大阪や神戸から、阪神間へ移り住んだ有産階級の人々の資産は、計りしれない規模だった。彼らによって阪神間文化の基礎が築かれたと言っても過言ではない。中でも、御影・岡本・芦屋川あたりに住む人たちは、イギリスやアメリカから、西洋文化を積極的に取り入れる一方で、日本の伝統的な格式や礼儀作法を特に尊重した。そして、子女の教育や、茶の湯などの場でも、高い見識を持ち、時代の先端を行くライフスタイルを造り出していた。

冷房設備のまだ発達していなかった時代、外国人によって、涼しい六甲山の魅力が見出され、ゴルフ場や別荘がたてられた。外国人居留地を窓口として、異国文化が、神戸や阪神間住民の生活に、大きな影響を与えた。とりわけホテルでの会食や宴会は、中産階級の人たちが気取って訪れるところだった。

阪神電鉄が、神戸三宮と大阪・出入橋間に開設されると、芦屋駅を中心に、沿線開発を手がけた人がいた。

阿部元太郎（?～一九四四）である。

一軒当たり一千坪をくだらない分譲地（岡本あたり）に、豪壮な邸宅が次々と建てられ、当時まだ狐狸が出没するといわれた地域は、急速に開発されていった。阿部は、住宅を発展させるために、教育施設の充実も計った（明治四四年・甲南幼稚園開園、四五年・甲南小学校開校）。さらに「観音林倶楽部」を設立し、地域の人たちへ交流の場を提供した。会員の中には、後に逓信大臣（昭和三年）となった久原房之助や、野村財閥をつくった野村徳七らがいたという。

現在の阪急・宝塚線の沿線開発も、阿部は手掛けている。長尾山系南斜面の雲雀ヶ丘住宅地は、山を背景に日照や眺望にも恵まれ、早くから絶好の郊外住宅地として注目されていた。大正時代初期、彼によって膨大な規模の宅地分譲が開始され、大正の文化を象徴するモダンな西洋式住宅が次々と建てられた。電気の配線を地下に埋め、便所は水洗、上下水道完備という、日本で最初の高級住宅地だった。

現在も雲雀ヶ丘花屋敷駅前から、山手に延びる約一〇〇メートルの直線道路は、両側にシュロの木が植えられ、エキゾチックな雰囲気を漂わせている。山麓特有の傾斜地の住宅地には、年輪を重ねた樹々が繁り、風情のある景観を保っている。阿部はこの地でも、雲雀ヶ丘小学校の設立に力を貸し、地域開発への功績は大きい。当時の住宅開発に於いて、ハード面とソフト面を同時に提供した人は珍しい存在だった。洋風生活をこよなく愛した阿部元太郎は、昭和一九年、雲雀ヶ丘で亡くなっている。

2 古代よりのメッセージ

［安倉高塚古墳］

宝塚市内で、縄文時代の遺跡はまだ発見されていないが、自然環境に恵まれたこの地には、古墳時代（三世紀末~八世紀初）から人々が住んでいた遺跡は多く残されている。古墳の築造は、機械類のない時代、大変な大事業であった。古墳は単に遺骸の埋葬のためだけのものではなく、古墳には色々の型があって、被葬者の生前の権威を象徴するものでもあった。

安倉の鳥島地区にある安倉高塚古墳は、饅頭のような型の、円墳だったと思われている。昭和一二年、尼崎・宝塚線の道路工事のさい、偶然発見されたもので、多くの副葬品が埋葬されていた。その中には、中国の年号□烏七（西暦二四四）年が刻まれた鏡があった。これだけ古い年号を持つ鏡は、全国的にも珍しく、ほとんどの銅鏡展に出品されている（現在、兵庫県歴史博物館へ寄託中）。他所ではあまりみられない、川原石を使っての石室（石で造られた遺骸を葬る部屋）は、川の恵みに感謝してのものだったのだろうか、暴れ川だった武庫川の近くに、なぜ古墳をつくったのだろうか、この遺跡の前に立つたびにその想いにかられる。築造されたのは、四世紀後半と考えられている。

［万頼山（ばんらいさん）古墳］

雲雀ヶ丘ゴルフ場の西の端には、山の尾根の名前から付けられた、万頼山古墳がある。この古墳は、昭和初年ハイキングコースをつくるとき、偶然発見されたもので、前方後円墳という型をしている。四世紀末頃に築造されたもので、副葬品として鏡や石釧（腕にはめる装飾品）や玉などが出土した。現在、万頼山古墳は内部保存のため埋め戻されていて、見ることは出来ない。長尾連山の南に拡がる平野を、一望出来る所に築かれているこの古墳には、長尾山系一円を支配した豪族の首長が、そこに埋葬されたのだろう。

［白鳥塚古墳］

中山寺の境内にある白鳥塚古墳は、市内で最大規模の古墳としてよく知られている。その古墳は、中山寺が現在の地に移される以前からあったもので、中には六っつの縄掛突起（運搬のため、縄をかける突起）のある家型石棺がある。使われている石材は播磨産のもので、播磨と何らかの関わりのあった人の墳墓かもしれない。古墳時代もそろそろ終わりに近づいた、七世紀頃に出来たものと推定されている。

［その他の古墳］

市内には、群集墳といわれる多くの墳墓がある。それは一地域に墓域を限定して、小さい古墳を数多く造ったものである。長尾山丘陵の雲雀ヶ丘・平井・山本などに多く、宝塚の古墳の九割以上を占めている。これらの群集墳は、六～七世紀頃にかけて築かれたもので、一時は二・三百基を数えたといわれている。阪急電車が開通するまでは、丘陵の山林はあまり利用されなかったため、古墳がそのまま残っていたもので、大正年代から雲雀ヶ丘丘陵は開発が進み、多くの古墳が犠牲になっていった。一六世紀中頃、北摂の地一帯を戦火に巻き込んだ、信長と伊丹城主・荒木村重の戦いのとき、村人たちは古墳の洞穴にひそみ、戦火から逃れたという言い伝えがある。

人々の古墳に対する関心は、江戸時代に始まっており、市名となっている宝塚が、古墳に由来しているのはうなずけるところである。古墳の分布している地域は、水に恵まれ、前方には耕作条件のよい平野を備えた丘陵で、南向きの傾斜地が多い。今日それらの土地は、住宅や学校、リクリエーション施設の場として絶好の所でもある。いつの時代でも、人々が利用したいと思う所は同じのようである。

3 「宝塚（たからのつか）」と「宝塚温泉」

［名前の由来］

「宝塚」というのは、歴史学者だけでなく、この地に住む者にとって、名前の由来は大変興味深い。宝塚が、初めて文書に書き表されたのは相当古く、まだ豊臣秀吉が存命だった一五九六（慶長元）年のことである。

現在、宝塚市宮の町にある慈雲山宝泉寺は、もと御殿山の山麓に草創された寺で、当時山号を宝塚山と称したという。そのころ近くの丘陵には、多くの古墳が存在していたのだろう。寺の縁起帳によるその文字が宝塚の初見である。

その後、世に広く宝塚の名を紹介したのは、地誌「摂陽群談」[3]であった。それによると「宝塚〇同郡米谷村ニアリ此塚ノ許ニ於テ物ヲ拾フ者必ス幸アリ此ヲ以テ宝塚ト号クル所伝タリ」と記されている。

また、徳川八代将軍・吉宗の時代に編纂された「摂津誌」[4]にも「宝塚首冢在川面村」とあり、宝塚が川面村にあったことが伺われる。

［「宝塚温泉」誕生］

宝塚市は現在でも、温泉の街・歌劇の街としてよく知られている。「宝塚温泉」が誕生するまでには大きなドラマがあった。

明治一七・八年頃、小浜村川面の田圃で汗を流して働いていた岡田竹四郎（一七八五～一九〇四）が、不思議な水の湧くところを発見した。指を入れてみると、少々酸味を帯びている水と、塩辛い水が湧きだしていた。地元の人たちにその話をすると、「塩尾谷には古くから霊泉が湧き出ていて、病気になるとこの水を汲み、風呂に入るとたちまち治る」ということを聞かされた。こんこんと湧き出る鉱泉を見た竹四郎は、はたと温泉経営を思いついた。

彼は資金の援助と事業の協力を、小佐治豊三郎[5]・田村善作らに頼み、温泉の開業にやっとこぎつけた。開業に近づいた或る日、温泉の名称について、川面の医師で、儒学者でもあった名士・山崎篤（一八二六～一九〇二）に相談にでかけた。摂津名所図会[6]を熟知していた山崎は、図会を竹四郎に見せ、縁起のいい名「宝塚」に因んで、「宝塚温泉」と名付けてはどうかと提案した。

宝塚温泉は、一八八七（明治二〇）年五月五日やっと開業にこぎつけた。

開業前の四月二九日、岡田竹四郎親子、小佐治豊太郎、山崎篤、それに建設仲間の人たちは、誰よりも早く温泉を楽しんだ。

この話を、山崎の孫・利恒[7]は、昔を思い出しながら懐かしそうに語っている。その時温泉の名前を考えると同時に、温泉街に次々とできる建造物には、お目出度い名前を付けることも決めていた。橋は蓬莱橋、滝は丁字ヶ滝、茶屋の名前は宝茶屋とし、旅館の名前を分銅屋・弁天屋・恵比須楼などの宝づくしになった。付近に集落らしいものは一つもなく、交通不便な河原の温泉が、どれだけの人の注意をひいたのか疑問である。しかし、「温泉の街宝塚」の、最初の種がまかれたのがこの時であった。

阪鶴鉄道（現在、福知山線）が明治三〇年に開通し、宝塚駅が出来た。「宝塚」が公称された最初である。浴客も次第に増加し、旅館や料亭の数も次第に増えていった。炭酸煎餅を売る店も出来、春日病院（後、宝塚病院）も開院されていた。[8]

明治四三年、箕面有馬電気軌道（現在、阪急電鉄）が開通すると、武庫川右岸だけでなく、左岸の栄町（宝塚駅から宝来橋にかけての地域）にも、各種の商店や旅館が開業した。こうして、大正時代末から昭和にかけて、武庫川を挟んで宝塚独特の街がつくられていった。

宝塚温泉は、花崗岩を泉源とする、低温（一五～二四℃）の炭酸食塩水で、神経痛・リュウマチ・貧血症などに効果があるといわれている。有馬―高槻構造線（活断層）に沿ってある有馬温泉の泉質も、宝塚と同じ炭酸食塩泉である。しかし有馬の湯は、六〇～九〇℃の高温泉のため炭酸が加熱されて、その大部分が蒸発され、食塩水になったものである。

最近（平成一二年）、かつての「湯の街・宝塚」をアッピールするための取り組みが始まった。温泉利用施設の開設である。武庫川右岸、塩谷川の河口に予定されているあたりは、かつて源泉の発見された場所でもあり、そこに宝塚らしい温泉場が造られることが待ち望まれている。

4　暴れ川・武庫川が造った宝塚

中国自動車道を車で、名塩から南へ向かい、深い谷間を過ぎると、宝塚の町がパッと拡がって目に入ってくる。北摂山地と六甲山地を、武庫川が長い時間をかけて削りながら造った大きな三角州の上に、宝塚の市街地がある。この三角州は、西から東にかけて緩やかに傾斜していて、宝来橋（S字橋）を渡ってみると、その傾斜を感じることができる（両岸の高低差約五メートル）。

阪神大震災の後、逆瀬川の後方にそびえる、花崗岩類で出来た六甲山系は、白く崩れた所が目立ち、流紋岩類からなる北摂山系との違いを、肉眼でもはっきりと見ることが出来た。武庫川の川底は、浸透性の大きい地質のため、晴天が続くと、水は吸収されて水位は激減する。いったん豪雨になると、六甲山系の山々は保水力が乏しく、いっきに流れ下る雨水で、武庫川は急激に水位を増す。こういう特徴が、武庫川を「暴れ川」という所以である。

宝塚市は、武庫川が造った三角州と、山本から伊丹へ向かって、長尾山系の麓から南に拡がる、粘土層の伊丹段丘との、二つの平野で成り立っている。

5　「米谷（まいたに）」と「売布神社（めふ）」

大堀川の上流から（元、ホテル松楓閣の東側）、川に沿ってずっと南に下ると、かつてそこには大きな谷があった（現在、宝塚市立病院あたり）。当時の谷の様子を知る人によると、深い谷の両側には鬱蒼とした樹々が繁り、容易に人が近づけないような所だったという。米谷の地は、大堀川に沿って右岸に広くひろがっている。灌漑技術のあまりなかった時代、自然に出来た湿地を利用して稲作をひろめるのが基本だった。大堀川が造った湿地は、絶好の水田となり、米谷と呼ばれるようになったのではないだろうか。

米谷の地にたって目を北に向けると、稲倉山に護られた、売布神社が鎮座している。一千年以上も昔、すでに土地の人々にあがめられていた神社である。売布神社の由来記によると、「人々がまだ草や木の実を採って食物としていた頃、この土地にやってこられた下照比売神（したてるひめのかみ）（大国主娘）は、里の人が寒さと飢えで苦しんでいる様子を見られて、これを救うために麻を植えて布を織ることを教え、稲作の知識と技術を伝えました。この神の御恵みを慕い、ここにお祀りしました。此の里を米谷というのは、米種（まいたね）から転化したと伝えている」とある。

かって神社への参道は、樹林がトンネルをつくり、鎮守の氏神様にふさわしいたたずまいを体し、参拝する人たちはそこを通り、ほっとした一時を味わったものだった。

昔の里人たちは、豊作を願う祭事を盛大に行ったのだろう、近くから祭具と思われている銅鐸が発見されている。地味のこえた米谷あたりの地は、穀倉地帯の中心だったのではなかろうか。長尾山系を屏風にした温暖な農村地帯で、人々は豊かな生活を営んでいたにちがいない。

いつの頃からか、売布神社は村人らに「貴船大明神」「貴布禰社」などと呼ばれていたことがあった。一七三一（享保一六）年頃、寺社奉行・大岡越前守忠相（江戸町奉行としての名裁きは有名）が、古い寺社の再評価にあたり、当社が「売布社」であることを究明した。

現在、拝殿の前にみられる「売布社」の石碑[9]は、その時建てられたものである。

二章　歴史をひもといて

1　街道と宿場町

［有馬への道］

わが国最古の歌集「万葉集」の中に、武庫平野で詠まれた歌がある。

しなが鳥猪名野を来れば有馬山
　夕霧たちぬ宿はなくて（一一四〇読み人しらず）

六甲連山に夕日が沈もうとしているとき、武庫平野を通りがかった旅人が、夕霧の立ちこめた有馬山を見ながら、寂しい風景を詠んだものである。この旅人は、有馬へ行こうとしているのか否か、この歌からはわからないが、人が踏みしめた道を、急いで歩いているのである。

時代がずっと下った中世、藤原定家（一一六二～一二四一）によって書かれた「明月記」の記述から、有馬へのコースをもう少し詳しく知ることが出来る。

一二一二（建暦二）年、彼は京の都から舟で淀川を下り、神崎で一泊している。翌日、昆陽野（現在、伊丹市あたり）を通り過ぎると、徒歩で武庫川左岸を北上し、小浜を通り過ぎ、生瀬口あたりで武庫川を渡り、有馬へ到着している。帰路は、万葉集の歌にもあるような、寂しい武庫平野を避けて小林荘に立ち寄り、昼食をとって小浜から武庫川を渡ったのだろう。当時、小林に大きな寺が立ち並んでいたことは、発掘されている遺物で、じゅうぶん推測できる。[10]

この時代の旅人が、どの道を、どのように通ったのかは、今となっては知ることは出来ない。有馬や丹波へ行くための、南北に通じる道は昔から少なかった。宝塚付近へ各方面から集中してくる道を通り、武庫川の険しい谷間を抜けて、人々は北へ向かって旅をした。交通路として宝塚付近の位置の重要性は、現在も同じように、続いていると考えられる。

［古絵図の中の街道］

徳川家康は江戸幕府を創設し、全国を統治するために、まず交通網を整備することから始めた。京都から西国への主要な道として、西国街道（現在のR一七一に沿う）がある。この道は、京都から芥川（高槻）、郡山（茨木）を経て箕面に出て、瀬川から斜めに平野を横切って、西宮へと続いている。西国街道は、京都から大阪回りよりも、西国へ行くのに短距離であり、淀川の水害を避けられるという利点があった。

宝塚が描かれている一番古い地図として、一六〇五（慶長一〇）年の国絵図が残されている。豊臣秀頼が幕府の命で作ったものである。（図参照）約四〇〇年前の村の名前や道筋、山や川が記され、当時の様子を知るうえで、貴重な資料である（西宮市立図書館蔵）。

［巡礼街道（有馬街道・京・伏見街道）］

絵図によると西国街道は、黒々と太い線で描かれ、瀬川から分かれた一本の道が、山麓沿いを西に延びて池田に入っている。さらに北摂平野の北側を西に進み、有馬方面へと続く道がある。この道は、かつて観音霊場巡りをする人達が通った道で、誰いうとなく巡礼街道と名付けられ、古くから人々は行き来していた。

〔京・伏見街道〕

瀬川から分かれたもう一本の道が、加茂村（現在、川西市）を通って、小浜へつながっている。北摂平野の中央部を通るこの道は、南北平野に住むひとにとって、京・伏見方面や丹波・三田方面へ行くのに、便利な道だったのだろう。

〔西宮街道〕

西宮北部を丘陵沿いに、北へ延びる道が目につく。道は小林村・伊子志村を通って武庫川に到達する。橋を架けることを禁じていた江戸時代、ここに渡し舟が設けられていて、舟で川を渡って小浜村に入った。丹波や三田からは、西宮の酒造家へ、この道を通って米が運ばれていった。

絵図の中には、すでに町場であった池田・伊丹・西宮などには、大きな印が付けられている。同じ記号が小浜にもあり、戦国時代以降も寺内町

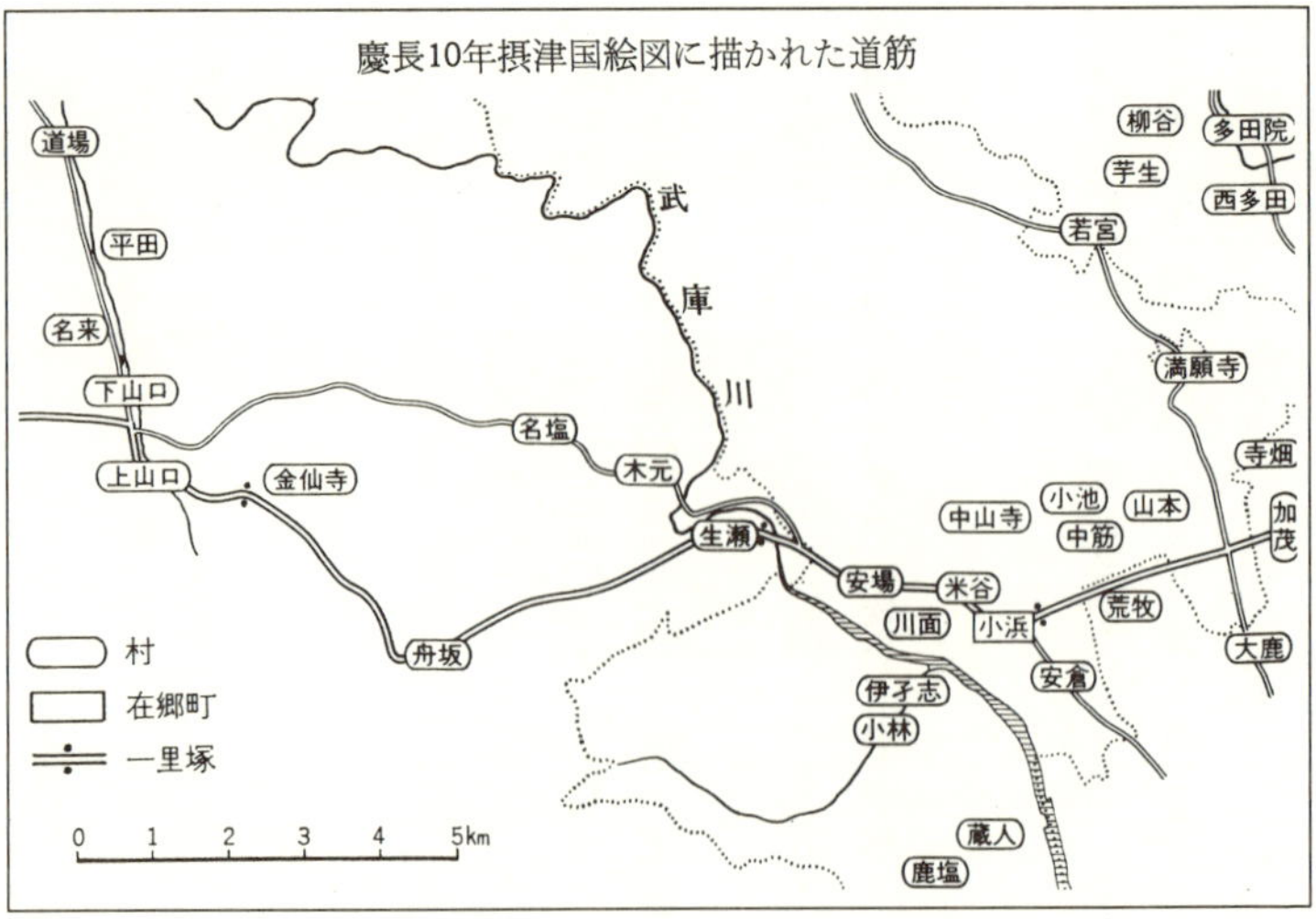

慶長10年摂津国絵図に描かれた道筋

として、多くの人々が住んでいたことが伺われる。小浜の街が次の時代、宿場町として発展してゆくことになるのは当然のことだった。

［寺内町・宿場町「小浜」］

現在の小浜の地から名前のように、海が入り込んだ小さい浜を想像するのは、大変困難なことかもしれない。しかし、図を参照する(グラビアページ)と、太古の様子がおぼろげにわかってくる。武庫川の上流に、生瀬・塩瀬などの地名が残されているのは、武庫の海が入り込んでいたからだと伝承されている。

都が平安京にあった一二〇〇年ほど昔、摂津国の国府を、為奈野（いなの）（北摂地方）に遷す計画が出された。しかし、農民の生活不安が原因で中止されてしまった。それから一〇年後、再び国府移転計画がもちあがった。この時もまた計画は中止になった。さぞ為奈野の人々は残念に思ったことだろう。

それから千年以上も過ぎた一九〇〇（明治三三）年頃、小浜村に大昔を偲んで、国府と名付けられた小学校（現在、小浜小学校）がつくられた。もう一つ、小浜村と米谷村をつなぐ橋が大堀川に架けられたときにも、橋に国府の名前を付けた。小浜の人たちは、国府の名を付けることで、その土地を、誇りにおもったのだろう。

大堀川から、国府橋へ登る細い坂道は、昔から「いわし坂」と言い伝えられている。小浜がまだ入り江だった大昔、とれとれのいわしをかついでこの坂をかついで登ったので、この名が付けられたのだろうか。いつも坂を見るたびに、楽しい想像の世界に引き込まれる。

一五世紀末、小浜の地へ、京都にあった毫摂寺（浄土真宗）が移築された。浄土真宗は、親鸞上人を開祖とし、「南無阿弥陀仏」を心から唱える者は、極楽往生できるとされる宗教である。当時の村人たちは、仏の力を借りて毫摂寺を中心に、平和で豊かな生活を願い暮らしていたことだろう。

関ヶ原の戦い（一六〇〇年）が終わり、幕府を開いた徳川家康は、まず交通制度の整備にとりかかった。東海道に宿場を置き、伝馬制度を主要街道以外にも次第にひろめていった。

古くより、人の往来が激しかった小浜村は、慶長年代以前より、駅所となっていたと推測されている。一六〇六（慶長一一）年小浜は、伊丹や池田より早く駅所となり、馬継ぎ所に指定されている。二五頭の馬と人足が常駐し、他所に比べると大きな宿場町だった。小浜歴史資料館に残る制札に、荷物一駄の料金が伊丹まで八十文、道場まで三百五十六文などと書き残され、当時の様子を知ることができる。

西宮街道、京・伏見街道、有馬街道のいずれもが、いったん小浜に集まりここから、それぞれの方向に通じて行く。このように基点となる小浜の地を幕府が宿場町として、加護したのは当然のことだった。各地から旅人や荷物が集まり、街には脇本陣や旅籠・木賃宿などが軒を並べ、商家も多く賑わっていた。宿場町「小浜」の名は、近在に知れわたっていた。

現在小浜地域に、宿場町だった頃の、歴史資料を展示する資料館が建てられている。近くには江戸時代中期に築かれた、旧和田家住宅が開館され、民俗資料が展示されている。

2　信長の戦火をくぐり抜け、秀吉に焼かれ毫摂寺

一四六七（応仁元）年に始まった応仁の乱は、約一〇年にもおよんだ。京都は焼き尽くされ、出雲路にあった毫摂寺も大きな被害を受け、北摂の要害の地「小浜」へ移ってきた。毫摂寺が再建された年代は、はっきりわかっていないが、明応年間（一四九二〜一五〇〇）に小浜庄がひらかれているので、寺もそのころ移って来たのではないかと思われている。

一五・六世紀頃、一向宗（浄土真宗）による布教のための寺や道場が、北陸から近畿一円の交通の要所に多く作られた（摂津富田・平野・八尾など）。これらの寺や道場に支えられて、大坂本願寺（石山本願寺）は開かれていた。他宗の信徒や領主の攻撃から防御するため、それらの街の周りには、土塁を巡らし壕を穿ち、街の四方に門を設けている所が多かった。小浜の場合も大堀川が村を巡る堀の代わりをし、外敵に備えられた格好の地であった。集落内部の道路は、自衛のため遠くまで見通せないよう屈曲し、城下町とよく似た風情は今もなを残っている。

戦国時代、織田信長は一向宗門徒と対立し、激しい戦いがあちこちで繰り拡げられた。

伊丹城（福知山線、伊丹駅前に城趾がある）城主・荒木村重も、一向宗に荷担した廉により攻められた。伊丹と地理的にも近い安倉・安場の村々は、尽く焼き払われてしまった。にもかかわらず、小浜のことについて書かれた記述が見当たらないのは、たぶん焼かれなかったのであろう。

信長のそれまでの手法から察して、それは大きな疑問になっている。何故だろうか・・・・

当時の人たちは、先祖伝来の宗派を改宗するのは、簡単だったのだろうか・・古くから小浜の地に住んでいた民衆が、急に一向宗徒になり、寺を中心にした寺内町が、簡単に出来るものだろうか、常識では考えられないことである。一般民衆は、武力抗争に明け暮れる日々から逃げたかったにちがいない。そのため、一向宗の力を借りたのだろう。信長が小浜へ攻めてきたとき、少しの抵抗で武装を解き、反抗をやめたので村は焼かれず許されたのかもしれない。庶民は知恵をしぼって、したたかに生き延びたのだろう。

秀吉は生涯に九回も有馬の湯を訪ねており、途中で宿をとった小浜には、多くの伝説が残されている。

一五九四（文禄三）年、秀吉は夫人（北政所）をともなって、有馬へ行く時も小浜の毫摂寺で宿をとった。その時、土地の名物「川面の水飴」を美味そうに食べ、秀吉に同道していた千利休がたてた茶を喫したという。山中家（小浜歴史資料館）の庭には、その水を使ったといわれる、伝承の井戸「玉の井」が残されている。

秀吉の甥・秀次も有馬の湯を度々訪れ、毫摂寺で宿をとるのが常だった。ある時、住職の息女・亀姫をみそめた秀次は、京の邸へ同行し、「小浜の局」として寵愛した。その後姫君も授かり、穏やかな日々を過ごしていた。

一五九三（文禄二）年、秀吉に実子・秀頼が生まれると、秀次の悲劇が始まった。

「秀次に謀叛の心あり」との世評を信じた秀吉は、秀次に自害を命じた。秀次の妻妾や子供達も、三条河原で殺害されてしまった。

中納言「小浜の局」の実家・亳摂寺にも災いが及び、寺領は没収され、寺は焼き尽くされ、その後亳摂寺は復興焼失をくりかえしたが、かつての隆盛をみることもなく、明治時代を迎えることになった。

3　誰が、いつ、何のために古銭二〇万枚

一〇世紀末頃、現在の川西市・多田神社あたりに、多田源氏の祖といわれる源満仲が館を構えた。その勢力は川西市の東谷、猪名川町の中谷、そして宝塚市の西谷を含む広い地域に及んでいた。その中でも西谷村の波豆地区は、波豆八カ寺・波豆千軒といわれるほど栄えていた。西谷地区には、多田源氏にまつわる、数多くの史跡や伝統がのこされている。千刈水源池を臨んで建てられている波豆八幡神社は、西谷村の鎮守社で、源満仲の弟・源満政によって、九七三（天延元）年に創建されたという。

昭和四六年西谷中学校の運動場拡張工事中、七つの古丹波の壺にぎっしりとつめられた古銭が発掘された。字地名から「堂坂遺跡」といわれ、かつて宝山寺の境内だった所である。専門家が錆びついた古銭を、一枚一枚はがしながら数えると約二〇万枚に及んだ。中には中国・後漢時代（二五〜二二〇）に鋳造されたもの、奈良時代に藤原京から平安京へ都を遷した（七一〇年）頃の

もの、朝鮮から輸入されたものなど、色々の種類の古銭が含まれていた。容器として使われていた壺の制作年代や、その他から推察して、埋められた時期は、室町時代から戦国時代ではないかと思われている。二〇万枚の古銭を、当時の物価水準で米に換算すると、約二〇〇石（二〇〇貫文）にもなり、個人資産としては莫大な金額である。混乱の時代、地中に財を隠そうとした人のいたことは充分うなずける。また、中世後期、西谷地区の経済活動が、活発に行われていた証であろう。

五・六〇〇年も昔の古銭が、ゾクゾクと掘り出されたニュースは、さぞや静かな土地・西谷の人たちを、興奮のるつぼに陥れたことだろう。

4 小林（おばやし）の行宮（仮宮）と林史（はやしのふひと）

宝塚市役所前からバスに乗り、武庫川右岸を南に下ると、バス停の名前が、御所の前—〇—美幸町（御幸町?）—蔵人（くらんど）と続き、まるで奈良か京都を訪れたような錯覚をおぼえる。

「日本書記」（七二〇年）によると、三六代・孝徳天皇（在位六四五～六五四）は、六四七（大化三）年に有馬温泉へ療治にゆかれたことが記されている。当時の天皇は、居を遷されるたびに行宮をつくられ、多くの役人や側近の人たちも一緒に移動するのが常だった。

難波・豊崎宮におられた天皇が、難波の港から船出し、武庫の川を登って行宮をつくられたのが蔵人（現在、高司（たかつかさ））だと伝えられている。御所の前や美幸町もこれに関連があるかもしれない。

宝塚の地方が、古代から中央集権と深いかかわりがあったことは、歴史・遺跡・伝説などから充分察することができる。

小林は普通「こばやし」と読むが、阪急電鉄・今津線の「小林」駅は「おばやし」と読み、遠来の人を驚かす。

ほとんどの人が、まだ文字を知らなかった大和朝廷時代、大陸の進んだ文化や、種々の高い技術や知識を持った多くの人たちが日本へ渡来してきた。その人々は天皇に仕え、朝廷では重要な役割を果たしていた。

「武庫郡誌」によると、良元村の小林は、そうした知識人が多く住んでいた所で、外来文化の恩恵を早くから受けていた地であるとの記述がある。また「新撰姓氏録」[11]に名を連ねる「林史」が居を構えた所でもあるという。「林史」は「書に有能な林氏」と解釈されている。林氏は朝廷のほとんどの記録を司り、「御林」と尊称されていたのが、後世になって次第に「おばやし」と称されるようになったのではないかといわれている。

一一八一年頃の古文書によると、かっての良元村の地域は、皇室領として記録されており、領家荘が良元村になったのかもしれないという。いずれも、朝廷と関係の深い所だったようだ。

5　豊臣秀吉と宝塚

［太閤検地］

信長政権の後を受け継いだ秀吉は、天下統一の事業を着々と進めた。秀吉は宝塚地域に幾つもの足跡を残している。大きな事業の一つとして太閤検地がある。自分が治めることになった地域から、年貢を確実に徴収するためにに検地を行ったのである。検地帳には、年貢負担者名が書き込まれており、その人を土地に縛り付けるためにもそれが利用された。秀吉による「朝鮮の役」のとき、人夫徴発の台帳としても使われた。

現在、宝塚市西谷に、太閤検地帳がのこされている。一五九三（文禄二）年に作られたもので、地元にある資料の中で、一番古いものである。全国的にみても、現物が残っているのは大変珍しい。

［百間樋井（ひゃっけんひゆ）］

土木工事が得意な秀吉は、百間樋井を作った（現在の行政区画では西宮市に属する）。

昔から武庫川両岸の農民は、流水を利用するため、田への水の取り入れ口を各所に作っていた。その取り入れ口のことを「井（ゆ）」という。百間樋井は、武庫川右岸の高司あたりから水を取り入れ、天井川である仁川の川底を潜って、西宮方面へ給水する井のことである。川底のトンネルの長さが、およそ百間（約百八十メートル）あったのでこの名がある。百間樋井が作られたことによって、甲東・瓦木方面に水が引かれ農業は盛んになっていった。川底のトンネルを掘るには、横に倒した大きな樽に人夫が入り、底板を抜いて掘り進むという工法がとられた。川（仁川）の下に川を造るアイディアは、秀吉ならではのものだろう。

［木接太夫「坂上頼泰」］

宝塚市山本が、明治時代から日本三大植木産地の一つであることも、秀吉によるところが大きい。

阪急電鉄・宝塚線山本駅の近くに「木接太夫彰徳碑」（昭和二三年再建）がある。秀吉に仕えた武人・坂上頼泰が木接ぎの方法を発明し、一五九三（文禄二）年、秀吉から「木接太夫」の称号を贈られたことを記念する碑である。当時接ぎ木の発明は、画期的なことであった。その技法とは、植物の一部をとり他の植物に接いで、新しい植物をつくる手法のことである。頼泰はあるとき、その妙技を耳にした秀吉に大坂城へ召し出された。秀吉は大変感心し、その技法と努力をたたえ「木接太夫」の称号を与えたという。

大坂城大手門外に植えられていた松並木は、山本から寄贈したものだという言い伝えが残されている。

6　「中山寺」「清荒神清澄寺」

［中山寺］

聖徳太子による、中山寺創建の伝承はあるが、たしかな由緒はあきらかでない。[12] かつて中山寺は広大な寺領を有し、諸堂は現在の奥の院あたりにあったといわれている。創建以来、度々の兵火で焼失したが、浄財がその都度集まり再興されてきた。

一五七八～一五八〇（天正六～八）年頃、伊丹城主・荒木村重と織田信長の戦乱で、長尾山地域は全山が灰となり、中山寺も被害をこうむった。

徳川体制になった一六〇三（慶長八）年頃、父・秀吉を亡くした秀頼は、父の冥福を祈り荒廃した諸社寺の再興に奔走した。現在の中山寺の諸堂を山麓（現在地）に移し、寄進建立したのも秀頼だった。

現在、中山寺・宝物館には、秀吉の神号「豊国大明神」と書かれた書幅が残されている。一六〇〇（慶長五）年、八歳に成長した秀頼の書である。

中山寺は安産祈願の寺として知られ、また西国三三ヶ所観音霊場・二四番札所でもある。

観音霊場巡りの旅は、今から約千年ほど前、花山法皇によって復活されたといわれている。観音様の功徳にあずかるため、西国の三三ヶ所観音霊場を巡る信仰の旅は、四国遍路とならんで、現在も多くの巡礼者が訪れている。

［清荒神清澄寺］

一千年ほど前（平安時代初）、五九代宇多天皇による勅願寺として、「旧清（もときよし）」(13)といわれた地に創建されたという。一一世紀末、国中を戦火に巻き込んだ源平の戦いでは、多くの社寺が焼失した。清澄寺にも災いは及び、一一九三（建久四）年に、再建された記録が残されている。この古文書により、当時清澄寺は、北摂の天台宗系の寺院として広く知られ、七堂伽藍を備えた大きな寺だったことがわかる。度重なる戦いで、清澄寺は焼失復興を繰り返した。

かつて阪急電鉄・売布駅前に、「新堂前」という地番があったが、それは清澄寺への入口を意味する「神燈前」がなまったものであるといわれている。江戸時代末、かつて荒神社が祀られていた現在の地へ遷され、「火の神さん」「竈の神さん」「水商売の神さん」などとあがめられ、関西の人々に親しまれている。荒神さんには、同じ境内に鐘楼と鳥居があり、神様と仏様が一緒に祀られている。

毎月二七・二八の月並三宝例祭には、参詣者の人が押し寄せ、参道は竜が昇ってゆく様に似ている所から「昇竜の参道」といわれるほどの賑わいである。(正式名称・真言三宝宗大本山清荒神清澄寺)

7 千刈水源池に沈んだ、西谷「波豆（はず）地区」

宝塚の西谷は、三方を猪名川町・三田市・西宮市にかこまれ、波豆川に沿う地域にある。宝塚市内にもかかわらず、市街地ではとっくになくなってしまった、ホッとする景観が残っているところでもある。

波豆を中心とした西谷地域は、中世における石像美術の宝庫といわれるほど、多くの文化財が残されている。それは、仏教の普及に力を尽くした源満仲（九一二～九九七）など、多田源氏の強い影響を西谷の人たちが受けたためだろう。

かつてその地には石切場があり、良質の石材を産出していた。波豆八幡神社の石造鳥居はもちろんのこと、神社境内の西端にたてられている、高さ四メートルにおよぶ大板碑も、波豆産の石で造られたものである。そこには三尊（金剛界大日阿弥陀・胎蔵界大日如来・彌陀）の梵字が刻まれ、この世での安泰と死後の極楽往生を願う、庶民の日常生活を想像する事が出来る。

一九〇九（明治四二）年一二月、静かな村に大きな問題がもちあがた。

波豆地区を水没させ、神戸市の水源池を造る計画が村の人々に知らされたのである。里人たちにとって先祖伝来の土地や墓は、汗と涙で守り続けたものだった。土地を失うと、路頭に迷う家族が続出することになる。村の人々は一致団結して、涙ながらに神戸市への抗議運動を繰り広げた。しかし、工事は次々と進められていった。

一八七五（明治八）年五月、約一〇年にわたる長い工事はやっと終わった。大きな人造湖は、千刈水源池と名付けられた。

産業が活発になり益々発展してきた神戸市は、人口が急激に増加し、水不足が著しくなると、一九二五（大正一四）年、内務省へ再び千刈水源池の拡張計画を申請した。

波豆の人々は、前回と同じように立ち上がり抗議を繰り返した。不安な日々が毎日続いた。しかし村の人たちは、すでに疲弊してしまっていた。

一九三一（昭和六）年八月、ついに二三戸の家は移転を迫られ、一三町歩の土地は、またも水没してしまった。

悲しみの事件からほぼ一〇〇年が過ぎた今日、その事件に関心を持つ人も、ほとんどいなくなってしまった。最近では、長さ約六キロ・周囲約一三キロの細長い貯水池の付近一帯は、風光もよく格好のハイキングコースとなっている。

三章　近代化への夜明け

1　小浜村に阪鶴鉄道走る

日本で初めての陸蒸気が、東京・新橋と横浜の間を走ったのは、一八七二（明治五）年のことだった。人力車で六・七時間を要した道のりを、片道五三分の速さに人々は文明開化を感じた。[14]

一八七七（明治一〇）年、京都―大阪―神戸を結ぶ幹線鉄道（官営・東海道線）が開通すると、それまで京都から神戸への最短コースであった西国街道を、通行する人が次第に減少し、街道沿いの宿場町はさびれはじめた。交通の要所として繁栄を恣しいままにしていた伊丹も、その価値を次第に失いはじめた。

日本に産業革命が始まった一八八七（明治二〇）年代後半、私設鉄道会社が次々と誕生した。文明開化の波から、伊丹地方が取り残されることを危惧した地元の有力者たちは、幹線鉄道と伊丹を結ぶ「川辺馬車鉄道会社」を設立した。私設された二本の軌道上の車両を、二頭の馬がひく馬車鉄道は、全国的にも急速に普及していった。しかし、神崎と伊丹の間に開通していた馬車鉄道は、収支が合わなくなり、わずか二年の後、新たに設立された「摂津鉄道」に吸収されてしまった。摂津鉄道は一八九一（明治二四）年、馬車ではなく、幹線鉄道と同じ蒸気機関車を走らせた。

鉄道敷設法が一八九二（明治二五）年公布されると、予定線路に沿う地域では鉄道誘致の激しい運動が始まった。

摂津鉄道の主な株主や大阪の財界人らは、大阪と舞鶴を結ぶ「阪鶴鉄道会社」の設立を申請した。しかし許可がおりたのは、神崎と福知山についてのみで、「阪鶴」の名にあたいしない路線になってしまった。

阪鶴鉄道の発起人の中には、鉄道の通過地域である小浜村村長の名前もあった。現在のJR宝塚駅付近は、当時畑と河原が茫々と拡がる地域にすぎず、鉄道敷設にかける期待が大きなものだったことが伺われる（現在のJR宝塚駅周辺は、当時小浜村）。

一八九七（明治三〇）年も終わりに近づいた一二月二七日、小浜村に待ちに待った鉄道が開通した。すでに宝塚温泉が開業されており、鉄道の駅名が「宝塚」となったのは、自然のなりゆきだった。

日清戦争後の好景気も手伝って、大阪から多くの湯治客が列車で訪れ、「宝塚」の名は広く知られるようになっていった。

その後、阪鶴鉄道は福知山に向けて、次々と駅が開設されていった。

一九〇六（明治三九）年、私設鉄道を買収して、官営とする鉄道国有法が公布され、神崎—福知山間を走る阪鶴鉄道は解散し、国有鉄道福知山線となった。

2 阪神間の鉄道開発

［官営鉄道（現在、JR東海道線・JR福知山線）］

明治末期から昭和初期にかけて、阪神間における各種産業の勃興は、大都市に著しい人口増加をもたらすようになった。また、これに伴って交通機関の完備と共に、郊外の土地利用が進んでいった。大阪・神戸間にかかって四つの路線がひしめきあい、交通網が充実し、高い居住環境が提供されていったのである。

一八七四（明治七）年、官営鉄道（現在、JR東海道線）が開設されると、それまでのゆったりとした歴史は、次第に速く進み出した。停車駅に定められた神崎・西宮・住吉・三宮の四地域は、それぞれ古くから交通の要所であったところである。住吉に駅がもうけられたのは、この地に古代から神が鎮座する神社があったからだろう。住吉に列車が停車するようになったことが、のちに住吉村を日本一の長者村へと発展させることになった。

まだ多くの人々が、鉄道を異国の魔術として、忌みきらう傾向が強かった時代、政府は全国各地に鉄道を建設することによって、封建的体制にかかわり、中央集権制を強化しようとした。これに拍車をかけたのが軍部だった。ヨーロッパ列強のアジア侵略に対抗して、朝鮮・清国への出兵のため、陸軍は鉄道の軍事的利用を考えた。日露戦争の開戦時（明治三七年）には、全国の師団司令部や軍港は、鉄道で一つに結ばれ、兵隊や物資の輸送に威力を発揮した。

官営鉄道・福知山線が、軍港・舞鶴と神崎を結んで、明治三一年に全通したのも軍部の意向が重視されたためである。

地方鉄道の福知山線宝塚駅の開設に、軍部の立場を、充分理解していた人が何人いただろうか。明治三〇年、列車が小浜村を通過したとき、人々は文明を運んできた列車の通過を大いによろこんだのだった。

［**阪神電気鉄道（現在、阪神電鉄）**］

大阪と神戸を結ぶ初めての私鉄・阪神電気鉄道（以後、阪神電鉄）は、すでに開通していた官営鉄道の浜側に敷設された。古くから街道沿いに出来ていた村や集落が鉄道で結ばれると、のどかな田園風景が拡がっていた郊外地は、急速に発展していった。

難工事の末に開通した阪神電鉄は、乗客の増加をはかる方策として、欧米の沿線開発をモデルとした。ニューヨークに派遣された社員は、コニーアイランドの海浜遊園地や、ヤンキース・スタジアムなどを視察し、その設計や運営にあたった。

遠浅で静かな海岸線に近い阪神電鉄は、開通してまもなく、打出の浜に海水浴場を開設した。香櫨園、甲子園など次々に海水浴場が開設されると、未曾有の賑わいをみせるようになった。甲子園球場が建設されたのは、大正一三年、甲子（きのえね）の年である。その後芦屋に遊園地を開くなど、多様な階層の人たちを対象に集客をはかった。

当時の（明治末期～大正初期）の住宅地開発には、別荘地や住宅など「住」を主とするものと、温泉・遊園地など「娯楽」を中心とするものの二つがあった。

阪神電鉄は、箕面有馬電気軌道（現在、阪急電鉄）より先に開業したが、人口の密集地を通るため、娯楽場を開発することを集客の第一とした。そのため沿線住宅地開発で、他社に遅れをとることになった。

［阪神国道電車］

一九二七（昭和二）年、大阪・神戸間を結ぶ路面電車・阪神国道電車が開通した。

官営鉄道と阪神電鉄の間を走る路面電車は、民家の間をゴトンゴトンと音を立てながらゆっくりとはしり、町の人たちの足として親しまれた。しかし昭和四九年廃線となり、残された路線は国道二号線として改修され、自動車道路として新しい生命を蘇らせている。

［箕面有馬電気軌道（現在、阪急電鉄）］

官営鉄道福知山線が、かつて阪鶴鉄道として存在していたとき、支線として計画されていた箕面有馬電気軌道が、新たに私鉄として阪神間に開通した。社名が示すように、観光地として古くから有名だった箕面や、有馬温泉へのための交通機関だった。

日露戦争後の好景気時にたてられた電鉄会社設立計画は、急に襲ってきた経済恐慌で散々な状態になってしまった。最悪の時期、会社をまかされたのが小林一三である。

宝塚・箕面への路線が順調に運営されはじめると、念願であった有馬への鉄道敷設が考えられた。しかし六甲山脈を縦貫するための難工事には、多額の資本を必要とし、経営上無理との理由で計画は却下された。

明治末期から大正期にかけて阪神間の人口増加は、大阪で約三三パーセント・神戸で約四二パーセント・大阪神戸間の沿線町村では約五六パーセントも増加し、阪急電鉄は、阪神電鉄と営業上競争しながら、長尾山麓と六甲山麓を走る大都市間鉄道として発展していった（阪急電鉄の、大阪・神戸間開通は大正九年）。

3　宝塚と小林一三（一八七三〜一九五七）

昭和一五年七月、第二次近衛内閣で商工大臣となった小林一三について、当時の朝日新聞は次のように紹介している。
「明治六年生まれ、今年六八歳、三田を出て、明治二五年三井銀行に入り・・明治四〇年阪急の前身たる、箕面有馬電気軌道の専務に・・・窮境にあった阪急を生かすために、氏が思いついたのが有名な宝塚歌劇で・・・これが今日の東宝チェーンの基礎をつくったのは余りにも有名な話である」と。
［一月三日生まれ、小林一三苦悩の時代］
慶応義塾を卒業した明治二六年、小林は周囲の多くが三井に行くからという単純な理由で銀行に入行した。小説家志望の小林は大阪へ赴任後、芝居見物や演劇談義に花を咲かすことも多く、

新聞社に転職しようと考えたこともあった。小林は三〇歳を目前に銀行員生活に見切りをつけ、自ら事業に乗り出そうと決心した。当時は、日清戦争後の社会不安が、やがて日露戦争への導火線となる危機的状況をはらみ、日本の社会が大きく変わろうとする時代だった。

証券会社設立の夢は、急に襲った証券の大暴落で露と消えてしまった。妻子を抱えて途方に暮れる日々が続いた。

ある時、友人から鉄道経営を手伝わないかという話しが寄せられた。金融関係なら多少の知識があるが、鉄道といわれて正直なところとまどってしまった。しかし仕事を選んでおれる立場ではなかった。

彼は「阪鶴鉄道」入りを決心した。役職は監査役ということだったが、もっぱら仕事は、国有化が決まっていた阪鶴鉄道の精算事務だった。

阪鶴鉄道は、国有化される路線以外にも認可路線を取得していて、それを事業化するため「箕面有馬電気軌道」を設立することになった。戦争景気に湧いていた頃と違い、会社設立の資金がなかなか集まらなかった。すでに開設されている阪神電鉄や南海電鉄と違い、沿線人口は少なく、遊覧鉄道とのイメージが強く、見劣りのする路線だった。次第に、会社の早期解散を申し出る発起人たちが多くなっていった。

小林にとって、サラリーマンから企業人へのターニングポイントは、この時だった。

既発の私鉄各社が何らかの影響をうけた、英国のＥ・ハワードによる田園都市論を、小林もよみあさった。日本より先んじて産業革命を迎えた欧米では、急速な都市計画の必要性が叫ばれていた。これから日本でも、同じようなことが起こるのは必至であった。

従来の鉄道経営は、人が住んでいるところへ路線をひき、人や物を運んで収入を得ようとするものだったが、小林の考え方は、逆転の発想から出たもので、先ず路線をひいておいて、沿線を開発するというものだった。

［郊外住宅地開発］

一九一〇（明治四三）年三月、箕面有馬電気軌道は、大阪―宝塚、および箕面間で開通した。待ちに待った電車の開通に、停留所は多くの人々で賑わい、沿線の家々では国旗を揚げ、仕事を休む人が多かったという[15]。武庫川沿いの宿場町・小浜を中心として発達してきた宝塚地域だったが、この時を境に、電鉄による地域開発が始まることになった。

電鉄の開通以前から、しきりに大阪市民にパンフレットが配られていた。それには、今回発売の分譲地は、近代生活に必要な電気・電話・上下水道が完備され、近くには小売店・床屋・クリーニング店などがあり、快適な住宅地であることが書き込まれていた。

明治末期、すでにソフトの面でも充実した住宅地を売り込んでいたのである。庶民の生活は、いまだウナギの寝床だった頃に、小林はハイカラな住宅地に住みたいという、人々の夢をくすぐったのだった。

明治末期から大正にかけて、池田・櫻井・服部・豊中・箕面などで、次々と分譲住宅が売り出された。昭和二〇年頃には、売布・仁川・南口などにも開発はおよんだ。

一方で、乗客増員をはかる方法として箕面と宝塚に、遊覧施設をつくるというユニークな計画がたてられた。

箕面には動物園を開設したり、公園で博覧会を度々開催した。現在も日本人は博覧会好きだが、当時も多くの人たちが集まってきた。

国を挙げての博覧会は、明治一〇年、上野公園で開催された第一回内国勧業博覧会に始まる。[16]明治初期、欧米を視察した使節団は、日本と欧米の産業の格差に愕然とした。帰国して、初代内務卿となった大久保利通は、日本の殖産興業に乗り出した。その施策の柱の一つが博覧会だった。民衆が文明開化で受けた衝撃と、長年の身分制度からの解放にかける、熱気あふれる催し物だった。

明治一四年に開催された第二回博覧会には、アメリカから輸入された電車が、会場内を走り人気を集めた。明治三六年、大阪天王寺公園で第五回博覧会が開かれた。そこではイルミネーションが初めて公開され、自動車も初登場し、記念すべき博覧会になった。入場者数は、前回の倍の人数が入場した。小林は箕面公園に博覧会を誘致し、箕面線の乗客数を増やそうとした。

［宝塚新温泉と歌劇］

電鉄の乗客増対策としての博覧会は、期間の限られたものであった。そこで小林は新たに、恒久的乗客誘致の方策として、レジャー施設の建設を計画した。

一九一一（明治四四）年五月、古くから温泉町として知られていた宝塚に、新温泉（現在のヘルスセンターのようなもの）をつくった。この時から、旧来の温泉を宝塚旧温泉と呼び、区別するようになった。

「宝塚歌劇五〇年史」に当時の様子が書かれている。

「新温泉の本館は、火災の難もまぬがれて、いまもなを明治の洋館づくりのスタイルが残っていますが、建設当時は、白亜の壁に大きな飾りが目立ち、シャンデリアが輝いている広間、それを入ると左手に広い男子浴場、右手に婦人浴場、さらに休息室を備えたしゃれた家族浴場が続いていました。・・・大浴場の右奥のすみには当時としては全く珍しい蒸気風呂、幾何学的に並んだ水道栓がまわりの壁に光り、左手の片隅にシャワーが音をたてて噴出し、正面には二段になった約五〇平方メートルの浴槽があって、中央上のライオンの口から熱湯が吹き出て、この浴槽は〈泳ぐべからず〉と貼り紙がしてあるのに、ここに遊んだ多くの大人も子供もみんな喜々として、湯舟の中を泳いでいました」

明治の終わり、忽然と出現した白亜の殿堂に人々は度肝をぬかれた。続いて娯楽設備を備えた近代的洋館「パラダイス」が増設された。当時、川面小学校（現、宝塚小学校）に通っていた山崎氏[7]は、五銭の入場料を払って、新温泉やパラダイスで遊んだ思い出を、次のように書き残している。

「パラダイスのつめたいプールで泳ぎ廻り、寒くなると次は大浴場で暴れ廻り、余興場（大劇場の前身）に入って歌劇をみるというコースで、半日は楽しくつぶれた」と。まだ旧一七六号線や阪急今津線が、開通していなかった頃のことである。

海外の先進レジャー施設だった室内プールも、子供の遊び場としては充分だったが、大人には評判が悪く、まもなく閉鎖されてしまった。プールの上には一面に板が張られ、催し会場として使われていた。

一方、大都市として発展した東京ではすでに、ルネッサンス様式・三階建て・ヨーロッパスタイルの装飾が施された三越呉服店が開店し、新しい階層の人たちの人気を集めていた。表通りに面した五〇メートルにもおよぶショーウインドウは、それまでの暗い呉服店のイメージとはかけ離れたものだった。

五年掛かりで建てられた帝国劇場も開場していた。フランス式レンガ造りの建物には、新しい文化を求める人たちが集まり、そこで上演される歌舞伎や、ハイカラな西洋演劇を楽しんでいた。またそこは新しい時代の社交場にもなっていた。

若い頃、芝居見物に明け暮れた小林が、東京の劇場で見た観客の喜々とした様子を見逃すはずはなかった。

その頃、三越大阪店内で、二一・三〇人の少年が合唱する音楽隊が、好評を博していた。鳥の羽のついた、可愛い帽子をかぶった少年達を見た小林は、少女による音楽隊の編成を考えていた。

一九一三（大正二）年七月、一六名の唱歌隊の少女が採用された。小林は一人一人に、芸名を付けるほどの入れ込みようだった。これが宝塚歌劇の始まりである。翌年には、宝塚少女歌劇と改称され、博覧会の余興として、日本最初の少女歌劇「ドンブラコ」などを上演した。西宮北口から宝塚への電車は、まだ開設されていなかった頃のことで、神戸方面からの観客は、大阪へまわるか、西宮北口から馬車で宝塚を訪れた。

経営者として自信をつけた小林に、大きな試練が襲いかかってきた。箕面有馬電気軌道と阪神電鉄との合併話がもちあがった。ライバル会社である阪神との合併は、到底容認できるものではなかった。

苦心の末、会社存続の危機を乗り切った小林は、大正七年二月、社名を阪神急行電鉄（以後、阪急）と変更した。

新温泉の余興として、無料でみることが出来た少女歌劇だったが、順調に客足をのばし、温泉に入らず歌劇だけを見に来る客が増えていった。同年五月には、待望の東京帝国劇場への進出もはたした。

大正九年には阪急神戸線が、翌年には西宮北口—宝塚間（西宝線）の路線が開通し、宝塚への入場者が、急上昇することになった。

小林は歌劇専用の劇場建設を考え、外国の劇場調査を始めた。

大正一二年一月二二日夜半、宝塚新温泉から出火し、あっという間にパラダイスにまで延焼し、浴場だけを残してすべて灰になってしまった。当時の記憶に詳しい山崎氏は、田に積み上げられていた藁に火が移り、折からの西風で清荒神の山で山火事がおこり、どちらの火が大きいかというほどになった様子を書き残している。一キロも離れている村の人たちの家にまで、歌劇の衣装が燃えながら落ちてくる有様に、バケツや桶に水を汲んで、戦々恐々だったそうだ。

事故の直後から小林一三の鶴の一声で、昼夜兼行の突貫工事のすえ、収容人数四〇〇〇人の、けたはずれに大きい規模の大劇場が竣工した。

新しい内容、演出、など新分野への開拓により、少女歌劇もレビュー時代に入り、昭和五年には黄金時代を築いた。昭和一二年からのドイツ・イタリア・アメリカへの海外公演は、宝塚少女歌劇の名を世界的なものにした。

戦後、進駐軍に接収されていた大劇場が解放されると、すぐに歌劇は再開された。昭和二六年の「虞美人」の上演は、宝塚に第二期黄金ブームを呼び、その後、数々の名作を残し、今日に至っている。

4　宝塚市誕生

明治末期から大正初期にかけて、武庫川右岸の良元村では、お茶の栽培に加え、果樹園の経営が盛んに行われるようになった。とりわけ甲東村の「甲東園」は、画期的な経営を行い注目されていた。阪急・西宝線（西宮北口―宝塚間）に駅が新設（大正一〇年）されたとき、果樹園の名前をとり「甲東園駅」と名付けたほどだった。

小林一三以外にも、沿線開発を考えた人がいた。平塚嘉右衛門[17]（一八七五～一九五三）である。彼は武庫川・逆瀬川・仁川などを私費で改修し、廃川敷地を手に入れ、それを住宅地として造成した。分譲地は仁川・寿楽荘・中州・逆瀬川などの広い地域にわたった。中州の分譲地に旧温泉から湯を引き、中州温泉を開業した。そして土地の購入者には、温泉入浴券をサービスするなどの特典を付けて売り出した。平塚は阪急との共同出資で「宝塚ホテル」を設立した（大正五年）。ホテルの五階には、阪神間における知名人の友好の場として、「宝塚倶楽部」がつくられた。漫画家・手塚治虫（一九二八～一九八九）が、宝塚で生まれたことはよく知られているが、彼の父も宝塚倶楽部の会員だった。治虫は父親に連れられて、ホテルのレストランで食事をしたことを書き残している。手塚治虫は、一九五九年、なつかしい宝塚ホテルで結婚式を挙げた[18]。

昭和初期の宝塚は、少女歌劇が全盛期を迎え、新温泉への客も増し、訪れた人々を魅了する街だった。

一九二九（昭和四）年、ニューヨーク市ウオール街での株価の暴落により、アメリカ経済は日に日に悪化し、ヨーロッパ、イギリスへと恐慌は波及していった。翌年には日本にも影響が及び、経済は未曾有の不況に陥った。不況脱出の手段として、南満州の利権を強固なものとするべく、満州事変が勃発した。それが拡大して日中戦争となった昭和一二年頃をさかいに、宝塚にものどかな風景はなくなり、人々は緊張した生活を強いられるようになっていった。

日本中が騒然とするなか、宝塚地域は、比較的平穏な田園地帯だった。しかし昭和一三年、一二つの軍需工場が建設された。東洋ベアリング製造（株）と川西航空機（株）である。これらの軍需産業へ、関西学院、神戸女学院、小林聖心女子学院などから生徒達が動員された。宝塚歌劇学校の生徒達も、女子挺身隊として働くことになった。

昭和二〇年になると、阪神地方でも空襲が本格化してきた。宝塚地域で、爆撃の目標となったのは、川西航空機であった。終戦も間近となった七月二四日爆撃をうけ、工場だけでなく、近隣にも被害が及び、死者は二三人にのぼった。

終戦後戦争に疲れ切った国民に、いち早く夢とロマンを与えてくれたのが、宝塚歌劇だった。昭和二二年、越路吹雪のブギウギ・パリが大ヒットし、宝塚歌劇は復活した。

戦後、アメリカの指導のもとで公布された地方自治法は、地方財政を圧迫し、小規模な町村では、収支のバランスが取れなくなってきた。

小浜村・長尾村・西谷村・良元村の四カ村で成り立っていた宝塚地域でも、同じ現象が見られるようになり、村の合併が具体的になってきた。昭和二六年三月、小浜村は単独で町制を施行し、宝塚町となった。

良元村は、西宮市か宝塚町かの、どちらと合併するかを住民投票で問い、その結果、宝塚町との合併を決定した。

昭和二九年四月一日、多くの人々の思いを込めて、宝塚町と良元村とによる宝塚市が発足した。続いて翌年三月、西谷村、長尾村（一部を除く）が相次いで宝塚市に合併された。人口は約五万五千人だった。

5　高度経済成長と人口急増都市・宝塚

日本が「戦後」から「豊かな社会」を目指した高度経済成長政策は、昭和三〇年代に始まった。雇用の需要が多く、所得向上が望める大都会へ、続々と農村から労働者が流入してゆき、農村での過疎が始まったのもこの頃からだった。都市への急激な人口集中は、道路・上下水道・交通・医療機関などの整備が容易でなくなり、公害問題も発生し、被害が続出するようになっていった。

すさまじい勢いで増え続けた都市の人口急増は、昭和四〇年代後半には一応沈静化し、次に人口増加の波は郊外へ拡がり始めた。阪神間の近郊にも、人口急増都市が次々と誕生した。

宝塚にもベッドタウン化の波は押し寄せてきた。郊外としてだけでなく、豊かな緑、武庫川の清流、温暖な気候が、人々を宝塚へひきつけた理由だったのだろう。昭和五〇年代になると、宝塚の人口は、市制発足時の三倍（約十六万人）を越すまでになった。新住民のために、谷や池は埋められ、山は崩され、宅地開発が進められた。子供の数も急激に増え、売布神社の西にあった「神の池」や、安倉「下の池」は埋め立てられ、小学校が建設された。それでもなお教室が不足していた宝塚市は、一〇校の新設小学校の建設をせまられるという異常事態が起こった。同時に中学校の数も増大していった。

高度経済成長は、企業の拡大、所得の増大、品物の豊富さなど、多くのプラス面をもたらした。

一方、公害、自然破壊、物価上昇、人間らしさの喪失など、マイナス面の影響を人々は、感ずるようになっていった。

6　水戸黄門の印籠「宝塚」

日本中のあちこちを旅し、土地の人と話をすると、いつも聞かれるのが、「どこからおみえに?」「宝塚です」、ほとんどこれで話が通じ、「兵庫県の」と説明した記憶がない。若い人の反応は「ヒャー・・・いいとこ」、年配の人は、「いいとこにお住まいで」とおあいその言葉が返ってくる。宝塚の地名は、水戸黄門の印籠のようなものである。

他府県の人にとって、宝塚は何故「いいとこ」なのだろうか。

明治時代ならば、温泉町としていい所だった。大正時代は歌劇とレジャーの街であり、昭和初期はハイカラな住宅地として、宝塚は知られていた。戦後になると、阪神競馬場や仁川ピクニックセンターが、宝塚のイメージに加えられた。

レクリエーションブームの昨今、もっと多くの遊戯施設を備えた所は、至る所にあるにもかかわらず、宝塚を「いいとこ」と呼ぶのは、昔から言い習わされた歴史的遺産が、人々にそう言わせているのであろう。

宝塚の土地に生気を与え、宝塚の名を世界に広めたのは、小林一三の開拓精神によるところが、絶大であることを忘れてはならない。小林一三による電鉄経営は、交通網の整備・拡張をふまえ、沿線に住宅地を開発し、「郊外都市」を達成するだけではなかった。一家団欒が出来るように、歌劇の創立、博覧会の企画など、教養と文化を提供し、親子ともども一刻の夢をもたらす場をつくった。それは宝塚の地が、気候温暖で緑に恵まれ、古来より多くの人々が、住むのに適していたことの証でもある。

平成一一年、歌劇の理事長は、「歌劇団は、宝塚の街に育ててもらったようなもの・・・」と新聞紙上で語っている。[19]

四章　二十一世紀へ

1　心貧しい社会

戦後の経済成長政策は、日本中の国民を競争にかりたてていった。昭和五〇年代中頃までは、稼ぐ人が偉いという考えがすみずみにまで行き渡り、高齢者、専業主婦、子供などは稼がない人ということで、価値観は稼ぐ人より下にみられてきた。子供たちの教育も、稼ぐ人になるために、いい学校にはいり、いい会社に入り、稼ぐ人をつくるのが教育の第一目標だった。

高齢者や障害者などの弱い立場の人をいたわり、人に優しくするという教育は、進学や就職に何の助けにもならず、親も教師も子供達に教えなかった。

経済復興の後、所得倍増、経済成長も成し遂げられ、人々にゆとりが出来はじめたとき、あたりを見回すと、優しさがうしなわれた、心貧しい社会が拡がっていた。日本中のこうした傾向は、宝塚市においても決して例外ではなかった。高度経済成長期における急激な人口増加は、住民同志の連帯意識を失わせてしまっただけではなく歴史的に育まれた文化と、それを拠点としてよりそっていた、美しい人情の世界をも破壊してしまった。結果としてこの町を通過地点とし、足を留めたただけの人たちが去ってしまうと、村単位で培われていた伝統的地域社会は変貌し、人間関係の薄い何ら特色のない住宅街だけが残った。

2 新しい地域社会の創造

戦前までの地域社会は、個人の生活より集落の習慣や行事のためには、個人のプライバシーなどは全く無視されたものの、結束の堅い組織であった。しかし現在の若者たちは個性を尊重しない、価値観が違う、ということでこうした社会になじむことが出来ず、背をむけてしまうことが多い。

新しい地域社会は、お互いの生き方を尊重しながら、他人のプライバシには入り込まないということが大前提にならなければならない。そしてその地域の人たちが心を通わせ、協力できるものは、その地域特有の歴史を知り、文化を守り育てることではないだろうか。先人によって守られ、若者に手渡された文化を、次の世代に伝達する役割が若者にゆだねられている。

人は一人では生きてゆけない。人とのつながりによって幸せな人生は約束される。人とのつながりとは、同世代のそれと同時に、次世代とのつながりでもある。地域でネットワークをつくり、広く浅くみんなで助け合って生きる組織が、今後不可欠になってくる。

3　生き甲斐

人々は、ひたすら生活の「豊かさ」をもとめて働き、そしていつの間にか生活水準は、世界でも上位を占めるまでになった。利便性を豊かさと思っていた時代は終わった。科学技術の進展や情報化、国際化、少子・高齢化など社会が激しく変化し始めると、考え方も多様化し、「豊かさ」についての考え方も大きくかわってきている。自分たちが手に入れた生活が、世界に通用するようなものかと自問したとき、欠けているものがあることに、やっと気付き始めた。求められているのは、豊かさの程度ではなく、豊かさを利用してどのように暮らすかが、大きな目的になってきている。どうすれば生き甲斐を持った人生が送れるか、いきいきした毎日が送れるかに、社会の関心は大きい。

終身雇用と年功序列に裏付けられた日本的経営は崩壊し、現在はもはや企業の組織でのみ生きることは出来ない。むしろ地域社会の中で、自分がネットワークをつくるか、既存の組織に入って生きるしかない。各人の生き甲斐は、各人で見つけ出していかなければならなくなった。

自分の行為が、他人に喜んでもらえたとき、はじめて自分が認められたことを実感し、生き甲斐を感ずるのではないだろうか。

4　先祖の遺産を文化の拠点に

文化についての考え方も、大きく変わろうとしている。これまで文化といえば、教養のある人や、ゆとりのある人が、たずさわるものとして生活から除かれていた。今日では、文化についての考え方も広くなってきた。文化は生活から遊離したものではなく、生活の一つ一つが、文化に彩られるような暮らし方が問われている。

日本は歴史の古い国で、至る所に歴史的な文化資源は存在している。その中にあって宝塚は、歴史的文化遺産に加え、独特な近代的文化資源にも恵まれ、知名度は高く、イメージもよい。宝塚のように文化資源に恵まれているところでは、日本中で画一的になされているような、文化行政では不十分であって、斬新で、ユニークな試みがなされなければならない。住民が文化を創造し、行政が支援し、育成するという構図が出来上がったとき、いきいきした町が出来、文化都市宝塚が誕生するだろう。

日本の至る所で、村おこし・町おこしが進められている。地域経済の活力が減退する中、その土地の風土や歴史、伝統などの特性を生かし、誇りの持てる郷土をつくり、次の世代に渡すためである。

宝塚では、先祖の残してくれた自然や文化財を文字通り「宝」として大切に保存してきた。しかし残念なことに、宝塚を文化的な町と考えている住民は少ない。遠くから眺めるだけだった文化遺産にちかずき、生活の中でそれを楽しみ、利用して、はじめて先祖から贈られた遺産は文化となり、新しい地域社会の核となるであろう。

【注】

(1) 雑誌「歌劇」創刊号（一九一八年八月）掲載
(2) 天理大学文学部教授・太田登氏の講演会より（平成一一年二月二日宝塚ホテルにて）
(3) 一七〇一（元禄一四）年　岡田徯志　編纂
(4) 地誌「五畿内誌」の内の「摂津誌」一七三五（享保二〇）年、並河誠所　編纂
(5) 小佐治豊三郎　生年不詳　宝塚温泉街の旅館「分銅屋」創業者。田村善作　生年不詳　宝塚温泉発見者・岡田竹四郎の実家
(6) 秩島籬島著　浪速国から摂津国成立までの地誌
(7) 清荒神・六軒茶屋の住人　山崎利恒氏（一九一〇〜没年不詳）記録集
(8) 宝塚市温泉審議会　資料
(9) 一九七六（昭和五一）年五月三〇日　宝塚市指定文化財
(10) 一九七〇（昭和四五）年一一月三日　宝塚市指定文化財 平林寺　石造露盤
(11) 八一四（弘仁五）年　万多親王等が撰上
(12) 「紫雲山中山寺記」明治四五年出版
(13) 「旧清」　阪急電鉄・売布神社駅より北方の丘陵
(14) 朝日百科　日本の歴史　一〇五「鉄道と港」
(15) 一九一〇（明治四三）年三月一〇日　朝日新聞より
(16) 朝日百科　日本の歴史　一〇六「博覧会」

(17) 大正八年　「平塚土地経営所」設立　宝塚市水道史より
(18) 「手塚治虫のふるさと・宝塚」河内厚郎　編著
(19) 平成一一年二月二日　朝日新聞「宝塚大劇場界隈」歌劇団　植田紳爾氏談

【参考文献】

「宝塚の文化財」　ガイドブック 宝塚市教育委員会　編集
「宝塚の風土記」　川端道春著　川瀬書店出版
「宝塚市史　一、二、三」
「宝塚一〇年誌」
「武庫郡誌」
「清荒神清澄寺」　案内書 清荒神清澄寺　発行
「波豆地区総合調査」　大阪府立池田高校地歴史部編
「宝塚歌劇五〇年史」
「阪神間モダニズム」　阪神間モダニズム展実行委員会　編著　㈱淡交社出版
「ライフスタイルと都市文化」　阪神沿線都市研究会編　東方出版
「逸翁自叙伝」　小林一三　著　図書出版社

講座「人間探訪の旅」一〇年間の記録

安本　素娥
吉田　あい子
岩崎　幸子

「忙しい、忙しいと走っているあなた、一度立ち止まって、考えてみませんか」そういう呼びかけに仲間が集まった。

一九九〇年に仲原晶子先生が関西学院大学教授を退官され、同年一〇月一日、宝塚に「女性センター」が設立されたのがきっかけであった。人間の姿を古典の中に探し求めようと、スイスの大教育者ペスタロッチ、また寺田寅彦の随筆『雲の話』『日本人の自然観』などを、読み進んだ。九三年四月からは明治以来の、教育史、女性史を学んだ。さらに九八年二月からは放送大学教材の『教育的人間学』の勉強をはじめている。

一九九〇（平成二）年

一〇月　一日　生涯学習としての「講座の主旨」説明

一一月　九日　「人間探訪」とは、二〇名の講座生と話し合う。

一二月二一日　クリスマスパーティ

一九九一（平成三）年
一月一八日　生涯学習と女性
二月一五日　古典を読む意味
三月一五日　ペスタロッチ『シュタンツ便り』
四月一九日　ペスタロッチ『シュタンツ便り』
五月一七日　ペスタロッチの生涯について
※六月二一日　映画「ペスタロッチの生涯」をみる
七月一九日　「宝塚市立少年自然の家」での野外学習
一〇月一八日　「人間を訪ねる」ということ
一一月一五日　人間観の変遷・日本社会の現実の人間観
一二月二〇日　クリスマスリースを作る、「明月記」での忘年会
一九九二（平成四）年
一月一七日　寺田寅彦『雲の話』『藤原博士の〝雲〟』『荘厳なる雲の美観』
二月二一日　同　右
三月一三日　「万葉集における雲」　細川佐和子発表
四月一七日　「聖書における雲」　岩崎幸子発表
五月一五日　寺田寅彦『神話と地球物理学』、「カナダ旅行のお話」仲原先生

※六　月一九日　緒方洪庵　「適塾」見学と水上バス乗船　資料一
七　月一七日　「ギリシャ神話について」　杉本和子発表
九　月一八日　今後の方針、宿題の取り組み方、フリートーク
一〇月一六日　「宝塚の歴史」　辰巳恵以子発表
一一月二〇日　レポートの書き方について
一二月一八日　「クリスマスを祝う」仲原先生、花のブローチ作り　小林信子指導
一九九三（平成五）年
一　月一二日　寺田寅彦『日本人の自然観』
二　月一九日　寺田寅彦『日本人の自然観』
三　月一九日　寺田寅彦『日本人の自然観』
四　月一六日　『学校教育史』M一～五年
五　月二一日　『学校教育史』『学制』
六　月一八日　『学校教育史』M六～一一年
七　月一六日　グループメンバーレポート集『旅』出版　百部
※八　月二六日～二九日　研修旅行　長野県　松本、開智学校、安曇野　資料三
一〇月一五日　『学校教育史』『学制』『教学大旨』
※一〇月一五日　『旅』出版記念パーティー　於　島屋　資料四

一一月一九日　『学校教育史』
一二月一七日　「クリスマスを祝う」仲原先生、　「With宝塚」の取材を受ける
　　　　　　　皆の手料理で昼食、持ち寄りバザー

一九九四（平成六）年

一　月二二日　『学校教育史』M一一～一三年
二　月一八日　『学校教育史』『社会教育』『通俗教育』M一四～二〇年
三　月一八日　『学校教育史』M二一～二四年『教育勅語』
四　月一五日　『学校教育史』M二五～三十年
五　月二〇日　『学校教育史』M三一～三五年
六　月一七日　『学校教育史』M三六～四四年
七　月一五日　『学校教育史』大正期
※八　月二六～二八日　研修旅行　長野県　真田宝物館、象山地下壕、燕岳登山
九　月一六日　女性市会議員擁立の経緯　仲原先生
一〇月中　市会議員立候補者　杉本和子の選挙応援準備
一一月中　　同　右
一二月一六日　クリスマス会、お正月飾りの手作り、選挙費用の為のバザー

一九九五（平成七）年

一　月一七日　午前五時四六分　阪神淡路大震災発生
　二二日～五月末　安倉福祉センターでの炊き出し（有志）
二　月中　市会議員立候補者　杉本和子の選挙応援準備
三　月中　同　右
四　月中　同　右
※四　月二四日　市会議員立候補者　杉本和子上位当選　資料六
五　月一九日　グループダイナミックス
六　月一六日　『学校教育史』S一年～五年
七　月二一日　『学校教育史』S五年～六年
※八　月二五日～二六日　研修旅行　岡山県　閑谷学校　備前陶芸美術館　資料七
一〇月一八日　『学校教育史』S七年～一一年
一一月一七日　仲原先生眼科へ手術入院中、研究テーマ「宝塚で活躍した女性達」について
一二月一八日　『学校教育史』S一二年～一五年
一九九六（平成八）年
一　月一九日　『学校教育史』S一六年～一九年
　研究テーマ「宝塚で活躍した女性達」について　文章の書き方
二　月一六日　『学校教育史』S二〇年～二二年

三　月一五日　『学校教育史』S二三年

研究テーマ「宝塚で活躍した女性達」について　構成、見出し

四　月一九日　『学校教育史』S二三年～二四年

五　月一七日　『学校教育史』S二五年～二六年

六　月二二日　『学校教育史』S二六年～二七年　『児童憲章』

研究テーマ「宝塚で活躍した女性達」を『新しい生き方を求めて』として出

版するための編集委員の決定

七　月一九日　仲原先生の西宮市での講演「女性問題とは」について学習

※九　月五日～六日　研修旅行　福井県三国、越前大野　資料八

一〇月一八日　『学校教育史』S二八年、　「美彩都」の取材を受ける

一〇月一九日　グループの本『新しい生き方を求めて』完成出版　千部

一〇月二六日　宝塚「女性センター」で開催の「女のまつり」に参加

『新しい生き方を求めて』をテーマに参加者とのフリートーク

※一一月七日　『新しい生き方を求めて』完成出版記念パーティ　於　収穫祭　資料九

本のテーマ「宝塚で活躍した女性達」六人の方及びその遺族を招待

一一月一五日　『学校教育史』S二九年、

『新しい生き方を求めて』出版のことが読売新聞、神戸新聞に掲載

一二月二〇日　クリスマス会　「はじめに言葉ありき」仲原先生
　　　　　　　タイル工芸　小林信子指導

一九九七（平成九）年
一月一七日　『学校教育史』S三〇～三六年、僻地教育について
二月二一日　仲原先生の宝塚ホテルでの講演「豊かな時代の貧しい心」について学習
三月二一日　『学校教育史』S三七～三九年
　　　　　　仲原先生　学校法人「宝塚厚生幼稚園」園長に就任される（四月より一九九九年三月まで）
四月一八日　『学校教育史』S四〇～六〇年
五月一六日　『学校教育史』S六一年～H四年
六月二〇日　台風により大雨警報発令　勉強会中止
七月一八日　「脳死」　辰巳恵以子発表
※八月二一日～二三日　研修旅行　滋賀県日吉神社、安曇川、中江藤樹記念館外、賎ヶ岳、竹生島　　　　　　　　島資料一〇
一〇月一七日　「宝塚市パチンコ店等の規制に関する条例」　岡野麗子発表
一一月五日　「仲原先生の喜寿をお祝いする会」　於　島屋
一一月二一日　「少年非行と時代背景」　仲原先生

一二月一九日　クリスマス会　「聖書の成り立ち」　仲原先生
　　　　　　　パッチワーク手芸　田中雅子、塩田靖子指導
一九九八（平成一〇）年
一月一六日　「幼稚園教育について」　仲原先生
二月二〇日　NHK放送大学教材『教育的人間学』和田修二著　放送大学教育振興会　今
　　　　　　後この本を教材として勉強する
二月二〇日　『教育的人間学』　プロローグ「人間とは？」仲原先生
三月二〇日　『教育的人間学』　仲原先生
四月一七日　『教育的人間学』より「発達の意味と条件」　仲原先生
五月一五日　『教育的人間学』より「発達の意味と条件」　仲原先生
六月一五日　『教育的人間学』より「しつけと遊び」　松永和子発表
七月一七日　『教育的人間学』より「しつけと遊び」　小林信子発表
※八月二〇日～二二日　研修旅行　広島県　大三島、大久野島、竹原　　　資料一一
一〇月一六日　『教育的人間学』より「両親と家庭」　能城久子発表
一一月二〇日　『教育的人間学』より「両親と家庭」　大谷智江子発表
一二月一九日　クリスマス会「聖霊降臨」仲原先生、布手芸　ふくろう　岡野麗子指導
一九九九（平成一一）年

資料一二

一月二九日　『教育的人間学』より「道徳教育」　安本素娥発表
二月一九日　『教育的人間学』より「道徳教育」　吉田あい子発表
三月一九日　『教育的人間学』より「子どもとは何か」　茶谷詠子発表
四月一六日　『教育的人間学』より「子どもとは何か」　岡野麗子発表
五月二一日　『教育的人間学』より「学校生活の意味と課題」　辰巳恵以子発表
六月一八日　『教育的人間学』より「生涯教育」　向山安子発表
七月一六日　『教育的人間学』より「生涯教育」　杉本和子発表
※九月二八日〜二九日　研修旅行　栃木県　足利、　茨城県　水戸
一〇月一五日　グループ「人間探訪の旅」一〇周年にむけて本を出版することの決定。各々のテーマで四百字詰め四〇枚　原稿締め切り二〇〇〇年五月末日
一一月一九日　『教育的人間学』より「子どもの人間学の必要性」　仲原先生
一二月一七日　クリスマス会　「イエス誕生」　仲原先生、折り紙細工の箱　能城久子指導
二〇〇〇（平成一二）年
一月二一日　『教育的人間学』より「子どもの人間学の必要性」　仲原先生
二月一八日　『教育的人間学』より「言語と教育」　仲原先生
三月一七日　『文章の書き方』尾川正二著　改めて文章の書き方を学ぶ
四月二一日　『教育的人間学』より「教師とは何か」　仲原先生

五月一九日　『教育的人間学』より「ものとからだ」　仲原先生

【参考】
研修旅行で見学した学校の開設時代順

栃木県	足利学校	一四三九（永享一一）年
滋賀県	藤樹書院	一六四八（慶安元）年
岡山県	閑谷学校	一六七〇（寛文一〇）年
大阪府	適塾	一八三八（天保九）年
茨城県	弘道館	一八四〇（天保一一）年
福井県	明倫館	一八四三（天保一四）年
長野県	開智学校	一八七六（明治九）年
福井県	龍翔小学校	一八七九（明治一二）年

資料一　映画「ペスタロッチの生涯」を見て

一九九〇年、一応子育ても終り、夫は停年を控えて、着々と第二の人生設計を立てていた。ある日「貴女はこれから何をするの」と問われ、はじめて自分自身を振り返ってみた。

今迄六〇年近く生きてきた私に、何が残ったのだろう。子育てをし、親を見送り、夫の転勤に付き合い、夫を支えてきた。私の世界といえば、友人との付き合いに始めた趣味位のもの。それがこれからの人生に必要欠くべからざるものとも思われない。これからの私の人生をいかに生きるべきか。と考える日々が続いた。早々と夫にべったりは、相手も嫌だろうし、私も嫌だ。あと一〇年は自分の為に自由に何かに挑戦してみたいと、思うようになった。

そんな時タイミングよく、結婚当初から、同じ教会員であった、仲原晶子先生に、「人間探訪」へのお誘いを受けた。「何を勉強するのですか」、「今さら勉強なんて、おことわり」などと、ずいぶん失礼なことを云ったと思う。しかしよく考えてみると、自分の心に何かひかれるものがあり、また良いお仲間に巡り合えたこともあって、会の末席に加えていただくことになった。

それからは一ヶ月に一度の勉強会、郊外研修などの楽しい日々を思い出す。しかし近代教育学の祖、ペスタロッチのテキストを手にした時も、内容はよく理解できなかった。がただひたすら読んでいるうちに、ペスタロッチについて、もっと知りたい、勉強への意欲が湧いてきたのも事実である。

私は教育者の家庭に育ち、戦前、教師は聖職であると、誇りを持っていた父に、今の時代には通用しないかも知れないが、厳しく、貧しくとも心豊かに、愛情あふれる生き方を教えられたと思う。その父への想いが、教育者ペスタロッチをより深く知りたいと思う心へと次第に動かされていったのかもしれない。

最初のテキスト「隠者の夕暮」を学び、一九九一年六月、五回のシリーズにわけて、関西学院大学の階段教室で久し振りに学生気分にもどり、現役の学生達に交じって、「ペスタロッチの生涯」の映画を見る機会があった。

彼は一七四六年―一八二六年の生涯をかけて、貧困と差別の苦しみに耐え、何度も挫折をあじわいながら、孤児の教育とその教育方法に一生を捧げ、近代教育理論をうちたてた。映画はスイスの当時の社会背景と素晴らしい自然の風景と共に彼の生涯が映像化されており、心に深く残る作品となった。ここに映画から得たペスタロッチの概要を書くと次のようである。

彼は、一七四六年、チューリッヒに外科医の息子として生まれた。両親はイタリヤ北部の出身であるが、出身地のカトリックに馴染まず、プロテスタントとしてチューリッヒに移り住んだ。五歳で父と死別し、母の手一つで育てられた。故にペスタロッチの人間形成の上で大切な人は母である。幼いペスタロッチは子どもの時代を、家庭において困窮の中にありながらも、愛と平和、献身と犠牲との雰囲気の中に送り、彼の若い心の中に自己犠牲の精神や敬虔な信仰が培われた。

また彼が九歳の時から牧師であった彼の祖父の家を毎夏おとずれ、悲惨な下層農民の窮状を目の当たりにし、祖父が信仰をもって貧民救済に力をつくしているのを見て、全生涯を人類救済の為に働こうという思いを深くした。

その当時、チューリッヒには孤児や捨児などが多く、彼らは単なる労働力としかみなされず、酷使され、教育などは考えもおよばない状況におかれていた。この現実を直視して人類を救済するにはどうしても教育改革によるほかはないと痛感し、教育の改革に一生を捧げる決心をした。そしてまず宗教の力によって貧民を救済し、人道主義の実現を図ろうと決心した。

その為に神学の勉強をするべくチューリッヒの大学に学んだ。しかし学問的研究はある程度成果を収めたものの、牧師としての説教の能力が全く欠けていることを悟り、牧師になることを断念した。多感な学生時代には、ルソーの著書を読み、法律家たらんとして、政治問題研究の団体として活躍した。ところがそのためにペスタロッチは、危険な革命家であるという烙印を押され、法律家としての希望を断念せざるをえなかった。

三転してペスタロッチは、農業の改革によって下層階級の救済に当たろうとした。その彼を生涯助け、彼のもっとも良き理解者であったアンナと一七六九年秋に結婚した。翌年長男ヤコブが生まれ、ノイホーフに移住し、農場経営に努力した。しかしやがて、経営にも失敗し、農業の改良によって人類を救済しようとする彼の希望は、またまた挫折した。

そして四転して、彼の天職となった教育者を目指した。子どもの知的教養を高めると共に、彼らを耕作に従事させることによって、生活の資金を得させる学校、博愛主義的な労作学校を企て、長い受難の第一歩を踏み出した。一七七四年、アンナの助けを得て、ノイホーフで学校を開設したものの、実情は彼の理想からはほど遠いものであった。浮浪生活に馴れてしまった子ども達、教育に無理解な親達のために経営上の困難が重なり、アンナは健康を害し、一七八〇年に閉鎖した。その時の貧困は言語に絶するものがあり、世間では、「浮浪者を教育しようとして、自らも浮浪者になった」といわれた。そんな中にあってもペスタロッチの情熱は揺らぐことがなく、貧しい人々を救済する努力をやめることはなかった。不幸は尊い真理を教えてくれたと神に感謝している。

著作生活に入り、一七八〇年「隠者の夕暮」、一七八一年「リーンハルトとゲルトルート」を世に出し、各方面から多くの賞金や感謝状を得た。しかし世間の称賛とはうらはらに、彼の意とするところは、あくまで教育がいかに人心を改造する力をもっているかというところにあった。文学的技巧にすぐれていた本書は、単なる小説としてしか読まれず、彼の意図はまた失敗した。一七八七年「リーンハルトとゲルトルート」の第四巻が出版されてからは、しばらく沈黙した。

一七八九年パリに騒動が起り暴動は各地に反乱を起こした。一七九二年に共和制が打ち建てられ一七九三年にルイ一六世は断頭台に消えた。ノイホーフ時代のペスタロッチは、著作家としても、教育実践家としても失敗をもって終わった。

一七八九年、スイスは連合国となり、ペスタロッチは政府の保護を受け、ひたすら博愛主義的教師を目ざした。その時代、異教徒（プロテスタント）の侵入によって多くの人が殺害され孤児が群をなした。政府は、ペスタロッチが異教徒であったにもかかわらず孤児の教育を許した。五〇歳の時孤児たちのための不眠不休の努力に加え、度重なる不遇のために、健康を害し静養せざるを得なくなった。その時友人に体験を書き送ったのが「シュタンツだより」であり、読む人の胸を強くうつものがあった。

病気の恢復と共に再び教師にもどった。教育法の改善、単純化に大きな成果を収め、また有能な教師達の協力を得て学校は名声を博し発展して、師範学校に昇格した。

一八〇三年不幸にもペスタロッチに好意的であったスイス統一政府が倒れて、地方分権制度の連邦共和国を樹立したため、彼は追いやられた。そしてイフェルテンに移り、ここで再び学校を開いたのである。彼が目ざしていた、子どもの教育を家庭生活と学校教育に密接に関係づけるには、学校があまりにも大きくなりすぎた。

多数の生徒と多様な言語、教養、祖先、習慣の異なった一大世界の様になった学校において、これ以上学校を続ける事はできなかった。そこにもって同僚間の仲間割れ、派閥闘争、一八一五年に彼の最も良き理解者アンナが死亡した。そして、一八二五年学校を閉鎖した。

彼は既に八〇歳に近く、唯一の情熱、愛、信仰の対象であった教育の理想は消え失せた。晩年はノイホーフに引退し、執筆に精進した。

彼の発見した自然的方法によって、人間改造を図ろうと努力したにもかかわらず、すべての事業につきまとう不運と、適応しがたい能力が、結局なんの効果も達成することなく、人生の終末を迎えたのである。

一八二七年二月一七日、彼の部下であったニードラーに裏切られ、チューリッヒの新聞に誹謗、中傷され、それに反発しなければと叫びながら精根つき果てた。彼の一生は、すべて人のためにあった。人間とは何か、人間として、真の人間たるには、いかなる方法をもってすべきか、ペスタロッチは、常にこの一事を中心として働いたのである。かれのすべての事業は成功しなかったものの、彼が残した仕事のすべては「近代教育の父」として今、私共の手許にある。

［ペスタロッチの教育理論］

教育には自然の順序があり、この順序を無視して教育は成功しない。今の学校で行っているような「自然に先立って、無理にかりたてるような人為的方法」は、教育としては間違っている。子どもの自然を大切にして、徐ろに待つ教育でなくてはならない。今の教育は外面だけを人為的に輝かす様なものであり、きわめて不自然な教育技術のしからしめるところである。

自然の道は、あくまで自由であり「どこにも圧迫する様なものがあってはならない。」自然のままとは、放任することではない、その間に一定の秩序、法則が必ず支配している。その様に自然の方法において、教育された結果、「人間の本性の内なる諸力を一般的に向上させて、純粋な知恵とすることが、いかに貧しい人間においてでも、教育の一般目的である。これによって、人間が真の人間となる。」

また、ペスタロッチは、真理は実在するものであり、それは神でなければならい。神は絶対者であり、「神の信仰は教育によって得るものではなく、先天的に人間本性に持ったものである」、教育が「神います」という先天的な基礎にあることを強調したものといってよいであろう。自然の教育とは、神の人間に対する教育、子どもが教育を受けることも、成人が子どもを教育することも、神に対する信仰の道を歩むこと以外の何ものでもない。自然の教育は神ありて、初めて可能であり、神の意志による教育こそ、人間自然の教育である。教育とは信仰に裏づけられた自然の道にほかならない。

岩崎幸子

【参考文献】

稲富栄次郎　『ペスタロッチの生涯と思想』（福村出版）一九七一年
江口　清（訳者）『スイス史』（白水社）　一九五四年

資料二〔適塾〕

適塾は緒方洪庵が、江戸、長崎で蘭学を学び、一八三八年、二九才の時に大阪に出て瓦町に開いた蘭学塾である。一八四五年一二月、過書町（かいしょ）の町家を購入、移転し、大いに塾を拡張する。その間には大村益次郎、福沢諭吉など著名な門下生が見られる。

緒方洪庵は一八六二年八月（五三才）に、江戸幕府奥医師に召されて、大阪をたち、西洋医学所頭取を兼任する。塾生の教育には、養子（娘八千代の夫）が当たるが、適塾は、明治初年閉鎖される。緒方洪庵は一八六三（文久三）年六月、突然多量の喀血により五四歳で急死する。

一八六九（明治二）年大阪府が大福寺（東区上本町四丁目）に仮病院・医学校を設立した際、洪庵の嗣子緒方惟準、義弟郁蔵、養子拙斎等がこれに参加。この医学校は、後に幾多の変遷を経て現在の大阪大学医学部となる。適塾の建物は、後に国の史跡、重要文化財に指定され、一九八〇（昭和五五）年五月より、一般公開が開始された。（管理は大阪大学医学部）

緒方洪庵は幕末における洋学研究の第一人者として仰がれ、多くの蘭書を翻訳し、著書を残した。「扶氏経験遺訓」三〇巻（ベルリン大学教授フーフェランドの内科書）を翻訳した。洪庵はその巻末の「扶氏医戒之略」とし、「人のために生活して己のために生活せざるを医業の本体とす」とあり、現在でも立派な医の倫理書といわれている。また、「病学通論」は、我が国で初めてできた病理学の総論で、広く読まれた名著である。緒方洪庵は、天然痘予防のために種痘所を開設して、種痘事業を開始した。コレラの大流行時には「虎狼痢治準」を刊行して予防策に尽力した。

適塾における教育の中心は蘭書の会読であったので、その予習のために塾生が使用した辞書がヅーフ辞書（蘭和辞書）である。適塾にはヅーフ部屋という部屋があり、一部しかない蘭和辞書を奪い合って勉強したという。

適塾が開かれた前年一八三七（天保八）年には「大塩平八郎の乱」や「生田万（いくたよろず）の乱」があり、アメリカ船モリソン号が浦賀に入港している。米国はその六〇年ほど前に、一七七六年独立を果たし、ポルトガル、スペイン、フランスなど欧州の大航海時代に代表される植民地政策が一段落している。代わって遅れていた英国が、一八三七年のビクトリア女王即位の後、植民地統治の最盛期を迎える。日本には一五四三年ポルトガル船が種子島に漂着、鉄砲が伝来し欧州の近代技術・美術・商品とキリスト教が流入し始めている。

一六〇〇年蘭学を伝えたオランダ人、ヤン・ヨーステンが来訪し、一六〇九年に、平戸にオランダ商館が開かれた。日本の人口は一五五〇年の戦国時代約一千万人で、全国に城下町が形成され、江戸時代には政治経済の中心地である大阪、江戸などの都市が整備され、交通網も発達した。一七〇〇年代の元禄時代には人口が約三千万人に増え、治水洪水対策の時代で、浅瀬の干拓や埋

立が始まっている。近代にはいると、鴻池新田など西日本を中心に干拓による新田開発が盛んに行われた。(1)

このように国内外から社会変貌をうながす大きな力が加わりつつあった。時は幕末、堅固な幕藩体制にもほころびが見え始めた時代である。また、為永春水「春告鳥」などの人情本が流行した。一八三八（天保九）年には「倹約令」が発布され、「佐渡の一揆」があった。また二宮尊徳が小田原藩の財政立て直しに着手した。一八四〇（天保一一）年には売薬看板に蘭学使用を禁じた。(2)

吉田あい子

【注】

（1）本間俊郎「日本の人口増加の歴史」山海堂　一九九〇年

（2）三省堂編修所編「日本史年表」三省堂　一九八七年

【参考文献】

適塾　大阪大学

資料三〔開智学校〕

長野県松本市　開智学校　明治維新の廃藩置県によって設置された築摩県の県庁所在地は松本であった。現在わが国でも「信州教育」に代表される有数の教育県といわれる長野県では、徹底した廃仏棄釈が行われ、破壊された寺院跡には多くの学校が建設されたという。こうした条件が松本大手町全久院跡に筑摩県学（後の開智学校）が開学されることになる。その後明治六年の学制領布によって「第二大学区第一中学区第一番小学開智学校」となった。学制領布前に既に開学されていたものの生徒数が多いので新校舎の建設が計画され、松本在住の棟梁立石清重によって一八七六（明治九）年落成したのが、現存の開智学校である。

開智学校は小学校として開設されたものであるが、教育施設としての設備も整っていたので、その後の教育施設はここを母体として拡充された。

一八七六年に校内に設立された、筑摩県変則中学校は現在の県立松本深志高等学校へ、一八八七年付属幼稚園は市立松本幼稚園へ、一八九一年の開智書籍館は市立松本図書館の起源となった。その後も県立松本蟻ケ崎高等女学校、実業補習学校、県立美須々ヶ丘高等学校、県立松本盲学校、市立博物館等の源流はこの開智学校にある。これは開智学校を開智小学校と限定しない理由でもあるという。

開智学校は明治初期の和洋折衷の校舎で擬洋風建築の貴重なモニュメントとして、国の重要文化財に指定されたのが一九六一年である。教育史は何よりも教育実践の歴史であり教育実践とは、教師と生徒によって、営まれる日々の授業と、その授業に用いられる教具とその結果や、教師の準備作業である。この点で開智資料は、わが国の近代教育一三〇年に及ぶ生きた資料を私たちに示している。真に興味津々たるものがあり、長時間をかけて見学した。磨滅った階段、黒光りする手摺り、講堂の「籐」の敷物等、あらゆる資料がよくここまで保存されていることに、一層感概を深くした。

これから、明治以後の教育史の学習を始めようとする私たちにとって、学校教育がいかに人間を形成したか、またそこで用いられた『教科書』が、それぞれの時代に要請する人間をつくり、それらの人びとによって社会が形成され、それが新しい日本の歴史を蓄積してきたことを思うと、教育がいかに重要なものであるかを今更のように考えさせられる。私たちの「人間探訪の旅」は始まったばかりであるが、それぞれの人にその成果が期待されるところである。

仲原晶子

資料四 「旅」の編集・発行

「適塾」見学が終わり、夏休みを迎えたとき、我々はレポートを書くことになった。もう学校を卒業して何十年も経ち、「今更文章を書くなんて!」という者ばかりである。そこで仲原先生は、「とにかく、自分の言葉で字を書いてみるように。」といわれた。と同時にこれまでの学習を加味して「論理的に物を考える」というテーマがつけくわえられる。

テーマは自分で選び、自分で興味を持っていることを書けば良いということである。

そこでそれぞれが選んだテーマというのが、

一、「左きき」のなぞ

一、聖書に書かれた「雲」

一、「人間探訪の旅」と私

一、ホームステイ十年
一、羊と人とのかかわり
一、森林浴と火事場風について
一、葬送と宗教観
一、うたた寝考
一、鳥の歌は恋の歌
一、寺田寅彦の生涯
一、梅の木におもう
一、出合い
一、海流と漂流
一、ヤドリギ
一、黒部ダムへの旅
一、森林の恩恵
一、アーミッシュの人びと

一七名が始めて文章化した力作である。各自文章にするのは大変であるが、論理的にというのは、そのテーマをより一生懸命に見つめるということ、真剣に取り組むということになるのか、それぞれのテーマをより深く観察した結果がみられたように思う。また、文章を筋を通して論理的に展開することもできたのは大きな収穫であった。ようやく形ができたところで、これを本にするということになった。またまた、しろうとばかりの作業が始まる。表紙もカットもワープロもグループの中でそれぞれ手分けして進み、一年後にはどうやら、一冊の本が出来上がった。表紙はそれぞれの好きな「花の絵」をかいてもらい、一人一人が別の表紙の世界に一冊しかない「私の本」を持つことが出来た。本を手にしたときは、文章のつたなさも、慣れない作業の辛さも忘れて、共に作り上げた喜びを味わった。この書名「旅」は内容が多岐に亘っているので、講座名である「人間探訪の旅」からとられたものである。「旅」の発行は一九九三年七月である。

吉田あい子

資料五　〔象山地下壕〕他

一九九四（平成六）年八月二六日〜二八日

二六日

長野県長野市　善光寺　戒壇廻り

松代　真田宝物館、真田邸、象山誕生地、象山記念館

〔象山地下壕〕

第二次世界大戦の末期、軍部が本土決戦最後の拠点として極秘のうちに、大本営、政府各省等を松代に移すという計画のもとに構築したもの。着工は昭和一九年一一月一一日午前一一時。翌

二〇年八月一五日の終戦の日まで、約九ヵ月の間に当時の金で約二億円の巨費とおよそ延べ三百万人の住人及び朝鮮の人々が労働者として強制的に動員され一日三交替徹夜で工事が進められた。食糧事情が悪く、工法も旧式な人海作戦を強いられ多くの犠牲者を出したと言われている。

南安曇郡穂高町　仲原晶子先生別荘　囲炉裏を囲んで夕食、宿泊。

二七日

［燕岳登山］

標高二七六三メートル、中房温泉より登山。お花畑を見て頂上へ。頂上の岩の造形、槍岳、三俣蓮華岳と連なる山々の眺望に感動。

南安曇郡穂高町　仲原晶子先生別荘　登山しなかった方、中腹で下山した方々により用意されたニジマスの串焼き等で囲炉裏を囲んで宴、宿泊。

二八日

［帰途］

上高地、乗鞍スーパー林道、岐阜県高山市　飛騨高山からくり上演館。

資料六　「女性市会議員」の誕生

安本素娥

私達のグループはかつて男性社会の中で堂々と活躍した諸先輩たちの取材をし、一方では明治維新からの教育史を学んできた。今日男女平等が主張されているにもかかわらず、特に宝塚のまちは「女性のまち」といわれているにもかかわらず、女性議員が一人、二人というのはとてもさびしい。是非、私達の手で、女性議員を出したい。とは言っても皆それぞれ、家庭の事情もあり、大体「政治はどうも」という環境に居るものがほとんどである。

白羽の矢が立ったSさんを中心に選挙運動がはじまる。またまた勝手の分からないことばかりの主婦の集まりである。しかし一つずつの積み重ねが一人の女性議員を送り出すことに成功した。途中阪神大震災という予想もしなかったこともあったが、何とか切り抜け、Sさんは市会議員の座につく。

はじめは推されて立候補した彼女も、実際の職務につくとモリモリ、ファイトがわいて来て、本当に忙しい毎日を送っている。彼女は適任だった。普通の主婦で普通の主婦ではなかったということである。そして今では、行政と市民とのパイプ役として頑張っている。

議員は住民から選ばれて、議会の構成員となり、その一言一句は住民の意見、声であるべきである。そして議会の使命は第一に地方公共団体の具体的政策を最終的に決定することであり、第二に議会が決定した政策を中心に行う執行機関の行財政の運営や事務処理ないし事業の実施が、すべて適法・適正に、しかも、公平・効率的に、そして民主的になされているかどうかを批判し監視することである。(1)とある。

男女共同参画社会基本法が平成一一年六月に成立・施行され、宝塚市においても平成一二年度中にクオータ制(割当制)を導入することになっている。

こうして今では宝塚市において女性議員が二人から四人になったが、市会議員三〇人中四人というのは全国的に見てもまだまだ少なく、もっと女性議員が増えてほしい、と彼女は先輩女性議員として、希望している。しかし、全国での地方女性議員はわずか六・一パーセントであり、市議会議員は九・七パーセントである。(2) これから女性議員がふえますます活躍してほしいものである。

吉田あい子

【注】
(1) 全国町村議会議長会編「議員必携」 学陽書房 一九九七年
(2) 財団法人市川房枝記念会編「全地方議会女性議員の現状」 市川房枝記念会出版部 一九九九年

資料七 〔閑谷学校〕他

一九九五(平成七)年八月二五日～二六日
二五日
備前陶芸美術館 作陶体験 窯元見学 播磨自然高原船坂ゴルフ倶楽部 山の家宿泊。
二六日
〔閑谷学校〕
講堂 聖廟(孔子廟) 芳烈祠(閑谷神社) 資料館
備前岡山藩の郷学校(ごうがっこう) 藩主池田光政は熊沢蕃山の教育思想を取り入れ一六六八

（寛文八）年領内一二三か所に手習い所を設けたが、和気郡木谷村延原のそれを一六七〇（寛文一〇）年津田永忠に命じて仮学校と名づけて整備させた。山水清閑の地であることから延原を閑谷と改称した。津田永忠はすぐれた経世家であるとともに、土木事業に卓越した技量をそなえた人であった。旧講堂（一六七三）旧聖堂（一六七四）が建てられたが、そのころ凶作であったため、藩は財政を引き締めざるを得なくなり一六七四（延宝二）年には手習い所を一四か所に整理、さらに翌一六七五年にはそれも廃止して本校に統合し、閑谷黌（こう）として発足した。手習所に充てていた藩費を難民救済に充てた。講堂・聖廟・芳烈祠（閑谷神社、光政を祠る　芳烈は諱〔おくりな〕）・文庫・鶴鳴門などをしだいに改築、増設しその施設と規模において藩黌に劣らないものとなった。敷地の周囲に石塀を築き回し、学校の工事を完了したのが一七〇一（元禄一四）年で三一年の歳月を要したことになる。

津田永忠はこの学校の経営のための財源まで考え、学校付近の閑谷新田など約四五〇石の田地と約二〇〇町歩の山林を学校領に設定し、そこからの年貢米・運上銀を財源に充てる仕組みをとった。

石塀は独特の亀甲づみのカマボコ型、三〇〇年近くの年月を経て草も生えない見事なものである。正門の鶴鳴門の左右から出て、校地を一周すると延長七六五メートルに及ぶ。

平素は緑美しい天然の防火帯である日除け山は一八四七（弘化四）年西域の学房（寄宿舎）厨などの火災から東域の講堂・聖廟・芳烈祠などを守った。

武士だけでなく一般庶民の子供にも門戸を開放し、一八七〇（明治三）年に岡山藩学校に合併され七年後に廃校となったが、その遺構は創建当初のすがたをそのまま現在に伝え、国宝建造物となっている。儒学の殿堂として子供たちが学んだ講堂は備前焼の赤茶色の瓦、床は今も鏡面のように輝いている。孔子廟を守る二本の楷の木の紅葉は美しい。

閑谷学校は教則その他もほぼ藩校のそれに準じたが、庶民教育機関であるというその性格上、比較的低度のカリキュラムを用い、習字と素読（五と一〇の休日以外、毎日午前一〇時より午後一時まで、テキストは孝経、小学、四書五経）の二科目制をとり、随時これに講義（一と六の日の午前一〇時から講堂で、テキストは四書、三と八の午後二時より習芸斉で、テキストは五経、諸賢伝）。天保期の頃から算術、天文、暦

私塾と寺子屋の普及　開設年を府県別に分類

	私塾				寺子屋			
府県名	合計	江戸時代	明治以降	不明	合計	江戸時代	明治以降	不明
岡山	144	123	21	0	1031	927	90	14
長野	125	117	1	7	1341	1196	48	97
東京	123	83	34	6	487	335	151	1
山口	106	82	24	0	1304	970	174	160
福井	23	13	1	9	31	1	1	29
兵庫	52	39	4	9	818	628	35	155
京都	34	27	1	6	566	363	31	172
大阪	20	14	2	4	778	588	72	118

『日本史小百科15　学校』　海原　徹著　近藤出版社より抜粋

学などの教科が部分的に加えられたがこれは農村の商業化が進み、庶民の日常生活が次第に多様化、複雑化したことによる。入学生の多寡は明らかではないが、一八一三（文化一〇）年の頃小生六〇名程度、大生若干名、また一八六八（慶応四）年には庶民子弟三九名、家中武士一五名を擁した記録がある。

藩主池田光政は閑谷黌より前、一六六六年に岡山城二の丸の石山に仮学館を設けたが、就学者が増加し収容しきれなくなったので、一六六九（寛文九）年三の丸外曲輪に本格的な藩学校（藩黌）を新設し藩の教育の中心施設とした。主な建物は明治維新のころまで残されていたという。

安本素娥

資料八　〔みくに龍翔館〕他

一九九六（平成八）年九月五日～六日

五日

福井県　越前海岸　河野家（北前船主の館）　三国町　みくに龍翔館

［みくに龍翔館］

龍翔小学校〔一八七九～一九一四（明治一二～大正三）年　明治九年に三国を訪れたオランダ人土木技師G．A．エッセルがデザイン〕の外観を忠実に復元した郷土資料館。龍翔小学校は白亜五層八角のデザインが珍しく、北前船交易の栄華の象徴として永く住民に愛された。

エッセルは明治六年～一一年まで滞日した土木技術者で、天竜川、大井川、利根川など各地の改修工事に従事、たまたま三国町の開港に伴う九頭竜川河口の改修工事に来町、龍翔小学校の校舎の設計を依頼されたものという。

［**東尋坊**］

北陸屈指の景勝地。これほどスケールの大きい安山岩の柱状節理は世界でも三カ所しかなく、地質学的にも貴重で、国の天然記念物。

金津町　細川佐和子さんの実家　宿泊。

六日

［**勝山市　平泉寺白山神社**］

泰澄大師により七一七（養老元）年開山。四八社、三六堂、六千坊という大寺院として勢力を誇ったが、一五七四（天正二）年の一向一揆により焼失。現在の本社は一七九五（寛政七）年の造営。旧拝殿址は緑の絨毯を敷きつめたような青苔が一面に広がり苔の寺としても有名。

［**大野市　大野藩藩校明倫館跡**］

江戸時代後期藩校を設け藩内の子弟を教育することが盛んになり藩主土井利忠も学校の設立を望み藩制改革に着手し、節倹の例を発して自らもその範を示し一八四三（天保一四）年設立の令を発した。翌年現在の有終西小学校の場所に校舎を完成し藩主土井利忠が「人間として、ふみ守るべき道を明らかにするという意味をふくめて」明倫館と名づけた。武士の子弟に限らず一般領民の子弟をも対象とした。

［洋学館跡］

藩主土井利忠は、小関三英、杉田成卿について蘭学を学ぶことによって洋学の必要性を認識し一八五六（安政三）年「適塾」塾頭伊藤慎蔵を教授に招き、蘭学館（洋学館）を設け、諸藩にさきがけて洋学を奨励した。大野の洋学が有名になるにしたがい諸藩から入学するものが多くなり、緒方洪庵の二子（平蔵・四郎）までが来学した。

朝倉義景（越前一乗谷五代城主）墓所、大野市歴史民族資料館、寺町、七間朝市、お清水（おしょうず）

［福井市一乗谷朝倉氏遺跡］

福井市の東南一〇キロメートルにある国の特別史跡

一四七一（文明三）年に築城され五代一〇三年にわたって栄えたが一五七三（天正元）年織田信長によって滅ぼされた。

安本素娥

資料九　「新しい生き方を求めて」の取材・編集・発行

「旅」を発行して約一年過ぎた頃、今度は我々の地元、宝塚に目を向けて、ここに素敵に生きた女性六人を選び、その方たちの活躍ぶりを一冊の本にまとめることになった。政治・教育・婦人会など各分野での先駆者の中から、今回選んだのは、

一、元良元村村長　故岡田　幾（一八九〇〜一九七五）
一、公選制元教育委員　故白井　うめ（一九〇二〜一九八七）
一、小学校校長　印部　すゑこ（一九〇七〜　）
一、婦人団体連絡協議会会長　喜多川　みつ（一九〇九〜　）
一、更生保護婦人会会長　播磨　きくゑ（一九一〇〜　）
一、元参議員議員　中澤　伊登子（一九一五〜　）

の六氏である。

数人づつのグループに別れて、それぞれの取材が始まった。既に亡くなっている方もあり、本人が残した著書を読み、またその家族や当時のことを知る方を探して、インタビューをした。(1) 現在では宝塚を離れて、別の街で活躍している方もあり、取材は思ったほど簡単にはいかなかった。しかし取材をしていくうちに、色々な発見や楽しみもあり、その足跡の記録はどんどんふくらんでいった。文章は起、承、転、結の筋立てとし、各グループの成員の努力と協力によって、何とか完成した。

これを印刷するにあたっては、会員の家族の応援もあり、一冊の本が出来上がった。

私達の宝塚でかつて活躍した方の話は、宝塚市民にとって、興味深いものとなった。直接の知人でなくても、聞いたことのある名前を目にすると、読んでみたいという気になるようだ。また我々の先輩の活躍ぶりはどんなだったのかと聞いてみたくもなる。初めはどうなることかと心配した取材や資料集め、千部出版も結果オーライである。一九九六年一〇月には出版記念パーティを開き、取材させて頂いた生存しておられる先生方や、家族のかたがたを、お招きした。皆さんもとても喜んで下さり、我々も苦労の甲斐があった。達成感の喜びとはこういうものであると感動した一時である。

吉田あい子

【注】

(1) 岡田指月「灰に書く」大乗社 一九三五年

資料一〇 〔中江藤樹先生関係〕他

一九九七(平成九)年八月二一日～二二日

二一日

[中江藤樹記念館]

日本の陽明学の祖といわれる江戸時代初期の儒学者中江藤樹(一六〇三～一六四八年)に関する真蹟や遺品類の保存・展示、藤樹学及び陽明学を中心とした図書の収蔵・閲覧、講演会の開催等の機能を持つ。

[藤樹書院]

一六四八(慶安元)年藤樹四一才の時、村人や門人が建てた講学の書院。

藤樹の真筆「致良知」（良知に致る）の軸、遺品も多く保存されている。生誕の地であり西北の隅に藤の大木があり、この木に因んで藤樹先生といった。現在の建物は一八八一（明治一四）年再建された。

［近江扇子製造直売所］

安曇川流域に自生する竹を利用して始まったと伝えられる竹手工芸品扇骨の歴史は古い。見事な職人技を見学。

二二日

東浅井郡　竹生島　宝厳寺　西国三三ヶ所観音霊場の第三十番札所

余呉町　賤ヶ岳　リフトで頂上へ　琵琶湖と余呉湖を眺望。

高月町　渡岸寺（どうがんじ）　国宝　十一面観世音菩薩立像

安本素娥

資料一一　〔大三島・竹原の見学〕他

一九九八（平成一〇）年八月二〇日〜二一日

二〇日

［広島県大三島町　大山祇（おおやまづみ）神社］

一四二七（応永三四）年再建

［大山祇神社国宝館］

禽獣葡萄鏡・紺絲威鎧兜大袖付など国宝八点、紺絲裾素懸威胴丸など重文十三点を保存展示

［小千命（おちのみこと）御手植の楠木］

［村上三島（書道家）記念館］

［竹原市大久野島　毒ガス資料館　砲台跡、毒ガス貯蔵庫］

日本陸軍の毒ガス工場として一九二九（昭和四）年にこの島に設置され、一九四五（昭和二〇）年終戦後米軍により破壊された。今は国民休暇村として開発され保養地となっている。野生の兎が多数生息。

国民休暇村施設　宿泊

二一日

［竹原市街］

平安の昔より京都・下鴨神社の荘園として栄え、江戸時代には塩田で栄え、多くの学者を輩出し、町人文化が花開いた。出格子、棒瓦の屋根の町並みが残る。

［照連寺］

小早川氏代々の子弟の学問所で、頼三兄弟はじめ優れた文人を数多く輩出した。

［頼惟清旧宅］

頼山陽の祖父・頼惟清（らいこれすが）の旧宅。頼一門発祥の地として、江戸中期の建物で貴重な遺構とされている。頼山陽（一七八〇～一八三二）は江戸時代末期の漢学者　七カ月～一八

才まで竹原で育ち、江戸に出た。三二歳のとき、京都に塾を開き梁川星巌、大塩平八郎とも親交を結んだ。詩文書画ともにすぐれ『日本外史』『日本政記』『通義』などの　著作があり、詩文をあつめたものに『山陽詩鈔』がある。

〔歴史民族資料館〕

もともと江戸中期の儒学者・塩谷道碩（しおたにどうせき）の屋敷跡で、今の建物は昭和四年建てられた。製塩業を中心とした資料を展示。

〔春風館、復古館、松阪邸〕

江戸時代の竹原の町家の建築様式を今に伝える。

〔酒蔵交流館〕

江戸末期の酒蔵の一角を改造、ほんのりと酒の香りが漂う。

安本素娥

資料十二　〔足利学校〕・〔水戸弘道館〕他

栃木県　足利学校・茨城県　水戸弘道館

九月二八日、午前七時四五分伊丹空港発。「人間探訪の旅」研修旅行初めての空路の旅である。日本最古の学校「足利学校」水戸藩の藩校「弘道館」を訪れるのが、今回旅行の主目的である。空路一時間で羽田着、羽田―浜松町（モノレール）浜松町―浅草（京浜急行）浅草―足利（東武伊勢崎線）足利着は丁度昼食時になった。午後は足利学校を見学し、三時半頃には宿泊先の水戸へ立たなければならない。ちょっと気のせく思いはあったが、足利の味、こくのあるお蕎麦の昼食に堪能し、しばし足を休めた。

足利市は、栃木県南西端、渡良瀬川に臨む工業都市である。国道五〇号線と両毛線が市域を横断し、渡良瀬川南岸には東武鉄道伊勢崎線が通じて東京と直結している。足利氏発祥の地で、足利尊氏の室町幕府開設後は、関東管領の直轄地になった。足利学校・鑁阿寺（ばんなじ）は当時の文化遺産である。桐生市、八王子市とともに関東三大機業地として知られている。また繊維工業のほか、戦後ゴム製品・機械・金属・電気など各種の工業も発達した。

［足利学校］

中世唯一の学校施設である。創建については、奈良時代説、平安時代の小野篁説、鎌倉時代の足利義兼（足利尊氏六代の祖）による説、また室町時代中期に上杉憲実によって開かれたという説など、諸説があるが明らかではない。

歴史が明らかにされるのは一四三九（永享一一）年上杉憲実（一四一〇〜一四六六）によって現在国宝に指定されている書籍が寄進され、易学の大家であった鎌倉円覚寺の快元和尚を招いて初代庠主（校長）としたことに始まる。一四四六（文安三）年には、学則「学規三条」を発布し、学校として整備され、機能を発揮したようである。

室町時代には儒学、特に易学を中心とする講義が盛んで、時代の要請に応じて兵学・医学・天文学などが選ばれた。第七代庠主九華（一五〇〇〜一五七八）のころには最盛期をむかえ、全国から来学する学徒は三千人に及んだと伝えられている。フランシスコ・ザビエルにより「日本国中最も有名な坂東の大学」と世界に紹介されたとの話も伝わっている。

その後、北条氏、徳川氏の保護を得て学校は継続されたが、江戸時代の末期には「坂東の大学」の役割を終了し、藩校へと移行した。一八七二（明治五）年校務を廃止、学校は蔵書とともに栃木県に引き継がれた。一八七六（明治九）年足利町に返却され、一九〇三（明治三六）年足利学校遺蹟図書館が開かれた。昭和五七年になって「史跡足利学校保存整備事業」に着手し、書院・方丈・庫裏などを復元し平成二年に江戸中期の姿に甦った。

入徳門をくぐると学校門へと石畳が続き、さらに木立に囲まれた聖廟（孔子廟）へと続く杏壇門がある。講義や学校行事が行われた「方丈」、庠主の書斎である「書院」、学生が生活した「衆寮」、学校の台所である「庫裏」などが敷地内に点在する。いずれも切妻造り寄棟造りに茅葺、板葺の重厚な当時がしのばれる建物である。

庭園を回ると「字降松」（かなふりまつ）と呼ばれる松の木がある。これは第七代庠主九華の頃、学生が読めない字や意味の分からない言葉を紙に書いて、この松の枝に結んでおくと、翌日には振り仮名や注釈がついていたことから、このように呼ばれたとのことである。足利学校は正に「寮施設有り」の総合大学であったのだろう。

学校の西側が大門いしだたみ通りで、周囲をきれいな土塁と堀に囲まれた鑁阿寺へと続いている。約八百年余り前の一一九六（建久七）年鎌倉時代に足利義兼公により開創された真言宗の古刹である。鑁阿とはサンスクリットで大日如来を意味するという。創建以来、災禍の厄にあわず、当時の足利氏の繁栄のほどがうかがえる建造物である。

足利学校　鑁阿寺はJR足利駅から徒歩一〇分ほどのところに位置している。

午後三時三四分足利発—小山（JR両毛線）小山—水戸（JR水戸線）宿泊先のホテル「サンレイク水戸」に着いたのは、すでに夕陽が千波湖の向こうに沈んだ頃であった。

翌、二九日は弘道館、偕楽園、歴史館にある旧水海道小学校を訪れた。

水戸市は茨城県中部にあり、市街部は那珂川と千波湖によってはさまれた水戸台地上市（うわいち）と千波湖流水部低地下市（しもいち）を中心とする。鎌倉時代の築城に始まり、室町時代に城下町が拓かれた。江戸時代になって、徳川頼房（一六〇三～一六六一）が初代水戸藩主となり、上市に武家屋敷、下市に商工業者を集めて市街地を整えた。二代藩主光圀（一六二八～一七〇〇）が拡張整備し、ほぼ現在の市街地の基礎をつくった。現在、商業が盛んで、デパートなど大商店が集中し、卸・小売とも県第一位である。

［弘道館］

JR水戸駅の北約六〇〇米にあり国の特別史跡に指定されている。旧水戸藩の藩校の跡である。旧水戸城三の丸の地で、正門・弘道館正庁・孔子廟・八卦堂・鐘楼が残っている。徳川光圀が藩士の教育のための藩校建設を計画したが、『大日本史』編纂のため多忙で果たせなかった。第九代藩主徳川斉昭（一八〇〇～一八六〇）が光圀の遺志を継ぎ、一八四〇（天保一一）年建設に着手し、翌年開館したものである。斉昭公が天保五年に弘道館創立の趣意を、藩の重臣・学者に諮問したが、延期論など反対意見を唱えるものが多く、少数の学者が賛成するのみであった。漸く同七年に至って設立が内定した。丁度この年は天保の飢饉であり、翌八年も凶作で、その救済は容易ではなかった。しかし、斉昭公の意志は強く、建学は挫折することなく計画は進められた。斉昭公は建学の趣旨を、藩の儒者である藤田東湖（一八〇六～一八五五）に示し、館記草案の起稿を命じた。東湖は自身の抱負と斉昭公の意見を調整し、「弘道館記」を作成した。また東湖が館記に解説を加えた「弘道館記述義」もある。「弘道館記」は水戸藩学の精神を示し、教育指導理念を確立するものであった。ここに建学方針が決まり建設の運びに至ったのである。

弘道館における水戸藩の学制によると、藩士の子弟は一〇歳になると藩が公認した家塾に入り、素読・習字・武術の初歩を修めた。一五歳になると塾師からの申請に基づいて、弘道館で『論語』『孝経』の講解力について試験をし、合格者に対して入学を許した。一五歳以上四〇歳までの藩士とその子弟が、水戸のイデオロギーである尊皇攘夷の思想に基づいた教育を受けた。また、実用主義の立場から、文館では歌学・医学・天文学・数学・諸礼、武館では兵学・剣術・柔術・砲術をも教えた。高等教育のための総合学校であったといえよう。

一八六八（明治元）年の内乱で大部分を焼失し、一八七二（明治五）年最後の学生を送り出し閉鎖された。

［偕楽園］

水戸市常磐町にある庭園で、総面積約一二万平方メートル、梅の名所として知られている。金沢の兼六園、岡山の後楽園とともに日本三名園の一つである。千波湖・弘道館を含めて県立水戸公園となっている。

一八四二（天保一四）年水戸藩主徳川斉昭が千波湖に臨む台地、七面山を拓いて造園した偕楽園の名は孟子の「古の人は民と偕（とも）に楽しむ」の文からとって名付けられた。斉昭は梅を愛し、園内の二分の一に二百種一万本の梅林を造った。また四分の一は宮城野萩、霧島つつじを植え込んだ芝生の見晴らし広場とし、残りは杉と孟宗竹の森とした。一角に文化的集会所としての「好文亭」を建てて士民を招いた。

四季の風情の中で、茶会の宴を楽しんだのであろう。好文亭の名前は、梅の別名好文木に由来している。当時、好文亭の下から舟を千波湖へ浮かべることもできたという。対岸の台地、桜山と丸山には桜が植えられた。今も変わりなく湖水と田園風景を取り入れた山水の自然美をもつ大庭園である。

好文亭は第二次世界大戦で焼失したが、昭和三三年に復元された。

［旧水海道小学校］

偕楽園から徒歩で五、六分の所に茨城県立歴史館がある。その庭の一角にかつての茨城県水海道市立水海道小学校本館が移築保存されている。消防士の帽子—そんな形容をした人もいるという鼓楼が一際目を引く。（始業終業を報ずる太鼓がつるしてあった）

一八八一（明治一四）年水海道の町民有志が寄付金を集め、新しい西洋文化を取り入れた校舎を建築した。旧開智学校と並んで日本を代表する学校建築である。明治初期の小学校の形態を残すものとして、県指定の文化財になっている。

明治・大正・昭和初期の教科書や水海道小学校の歩みとルーツをたどる資料等が展示されている。

この日の昼食は仲原先生紹介の水戸市泉町にある割烹「治作」で水戸の味を戴き、数々のお土産付に大いに満足し帰路についた。

小林信子

【参考文献】
海原徹　『日本小百科⑮学校』　近藤出版社
菅野誠・佐藤譲　『日本の学校建築』　文教ニュース社

漢詩を作る

仲原　晶子

一章　漢詩との出会い

1　初期作三首

イ、三峡下り

早発白帝城
朝辞白帝彩雲間
千里江陵一日還
両岸猿声啼不住
軽舟已過万重山

早に白帝城を発す
朝に辞す白帝彩雲の間
千里の江陵一日にして還る
両岸の猿声啼いて住まざるに
軽舟已に過ぐ万重の山

盛唐の詩人李白による有名な美しい七言絶句、私の書いた篆書の額が寝室にかかっている。イメージされる風景の雄大さ、声を出して読むとその心地よい韻のひびき、しかも急流を船で下っていくスピードある臨場感が溢れている。この詩に魅せられて私の三峡下りの旅は始まる。

山城とも呼ばれる坂の町重慶は、工業地帯特有のどんよりした空気が、山合いの街に立ちこめている。三国志の世界を歩くというより、日中戦争末期蒋介石が北京の財宝を持って、ここまで来たという思いが強い。三千年の歴史を誇る広大な中国大陸、しかも幾度も繰り返された内乱は、どこを歩いても戦跡が残っているものの、私にとっては半世紀前の日中戦争が生々しい。

重慶から乗船した船は、長雨の後で豊かな水量の中でポカッと浮いている。両側の懸崖ははるかに遠いが、岸から千段余の石段を上った頂上にあるという白帝城がチラッと見えた。云われる通りの急流で船足が早く、一時間程で巫山の山並みが見えはじめた。瞿塘峡に比べて巫峡の流れは静かだとはいうものの、ここでは両岸に見るものも多く、退屈することもなく、甲板で急流を走る船に身をまかせていた。巫山十二峰のうちの神女峰の美しさにみとれ、孔明碑の説明に耳を傾けていた。森に覆われた山頂の連なりは、まことに美しい峡谷である。劉備の「三顧の礼」に応えたという、諸葛孔明の話を思い出していた。詩を詠むなら此処しかないと考えるものの、とても詩は出て来そうもない。李白のそれだけが口にのぼって来る。

帰国後も三峡の詩はとても手につかず、放置していた時、漢詩の先生にすすめられ、何とか苦労して作ったのが次の句である。三国志の一端でも読みこみたいとあせるものの全然歯が立たない。軍の計りごとに長じていたという諸葛孔明については、更に一句を作り、何とか心を満たした。

遊三峡

巫峡山河洗旅愁
長江結夢夜悠悠
奇岩屹立濁流溯
仰望東天旭日浮

三峡に遊ぶ

巫峡の山河　旅愁を洗う
長江に夢を結べば　夜悠悠
奇岩屹立し濁流溯まく
仰望す　東天　旭日の浮かぶを

ロ、花信風

お坊さんが書いたエッセイを読んでいると「花信風」という美しい言葉に出合った。二十四節季の一つとか聞いたが、こよみにはない。しかしこの言葉を使って「春来る」の喜びを詠んでみようと考え、一語一語辞書を引き、平仄を確認し、随分多くの時間を費やして作詩した。前詩「三峡下り」でも苦労したが「花信風」はまた、それとは違った作詩の労があったものの、存分に自己表現ができたことは、うれしかった。

花信風

新鶯出谷囀窓紗
老大耽吟静煮茶
花信風前促春興

花信風

新鶯　谷を出でて　窓紗に囀じ
老大　吟に耽りて　静かに茶を煮る
花信風前　春興を促し

早梅蕾を破る　野人の家

早 梅 破 蕾 野 人 家

八、彦根城思馳萬延元年三月三日

彦城市在住四〇年、多忙な開業医の時間を割いて、彦城藩主伊井家の茶道復興に弟は情熱を傾けていた。家には彦根城のそばにある藩主の茶室を模した広間と小間の茶室も用意した。そこで多くの男性の弟子と共に、「石州流一会會を結成して研鑽に励んでいた。茶道復興とはいうもののそう簡単ではない。地域で文献をあさり書物に依存することは無論のこと、「この項口伝」と書かれているところは、人を探して北海道まで出かけたという。結果として日本中に知己を得た喜びを語ったこともある。

元来器用な性格で、陶芸の窯まで準備しての作陶の腕前も仲々のものであった。その弟が「せめて七十歳まで生きたかった」との言葉を残して、早々と旅立っていった。医者の不養生の言葉通りとはいうものの、志半ばでさぞ無念であったろうと思う。と同時に人間の生の儚さを考えたことである。その日は紛雪の舞う雲天のなか、彦根城玄宮園で営まれた、三周忌の法要の時に詠んだのがこの詩である。生の儚さや志の遂げられなかった想いを桜田門外で散った、伊井直弼に託したものである。

彦根城にて思は馳す万延元年三月三日

彦根城思馳萬延元年三月三日

繞城恰似弔英魂　　城を繞りて 恰も英魂を弔うに似たり
密雪霏霏白日昏　　密雪霏霏として 白日昏し
佐幕勤王空一夢　　佐幕 勤王 空しく一夢
老松枝偃古宮園　　老松 枝は偃す古宮園

＊古宮園＝彦根城玄宮園

2　共感や想像の世界に遊ぶ

前節で私の拙い詩を披露したものの、元来文学的な興味など皆無に近いもので、いわゆる小説のたぐいなどは、辛気くさくて余り読まない方であった。唯、史実に基づく歴史や、思想性のある随筆などはよく読んだ。ところが漢詩の世界に触れて以来、漢字による詩的表現は、私の身体にぴったりと馴染み、その大らかさや簡潔さ、率直な感情表現が想像世界を拡大した。

思い起こせば漢詩へのあこがれは、既に思春期の頃からあった。教科書にあった張継や朱熹の詩は暗記していた。

楓橋夜泊

月落烏啼霜満天

江楓漁火対愁眠

楓橋夜泊

月落ち烏啼いて霜天に満つ江楓の漁火愁眠に対す

姑蘇城外寒山寺
夜半鐘声到客船

姑蘇城外寒山寺
夜半の鐘声客船に到る

偶成

少年易老学難成
一寸光陰不可軽
未覚池塘春草夢
階前梧葉已秋声

偶成

少年老い易く 学成り難し
一寸の光陰 軽んずべからず
未だ覚めず 池塘春草の夢
階前の梧葉 已に秋声

また宋代の詩人、蘇東坡の名は「赤壁の賦」と共に記憶に残っている。日本人の詩人、広瀬淡窓や村松文三のそれは長兄から教わったものである。

桂林荘雑詠

休道他郷多苦辛
同袍有友自相親
柴扉暁出霜如雪
君汲川流我拾薪

桂林荘雑詠

道うを休めよ 他郷に苦辛多しと
同袍 友有り 自ら相い親しむ
柴扉 暁に出ずれば霜雪の如し
君は川流を汲め 我は薪を拾わん

将東遊題壁

男児立志出郷関
学若無成不復還
埋骨何期墳墓地
人間到處有青山

将に東遊せんとして壁に題す

男児志を立てて郷関を出づ
学若し成る無くんば復た還らず
骨を埋むる何ぞ期せん墳墓の地
人間到る処青山有り

平仄も韻も何もわからないまま空んじていたこれらの詩が、すべて七言絶句であることは興味深い。一語一語のわかり易さと、句毎の切れのよさが暗記を助けているのであろうか。作詩にもこの心がけが大切だと思う。

季節のうつろいを漠然と感じていた時とは違って、詩作しようとすれば五感のすべてを動員する。旅に出れば杜牧の「清明」の詩を思い出す。

清明

清明時節雨紛紛
路上行人欲断魂
借問酒家何如有
牧童遥指杏花村

清明

清明の時節雨紛紛
路上の行人魂を断たんと欲す
借問す酒家何れの処にか有る
牧童遥かに指さす杏花村

まさか酒家を訪ねることはないものの、道を尋ねることはよくある。誰にきけばよいかとすれ違う人を観察しながら、「この人こそ」と期待して道をきく。これも亦楽しい一刻である。

久々に友人と相会うことがあれば、昔のままの友情が蘇ることも亦楽しい。教え子の結婚や出産を喜び、それが直ちに詩になることは、楽しみや喜びを倍増して、かけがえのない一句となる。

最近、相次いで三名の兄弟を見送り、独り残された悲しみは大きい。特に弟たちを送る嘆きは比べ様もない深いものがある。その家族を思い、仕事や趣味に全力投球しつつあった本人の無念を思うにつけても、これが残された者への戒めであり、受けるべき摂理として耐えることを覚えた。

こうした詩作にまつわる種々の感情表現は、内なる世界を言語によって創造し表出する作業である。数冊の辞書に頼って、時間をかけて作り出す言葉、平仄を合わすために知恵をしぼり、最終的には詩語表に依存するべく、一万語近く集められた表を繰る。それでも自分の心象にぴったりの語はなかなか見当らないものの、これだけの詩語を平仄別に集めて下さった呂山先生に、唯々頭が下がる。何れにしてもこうした作業には多大の時間を必要とする。子育て中の多忙さや仕事に追われている時には、およそ不可能な作業である。「漢詩、老人に帰す」との藍川先生の句が思い出される。利害打算をこえて人間の生命を和らげ、現実の涸渇をうるおす時間である。

3　よき師との出合い

忘れもしない第一回の講義は、平成七年十月六日（金）である。それまでには、教室として家庭を開放して下さる杉本家との間に準備期間があったことは云うまでもない。徒歩五分とかからないお近くから、スーツにネクタイ、帽子をかぶられて来られ、私達より早くから席についておられる先生である。このスタイルは、お別れするまで変化することはなかった。

最初一二名の同好の者が集合した。漢詩の鑑賞が出来るということだけでも、得難い機会に恵まれた喜びは、私を有頂天にさせていた。今までも一語、一句の厳密な意味はわからなくても、漢字の持つ意味から、また五言や七言絶句らしいという見当をつけると、何を詠んだものかは、感覚的に把握することが出来た。無論大いなる誤解や見当違いが度々あったのは、いうまでもない。それが先生によって解説され、背景となる時代や社会、作者の人物像まで縷々とき明かされると、まるで二千年前に生活しているかのような自分が、映像の中に存在することになる。豊かな想像世界に遊ぶ時間である。

つぎには先生の手引きによって作詩へと進んでいった。「私でも七言絶句が作れる」という喜びと驚きは、かつて経験したことのない、新しい知的世界に私を導くものであった。大学卒業後四〇年間、知的職業に携わっていたとはいうものの、誠に狭隘な世界に没頭していた四〇年であったことを後悔した。

一九七五年「婦人会の交流」で北京・南京・上海を訪れ、先方の婦人達と親しく交流した。南京は北京とはちがって、気候も温暖でバスガイド（国家公務員）の一言に胸に痛みを覚えたのを忘れ得ない。彼女の案内に曰く「南京には北京よりも立派な宮殿がありましたが、惜しくも戦火に焼かれました」と。日中戦争、南京入城などで提燈行列をした私達世代にとって、そうした思いやりの言葉が胸を打つ。南京ハゼの並木や、青空を背景に白い実をつけたハゼの林が忘れられない。一九八三年には、子供の日中比較研究のため、三月末の酷寒の中国東北地方に、二週間許り滞在したこともある中国への関心が、急速に高まるのを覚えた。中国大陸の自然・歴史・文化・人情それらが一気に私の好奇心をそそる。

先生からの説明をよりよく理解するために中国史をひもとき、中国思想に思いを馳せるものの、三千年以上の歴史を持つ大国を理解することは容易ではない。作詩の指導は、先生にとっても骨の折れる作業であるに違いない。とにかく「七言絶句」の作詩から始め、毎月二首の詩を提出した。呂山先生の詩語表を頼りにヨチヨチ歩き出した私たちの詩は、一度先生の手にかかると、見違える様なものとなって返却された。

それが「桂香集」として、創刊号平成九年十月、第二号が平成十年一月に出版された。桂香とは、十月頃咲く木犀の花の香りから名づけられた。また私たちのグループを「有隣社」と名づけられたのも田中先生である。論語・里仁編「徳不孤、必有隣」自分の周辺に同類のものが集まり来るとの意味からとられたものである。桂香集第三号は、田中先生の追悼号として悲しみの中で平成十二年五月に出版された。先生の一周忌を記念したものである。先生の辞世の詩はあまりにも痛ましく涙なくしては読めない。

立春五日
立春欣陽永
腰痛恨夜長
何當得良薬
老鬢楽年芳

立春五日
春立ちて陽の永きを欣び
腰痛みて夜の長きを恨しむ
何か当に良薬を得て
老鬢年芳を楽しむなるべき

持病がおありとはかねがねお聞きしていたものの、お別れは余りにも突然であった。一同で悼先生死を詠み、記念誌に掲載した。

二章　唐詩の背景

1　なぜ唐詩か

漢字、漢語でつづる中国風の詩はすべて漢詩とよばれ、三千年の歴史を持つ。中国文学における「詩」はその最もすぐれたものとして、わが国へも詩の型で取り入れられたものも多い。しかも何時の時代にあってもそれぞれの時代の最高の教養人によって、受け継がれてきた。

中国の詩は、唐代以後のものを近体詩（今体詩）、それまでのものを古体詩という。しかし古詩のうち、五言古詩や七言古詩は今尚作詩され、時代的には近体詩に入るべきものであるが、詩の規格（例えば句数や平仄の不定）として、近体詩に入れず古詩に入っている。近体詩は絶句と律詩からなり、何れも一句が五文字から成るものと、七文字からなるものがある。私たちは先ず「七句絶句」へ導入され、時に「七言律詩」へと進んでいった。それは唐詩によって確立された「詩の規格」を厳守することや、稀にある例外を覚えて応用すること、更に平起式や仄起式の平字、仄字を間違いなく使用することから始められた。押韻の使用も一苦労であるが、官吏登用試験に作詩が加えられていたことを思うと、難解な規格もうなずけるところである。

2　唐詩の思想的背景

紀元前五世紀中葉、春秋時代に孔子は『詩経』を編纂し、孔門の教科書として用いたという。三千に余る詩から三一一編を選び「詩三百、一言以蔽之、曰、思無邪」と『論語』にあるように、人間は作詩によって情操を涵養できるものと考えた。また詩を修得することが人間形成の第一段階であり、更には政治・道徳などにも役立ち、百科辞典（博物学）の役目をも果たすものであるとした。その後も広く漢民族の生活感情を表現した古典として位置付けられた。

孔子（紀元前五五二～紀元前四七九）は人間が本来守るべき道をいくつかの徳目で表現しているが、その代表的なものが「仁」であるとしている。仁とは「人を愛すること」でその家族への現れが孝であり、悌であるという。これが社会へ広がる時に仁道が完成されると説く。孔門の徒は三千人といわれるが、それぞれが学派をつくって、孔子の精神を今日まで伝えてきた。

孟子（紀元前三七二〜紀元前二八九）は、孔子の思想を最も忠実に継承する使命感に燃え、仁のみでなく義・礼・智の四徳を説いた。「人の学ばずして能くするところはその良能なり。慮らずして知るところはその良知なり」とし、後に陽明学に取り入れられた「良知良能」を説き性善説を裏付けた。孔孟の思想といわれる所以である。

春秋戦国時代、孔孟に対する老荘の思想、そのほかの陰陽思想、天文・五行思想など、百家争鳴といわれた思想的混乱の時代は、各国は一日も早い天下統一を目指していた。秦の始皇帝によって統一政治が行われたが、しかし一途に武力と厳しい法で保たれていた政治は始皇帝の死後、皇位継承をめぐる内紛を契機として、民衆の反乱によって二〇年足らずで滅亡した。

漢の武帝は、董仲舒（紀元前一七九〜紀元前一一七）の文教政策による思想統一の助言を実行し、儒家を尊ぶという政策によって国家を統一した。注目しなければならないことは、司馬遷（紀元前一四五〜紀元前八六）による『史記』が世に出たことである。董仲舒の弟子である彼は父の遺言により、新暦頒布を記念して、この新しい秩序成立に至るまでの人間の努力を正しく位置付けるべく、当時までの記録や伝承を紀伝体で展開した。これを契機として歴史の記録は国家的事業となった。この他、散文や小説などと呼ばれる領域も始まった。散文は哲学、宗教、政治などの目的を伝達し宣伝する手段と考えられ、口伝されてきた民間の神話や伝説を小説と呼び、それは詩賦より低俗なものと考えられていた。

後漢が滅亡し、三国鼎立の時代は、政治的社会的変動に加えて思想界にも大きな変革があった。儒教道徳を身上としていた官僚は、漢の滅亡と共に野に下ることとなり、政治に背を向け、世俗を超えた清い話や世俗の虚偽を否定した談話に花を咲かせた。よく中国の絵にある「竹林の七賢」などの伝説はここに生じた。漢末に伝来した仏教は、時の王侯貴族の信仰によって、次第に民間信仰へも広まっていった。魏晋の時代には、漢人の最初の僧によって「諸法皆空」の佛教思想流行の端緒が開かれた。

五世紀になると、名僧の渡来と、インドへの留学僧によって経典が続々と持ちこまれ、それらが翻訳され、民衆の帰依するものも多くなった。寺院の建立も盛となり、多くの僧侶がそこに集まった。杜牧（八〇三〜八五二）の詩にあるように、南北朝何れの皇帝も、佛教を保護したことがよく分かる。

江南春

千里鶯啼緑映紅
水村山郭酒旗風
南朝四百八十寺
多少楼台煙雨中

江南の春

千里鶯啼いて緑紅に映ず
水村山郭酒旗の風
南朝四百八十寺
多少の楼台煙雨の中

生老病死の苦しみを救うという佛教は、国家権力と豪族のもとで、奴隷のようにこき使われ、生活の安定を得ることのない民衆にとって大いに共感を得るものと競って佛門に帰依した。同時代に老荘思想を取り入れたり、佛教教理を模倣して「道教」が形を整へた。道教は難しい哲学思想を持つものではなく、不老長生という現実的な民間信仰に基盤を持って民衆の心を捉えた。書家として有名な王羲之（三二一～三七九）などは親子共道教の信者であった。唐詩の背景となった詩について述べると、三国時代、晋代を通じて「五言詩」が盛んであった。曹操は動乱を勝ち抜いた英雄であると同時に、すぐれた詩人でもあり、そこに集まった幕僚たちも、激しく力強い詩を詠じた。

王粲（一七七～二一七）の五言詩の一部

出門無所見　　門を出ずれば見る所無く
白骨蔽平原　　白骨平原を蔽う
路有飢婦人　　路に飢えたる婦人有り
抱子棄草間　　子を抱えて草間に棄つ
顧聞號泣聲　　顧みれば号泣の声をきく
揮涕独不還　　涕を揮って独り還らず

晋代、主都が江南（現在の南京市）に移ると、名門の貴族たちの多くはそちらへ移動した。そうした状況下で農民と共に生き、詩作を続けたのが陶淵明（三六五～四二七）である。詩は自然と人生に対する深い洞察と、民衆の生活への愛情に満ちた、わかり易い五言詩である。

飲酒

結廬在人境
而無車馬喧
問君何能爾
心遠地自偏
采菊東籬下
悠然見南山
山気日夕佳
飛鳥相与還
此中有真意
欲弁已忘言

飲酒

廬を結んで人境に在り
而も車馬の喧しき無し
君に問う 何ぞ能く爾るやと
心遠ければ地自ずから偏なり
菊を東籬の下に采り
悠然として南山を見る
山気 日夕に佳く
飛鳥 相与に還る
此の中に真意有り
弁ぜんと欲すれば已に言を忘る

3 隋唐時代の思想と詩

唐代への過渡期であった隋朝時代は短命であったので、思想や制度・文化のすべてに亘って、隋唐時代として論ぜられる。この時代の佛教は、一方では哲学的思弁的な教義があるが、他方実践的な教化による庶民救済へ発展したものもある。今日、わが国へ伝えられている佛教の多くは、この時代既に中国では完成の時期にあった。こうした佛教思想と共に佛典の翻訳も盛に行われた。祆教・回教・景教など世界の主な宗教が、唐王朝の時代に集まっていた。

隋朝において急速に発展した七言詩は、唐代になると最高の水準に到達する。唐詩は中国文学史の上で、特筆すべき発展を遂げ多くの詩人を世に出した。隋朝が科挙という官吏登用試験を施行し、この制度が唐代に定着した。科挙の試験で最も難関であったのが「進士科」で、この試験科目の中には「詩賦」があり、これが唐詩盛況の一因でもある。過去においては王公貴族の教養であった「詩」が科挙によって新興の官僚階級に広がり、形式面を完成させると共に、背景となる思想的・文化的な影響を受けて、唐代特有の精神性を深め、内容をも充実していった。詩の題材もまた多様な興味あるものとなったことは、いうまでもない。当時はわが国の奈良・平安時代で、遣唐使や留学僧によって、諸文化と共に唐詩がもたらされ、日本の文学にも大きな影響を与えた。盛唐期は唐代の中でも最も華やかな時代であった。科挙の制度が定着し、身分の低い者にも高級官僚への道が開かれていたものの、封建制度の残滓が門閥貴族の勢力を保全し、才能があっても試験に合格できない人、また合格しても職に就けない人も多かった。才能が正当に評価されない社会の矛盾を悲憤慷慨した詩、下級官僚として諸国を遊歴した詩など、詩の題材も更に広がりを見せている。

孟浩然（六八九～七四〇）は四〇歳で科挙試験を受け、落第して帰郷した。

春暁

春眠不覚暁
処処聞啼鳥
夜来風雨声
花落知多少

春暁

春眠暁を覚えず
処処 啼鳥を聞く
夜来風雨の声
花落つること知る多少

王維（六九九～七五九）は高官となり輞川荘の別荘で自然を詠じたものが多い。妻の安否を気づかい、婉曲に表現した望郷の想いが強い。

雑詩

君自故郷来
応知故郷事
来日綺窓前
寒梅著花未

雑詩

君故郷自り来たる
応に故郷の事を知るべし
来日綺窓の前
寒梅花を著けしや未だしや

李白（六九九～七六二）は酒をこよなく愛し、ものごとにこだわらない、豪放で明るい人で、酒仙とも詩仙とも呼ばれた。四二歳の時皇帝に認められ宮廷詩人となったが、後追放された。自由奔放な発想で即興的に詠んだ詩が多い。最初に提示した「白帝城」など代表的なものである。

李白の詩仙に対して杜甫（七一二〜七七〇）は詩聖と呼ばれ、地方官の出身で科挙試験に受かることはなかったが四四歳で下級の官職をえた。不遇な生涯を送りつつヒューマニズムの立場から、国家の安定と人民の救済を願い続け、沈痛の詩を多くかいた。とくに律詩にすぐれていた。

江村

清江一曲抱村流
長夏江村事事幽
自去自来梁上燕
相親相近水中鷗
老妻画紙為碁局
稚子敲針作釣鉤
多病所須唯薬物
微軀此外更何求

貧交行

翻手作雲覆手雨
紛紛軽薄何須数

江村

清江一曲村を抱いて流れ
長夏江村事事幽なり
自ずから去り自ずから来たる梁上の燕
相親しみ相近づく水中の鷗
老妻は紙に描いて碁局を為り
稚子は針を敲いて釣鉤を作る
多病須つ所は唯だ薬物のみ
微軀此の外に更に何をか求めん

貧交行

手を翻せば雲となり手を覆せば雨となる
紛紛たる軽薄何ぞ数うるを須いん

君不見管鮑貧時交　　君見ずや管鮑貧時の交わりを
此道今人棄如土　　此の道今人棄てて土の如し

張継（生没年不詳）も中唐の人で大暦年間（七六六～七七九）には、中央の官職に就いていたという。「楓橋夜泊」の碑と、彼の等身大の像は寒山寺にあり、特に日本人にとっては人口に膾炙した七言絶句である。

白居易（七七二～八四六）白楽天として世に知られ、多作で有名である。社会に対する関心や日常生活を大切にし、それらの題材をやさしく、分かりやすく作ったので大衆に人気があった。日本でも平安時代の貴族たちが、最も親しんだ詩人である。

府西池　　府西の池
柳無気力枝先動　　柳に気力無くして枝先ず動き
池有波紋氷尽開　　池に波紋有りて氷尽く開く
今日不知誰計会　　今日知らず誰か計会するぞ
春風春水一時来　　春風 春水一時に来たる

晩唐の詩人杜牧は一族皆政治的地位が高く、自身も多くの官職を歴任した。詩については前出したので、ここでは省略する。

三章　日本への影響

1　日本人の生活に生きる

わが国では七〇歳を「古稀」といいお祝いをする。これは唐の詩人杜甫の「曲江」と題する詩からとられたものである。

曲江

朝回日日典春衣
毎日江頭尽酔帰
酒債尋常行処有
人生七十古来稀
穿花蛺蝶深深見
点水蜻蜓款款飛
伝語風光共流転
暫時相賞莫相違

曲江

朝より回りて日日春衣を典し
毎日江頭に酔いを尽くして帰る
酒債尋常　行く処に有り
人生七十　古来稀なり
花を穿つの蛺蝶は　深深として見え
水に点ずるの蜻蜓は　款款として飛ぶ
伝語す　風光　共に流転して
暫時　相賞して相違うこと莫かれと

人生七〇まで生きることは古来まれであるから、借金をしてでも今のうちに楽しんでおきたい、と詠んだものである。日本人の伝統に生きてきた言葉である。

東晋の陶淵明「飲酒」については既に全文を提示した。貴族出身であるが社会に希望が持てず郷里に隠棲した時の詩である。その心を知る人がよく引用する詩の一部である。

「采菊東籬下　悠然見南山」

「桃源郷」という語は、やはり陶淵明の『桃花源記』に由来している。漁師が川を溯るうちに道に迷い、洞窟の奥に素朴で平和な世界を見つけたが、再度訪ねるとも早やそれを発見できなかったという話。戦乱の続く当時の人々が、仙境への憧れを記したものという。

陶潜の雑詩

及時当勉励　　時に及んで当に勉励すべし
歳月不待人　　歳月は人を待たず

孟浩然の詩「春暁」は五言絶句でその起句「春眠不覚暁」は男女を問わず実感としてよく用いられる。詩の全体については前出。

杜甫の五言律詩「春望」は、安禄山の乱の後に詠まれたもので、私たちも戦争や災害による自然破壊の跡をみるにつけても、実感としてこの詩が口の端にのぼる。

春望　　春望

国破山河在　　国破れて山河在り

城春草木深
感時花濺涙
恨別鳥驚心
烽火連三月
家書抵万金
白頭掻更短
渾欲不勝簪

城春にして草木深し
時に感じては花にも涙を濺ぎ
別れを恨んでは鳥にも心を驚かす
烽火三月に連なり
家書万金に抵たる
白頭掻けば更に短く
渾べて簪に勝えざらんと欲す

中唐の李紳（?～八四六）は下獄され左遷されたりしたが、後宰相に抜擢された。特に紀行詩が多いが、これは農民の労苦を詠んだ五言絶句で、結句が日本人の生活の中に生きている。

憫農

鋤禾日当午
汗滴禾下土
誰知盤中餐
粒粒皆辛苦

農を憫む

禾を鋤いて日午に当たる
汗は滴る禾下の土
誰か知らん盤中の餐
粒粒皆辛苦なるを

晩唐の杜牧（詩聖と呼ばれる杜甫が老杜と呼ばれるのに対して小杜といわれている）は次の七

言絶句を作詩した。結句の上四文字が「戦に一度敗れた人が、また勢いを盛り返して来ること」として使用される。

題烏江亭
勝敗兵家事不期
包羞忍恥是男児
江東師弟多才俊
巻土重来未可知

烏江亭に題す
勝敗は兵家も事期せず
羞を包み恥を忍ぶは　是男児
江東の師弟　才俊多し
巻土重来　未だ知るべからず

「四面楚歌」は始皇帝による王朝が崩壊して後、項羽と劉邦が覇権を目指して五年余り戦った。次の詩は晩唐の胡曽によって詠まれた七言絶句で、劉邦に敗れた項羽の最後の一場面を詠んだものである。

烏江
争帝国王勢已傾
八千兵散楚歌声
烏江不是無船渡
恥向東呉再起兵

烏江
帝を争い王を図って勢い已に傾く
八千の兵は散じて楚歌の声
烏江是れ船の渡る無きにあらず
東呉に向かって再び兵を起こすを恥ず

曹松は晩唐の詩人で、三〇年後の唐王朝滅亡の近因となった。農民蜂起の大乱を詠んだ七絶である。「一将功成万骨枯」とは苛酷な戦いは多くの犠牲者を出す。多くの人民、兵士の犠牲のもとに名将が生まれるという意味である。

己亥歳
沢国江山入戦國
生民何計楽樵蘇
憑君莫話封候事
一将功成万骨枯

己亥の年
沢国の江山戦国に入る
生民何の計ありてか樵蘇を楽しまん
君に憑る話すこと莫かれ封侯の事
一将功成りて万骨枯る

この他、杜牧の「清明」「江南春」など、唐詩の七言絶句は、墨筆などでよく見かけるところである。

北宗の蘇軾（東坡）が春の夜のすばらしさを詠んだ「春夜」の七言絶句、特に起句が人々の生活をうるおす実感をもった語として、人口に膾炙している。

春夜
春宵一刻直千金
花有清香月有陰

春夜
春宵一刻直千金
花に清香有り月に陰有り

歌管楼台声細細
鞦韆院落夜沈沈

歌管（かかん）楼台（ろうだい）声細細
鞦韆（しゅうせん）院落（らく）夜沈沈（ちんちん）

南宗の朱熹（一一三〇～一二〇〇）は論語を理論づけて朱子学を唱えた。我が国へは平安朝の末期に伝来し、後の江戸幕府は政治的意図から朱子学を官学とした。「少年易老学難成」が起句である「偶成」は七言絶句の全てを前出したが、他にも次のような文章もよく知られている。

勧学文
勿謂今日不学而有来日
勿謂今年不学而有来年
日月逝矣歳不我延
嗚呼老矣是誰之愆

学を勧（すす）むる文
謂（い）ふ勿（な）かれ今日学ばずとも来日（らいじつ）有りと
謂（い）ふ勿（な）かれ今年学ばずとも来年有り
日月逝（ゆ）けり歳（とし）我と延（の）びず
嗚呼（ああ）老（お）いたり是れ誰の愆（あやま）ちぞや

2　日本の漢詩文

漢籍が日本に伝来したのは、四～五世紀頃と伝えられている。六世紀の佛教の伝来や、七世紀の遣唐使によって、漢字・漢文の学習が飛躍的に発達し、漢詩もこの頃創作されるようになったという。以来今日まで、千三百年に及ぶ長期に亘って、日本人が最も苦労した文学作品は漢詩であった。

古代特に平安貴族たちは、男女を問わず漢詩文を受容し、それに精通することを教養とした。中世には五山の僧によって漢詩が創作され、近世特に江戸時代には儒者の手になるものが多い。何れの時代でもその人たちがその時代の最高の教養人であった。日本にも和歌・俳句など固有の詩もあったが、日本人にとっては、外国の外国語による漢詩が最も高級なものとして位置していたということであろう。

まず遣隋使や遣唐使による中国文化の影響は著しいものがある。『懐風藻』の中には、大友皇子の詩が残っている。

侍宴
皇明光日月
帝徳載天地
三歳並泰昌
万国表臣義

宴に侍る
皇明は日月より光に
帝徳は天地に載う
三歳は並びに泰昌
万国は臣義を表す

その他、六四人、一二〇首が収められているが殆んでが五言の古詩である。

その後『凌雲集』など三大勅撰詩集が編集され、ここでは七言絶句なども増加している。嵯峨天皇が河陽の離宮（現在の大阪と京都の境、山崎にあった）でお創りになったといわれる。

山寺鐘

晩到江村高枕臥
夢中遥聴半夜鐘
山寺不知何処在
旅館之東第一峯

山寺の鐘

晩に江村に到りて枕を高うして臥し
夢中遥に聞く半夜の鐘
山寺は知らず何処に在りや
旅館の東第一の峯

九世紀末、右大臣菅原道真は白居易（楽天）の詩風を受けた平安朝第一の漢詩人であったという。道真が大宰府に左遷された時の七言絶句は余りにも有名である。ここでは七言律詩を記す。

不出門

一徒謫落在柴荊
万死兢兢跼蹐情
都府楼纔看瓦色
観音寺只聴鐘声
中懐好逐孤雲去
外物相逢満月迎

門を出でず

一たび謫落されて柴荊に在り
万死兢兢たり跼蹐の情
都府楼は纔に瓦の色を看
観音寺は只だ鐘の声を聴く
中懐は好く孤雲を逐いて去り
外物相い逢い満月を迎う

此地雖身無検繋　此の地身に検繋無しといえども
何為寸歩出門行　何為れぞ寸歩も門を出でて行かん

清少納言が、皇后から「香炉峰の雪は」と聞かれて、すだれを巻き上げて見せたという話のもとになった白居易の詩が次である。

香炉峰下真卜山居　香炉峰下 新たに山居を卜し
草堂初成偶題東壁　草堂初めて成り偶 東壁に題す
日高睡足猶慵起　日高く睡り足りて猶お起くるに慵し
小閣重衾不怕寒　小閣に衾を重ねて寒を怕れず
遺愛寺鐘攲枕聴　遺愛寺の鐘は枕を攲てて聴き
香炉峰雪撥簾看　香炉峰の雪は簾を撥げて看る
匡廬便是逃名地　匡廬は便ち是れ名を逃るるの地
司馬仍為送老官　司馬は仍お老を送るの官為り
心泰身寧是帰処　心泰く身寧きは是れ帰する処
故郷何独在長安　故郷何ぞ独り長安のみに在らんや

紫式部の『源氏物語』にもその影響は顕著に現れているという。

このように平安貴族たちは『白氏文集』など中国の漢詩文を模倣し、華麗な対句などを切り離して、自作の手本としたり、朗詠したりした。この様に白楽天を尊重しそこから多くを採り、菅原道真や菅原文時などの漢詩文からも選び編纂したものが『和漢朗詠集』である。これは後々まで、作文、習字、朗読の参考書として広く流行した。しかし政治が貴族社会から武士の勢力下に移っていくと、漢詩も次第に衰えてゆき、貴族が武士に対して権威を示す一手段としての教養の一つに過ぎないものとなった。

政治が武士のものとなったとき、文化やその教養は禅僧のものとなった。中国から渡来する坊さんや、留学生として中国に新知識を求めた僧侶たちによって、中国文学の代表格である漢詩文が発展した。特に室町幕府によって制度化された、京都鎌倉の五山に集まった僧たちによる漢詩文の文学は、五山文学として有名である。一休宗純（一三九四～一四八一通称一休さん）の七絶「自山中、帰市中」

自山中、帰市中
狂雲誰識属狂風
朝在山中暮市中
我若當機行棒喝
徳山臨済面通紅

山中より市中に帰る
狂雲誰か識（し）らん狂風に属（ぞく）するを
朝（あした）には山中に在り暮（くれ）には市中
我れもし機に当って棒喝（ぼうかつ）を行わば
徳山臨済（とくさんりんざい）面（おもて）紅を通ぜん

戦国時代の武士たちは、漢詩などに耽る余裕はなかったが、陣中の余暇に漢詩を楽しんだ武士もある。武田信玄（一五二一～一五七三）は深く禅学を修め、五山僧の影響を強く受けている。

寄濃州僧
氣似岐陽九月寒
三冬六出灑朱欄
多情尚遇風流客
共對士峰吟雪看

濃州の僧に寄す
気は似たり　岐陽　九月の寒
三冬　六出　朱欄に灑ぐ
多情　なお　風流の客に遇わば
共に　士峰に対して　雪に吟じて看ん

上杉謙信（一五三〇～一五七八）も後に受戒した武将で、武田信玄との川中島の戦は有名である。「九月十三夜」は陣中で酒をおいて将士を労らい、月を賞でて賦したものである。

九月十三夜
霜滿軍營秋氣清
數行過雁月三更
越山併得能州景
遮莫家鄉憶遠征

九月十三夜
霜は　軍営に満ちて　秋気清し
数行の過雁　月　三更
越山　併せ得たり　能州の景
さもあらばあれ　家郷　遠征を憶う

江戸時代になると幕藩体制のもとで鎖国を断行し、官学としての朱子学を奨励した。儒教的秩序を生活に導入し、学問は漢学、中国の古典に限られ、それを荷ったのが儒者である。漢学の古典である四書五経は武士の子弟教育の場である藩黌はいうまでもなく、郷学や寺子屋でさえ教えられた。漢文の読み書きや漢詩を作ることは武士階級を中心に広がっていった。この時代は日本の漢詩の全盛時代といわれている。

中江藤樹（一六〇八～一六四八）は郷里で塾を開き近江聖人として尊敬された。王陽明の学を奉じ、わが国における王学の始祖となった。また親孝行者として自分の生涯の道を歩んだ。「樹静ならんと欲すれども風止まず。子養わんと欲すれども親待たず。」との中国文を読み、母を思う情にたえず、賦したものである。

羈旅、逢春

羈旅逢春遠耐哀
緡蠻黄鳥止斯梅
樹欲静兮風不止
來者可追歸去來

羈旅、春に逢う

羈旅 春に逢いて 遠く哀しむに耐えたり
緡蠻たる黄鳥 斯の梅に止まる
樹 静ならんと欲すれども風やまず
来者 追うべし 帰りなん 去来

偶成

戊子夏、與諸生見月
清風滿座忘炎暑

偶成

戊子の夏、諸生と月を見る
清風 座に満ちて 炎暑を忘る

明月當天絶世塵　　名月 天に当って 世塵を絶つ
同志偶然乘興處　　同志 偶然 興に乗ずる処
不知不識帝堯民　　知らず 識らず 帝堯の民

その他多くの儒者の勝れた漢詩（七言絶句が多い）が数多ある。山鹿素行（一六二二～一六八五）は信奉してきた朱子学に疑問を持ち、決別の決心をするが前途の多難を予測して、梅花に託して「元旦試筆」を試みた。素行の弟子に大石良雄などあり、ずっと後に吉田松陰もいる。

元旦試筆　　元旦試筆
紅霞出海滿九垓　　紅霞 海を出でて 九垓に満つ
東帝恩波唯大哉　　東帝の恩波 ただ大なるかな
世路險夷梅識否　　世路の険夷 梅 識るや否や
霜辛雪苦一枝開　　霜辛 雪苦 一枝開く

服部南郭（一六八三～一七五九）は荻生徂徠（一六六六～一七二八）の弟子で『唐詩選』を日本文でやさしく説明した『唐詩選諺解』を書いた人である。儒者の余技として作られてきた漢詩が、文人によって自覚的に文学として位置付けられたのは、南郭の功績である。中国詩文の模倣にすぎなかったこれまでの状態を改めた人でもある。

夜下墨水
金龍山畔江月浮
江揺月湧金龍流
扁舟不住天如水
両岸秋風下二州

夜墨水を下る
金龍山の畔江月浮ぶ
江揺れ月湧きて金龍流る
扁舟住まらず天は水の如し
両岸の秋風二州を下る

菅茶山（一七八四〜一八二七）は黄葉夕陽村舎（廉塾）で学生を指導した。写実主義を基調とする詩風を多いに促進したといわれる。

宿生田
千歳恩讐兩不存
風雲長爲弔忠魂
客窻一夜聽松籟
月暗楠公墓畔村

生田に宿す
千歳の恩讐 両つながら存せず
風雲 長なえに ために 忠魂を弔う
客窻 一夜 松籟を聴く
月は暗し 楠公墓畔の村

広瀬淡窓（一七八二〜一八五六）は大分県・桂林荘で学生を指導した。そこへ遊学している学生をはげますために作った詩が桂林荘雑詠である。（前出）

広島では、頼山陽（一七八〇〜一八三二）の父頼春水（一七四六〜一八一六）叔父杏坪（一七

五六～一八三四）同春風（一七五三～一八二五）の三兄弟が活躍した。杏坪が山陽と共に春の吉野山に遊んだときの詩である。

遊芳野

萬人買醉攬芳叢
感慨誰能與我同
恨殺殘紅飛向北
延元陵上落花風

芳野に遊ぶ

万人 酔を買って 芳叢を攬す
感慨 誰か能く 我と同じき
恨殺す 殘紅の 飛んで北に向うを
延元陵上落花の風

山陽の詩文は万人に認められ、大衆的な人気を集めた。かれの恋人であった女流詩人江馬細香は、美濃の大垣から山陽に会うために、たびたび上洛した。結核にかかっていた山陽に最後に面会した時の詩で、山陽には既に死の予感があったようである。

雨窓与細香話別

離堂短燭且留歓
帰路新泥当待乾
隔岸峰巒雲纔劍
隣楼糸肉夜将闌

雨窓に細香と別れを話る

離堂短燭且く歓を留む
帰路新泥当に乾くを待つべし
隔岸の峰巒雲纔に劍り
隣楼の糸肉夜将に闌ならんとす

今春有閏客猶滞　　今春閏有り客猶滞り
宿雨無情花已残　　宿雨無情花已に残る
此去濃州非遠道　　此れより去る濃州は遠道に非るも
老来転覚数逢難　　老来転た覚ゆ数しば逢い難きを

また一八一八（文政元）年八月長崎を出て嵐に遭い避難して、その時の夜景を歌ったのが次の詩である。山陽は特に長編の古詩を得意とした。

泊天草洋　　天草洋に泊す
雲耶山耶呉耶越　　雲か山か呉か越か
水天髣髴青一髪　　水天髣髴青一髪
万里泊舟天草洋　　万里舟を泊す天草の洋
煙横篷窓日漸没　　煙は篷窓に横たわって日漸く没す
瞥見大魚跳波間　　瞥見す大魚の波間に跳ねるを
太白当船明似月　　太白船に当たって明月に似たり

頼山陽は詩文に関して天賦の才能があり、多くの詩を残している。母を詠んだ歌も多い。

奉母遊嵐山
不到嵐山已五年
万株花木倍鮮妍
最忻阿母同衾枕
連夜香雲暖処眠

母を奉じて嵐山に遊ぶ
嵐山に到らざること已に五年
万株の花木 倍 鮮妍
最も忻ぶ 阿母と衾枕を同にし
連夜 香雲暖かき処に眠る

山陽の子、頼三樹三郎（一八二五～一八五九）は反幕の運動に挺身し、遂には処刑されたものの、世の行く末を案じ、暗い気持ちを歌った。

書事、似某生
粉粉春雨京城暗
鳥泣花愁無限情
捲地風來忽吹散
雖然吹散奈新晴

事を書し某生に似す
粉粉たる 春雨 京城は暗く
鳥は泣き 花は愁うる 無限の情
地を捲き 風来り たちまち吹き散ず
然りと雖も 吹き散ず 新晴を奈せん

三樹三郎の兄、頼支峰（一八一八～一八八九）は山陽の嫡子で母（山陽婦人）と二人で除夜を迎えた時、弟を按じて詠んだもの。

除夜、懐弟

雪聲燈影笑談新
濁酒乾魚侍老親
獨恨一年年欲盡
天涯猶有未歸人

除夜、弟を懐う

雪声 燈影 笑談 新なり
濁酒 乾魚 老親に侍す
独り恨む 一年 年尽きんと欲し
天涯 なお未だ 帰らざる人あるを

越後の僧良寛（一七五七～一八三一）は、自由奔放な禅的世界を詩に表現した。

乞食

十字街頭乞食了
八幡宮辺方徘徊
児童相見共相語
去年癡僧今又来

乞食

十字街頭に乞食し了り
八幡宮辺に方に徘徊す
児童 相い見て共に相い語る
去年の癡僧 今又来たる

良寛は書家でもあるが、詩人の詩や書家の書をきらった。職業化したものは体裁は整っているが、気力も風韻もないという。

梁川星巌（一七八九～一八五八）とその妻紅蘭（一八〇四～一八七九）は共に詩人で、神田に玉池吟社を設立した。全国を旅したといわれる二人である。

芳野懐古

今来古往跡茫茫
石馬無聲杯土荒
春入櫻花満山白
南朝天子御魂香

芳野懐古

今来古往跡茫茫
石馬声無く杯土荒る
春は櫻花に入りて満山白く
南朝の天子御魂香し

水戸藩九代藩主徳川齊昭（一八〇〇～一八六〇）は藩校弘道館を開設し、文を進め武を励まし藩内の庶政を改革した。弘道館の校内に梅を植え、今日尚その梅林は齊昭の偉業を讃えている。

弘道館賞梅花

弘道館中千樹梅
清香馥郁十分開
好文豈謂無威武
雪裡占春天下魁

弘道館にて梅花を賞す

弘道館中千樹の梅
清香馥郁十分に開く
好文あに威武なしと謂わんや
雪裡春を占む天下の魁

幕末の藩士、藤田東湖、吉田松陰、志士の橋本左内、梅田雲濱、その他儒学者などなど勝れた漢詩作者が多く、何れも自己の生命や生活を抛って天下国家のために働こうとの気概のあふれた詩が多い。今日、時代が余りにも平和で自由を恣にする個人中心の世想の中でそれらが光彩を放っている。

明治維新後は急速な西欧文明の流入と共に漢学が学問の主流から外れた。国語・漢文以外の諸科学は欧米の翻訳や原書によって教育された。こうして辛うじて漢学は今日までその命脈を保って来たものの、特に漢詩文の世界は今日みじめな様相を呈している。しかし維新以後の明治政府における指導的地位にあった人達は、武士出身の人達も多いので漢詩の残されたものも若干見られる。

「不為児孫買美田」と詠じた西郷隆盛、辞世の和歌を残した江藤新平、学者である新島じょう、森鴎外、文人正岡子規や夏目漱石、徳富蘇峰外伊藤博文、乃木希典、杉浦重剛など、作詩者が我々に近いため、背景となる時代やその人間性も含めて、興味深いものが多い。

おわりに

詩は人間の純粋な感情の表現であり、漢字が一文字でそれ独自の意味内容をもっている。しかも五絶や七絶の句は、わずか二〇文字や二八文字という、極めて限定された字数による表現は、省略の多い表現形式であり、それ故に我々の想像をかき立てるものがある。

そうした僅かな字数を通じて、時代を知り、社会を知り、文化を知り、生き方や思想を知ることができる。それ故にこそ、他の思想書などと異なり、時代の風潮の波をかぶることもなく読みつがれて来た。紀元前からの漢詩が今尚そのままで読まれていることが、何よりの証拠であろう。

中国の言語は世界でもまれにみる詩的言語であるため、その文学も詩と文章のための文学で、小説が発達したのは後のことである。表現の方法は具象的で、すべてを外形から描写し、心理分析をしない。また声調の変化は音楽的要素を持ち、押韻、双声、畳音、重言など、漢字固有の美的性格を持っている。

中国語を学び、漢詩を作り、朗々と音読することが理想であるが、その一つからでも自己のものとすることが大切であると思う。

【参考文献】

中村璋八編著　『中国思想文学通史』　明治書院　平成一一年二月
鎌田正外著　『漢詩名句辞典』　大修館書店　平成八年八月
佐藤一郎著　『中国文学史』　慶応通信　平成四年三月
入谷仙介著　『漢詩入門』　日中出版　昭和五四年一月
安楽充朗　『唐詩百選』　かや書房　平成八年一二月
安藤英男　『日本漢詩百選』　倉土舎　昭和五八年三月
渡部英喜　『漢詩歳時記』　新潮社　平成四年六月
石川忠久　『漢詩をよむ』　NHKシリーズ　平成七年～平成一二年

あとがき

十年間百回の講座を記念して本書が世に出た。上杉先生から立派なまえがきをいただき、一人一人のつたない文章に目を通していただいたことは、感激の極みである。

中心になるメンバー十余名の熱意によって幾度かの危機も乗りこえてきた。主婦として夫や子ども、老親の介護と心身をすりへらしつつ、それでもねばり強く講座はつづけられた。多忙な私もよく助けられたし、落ち込んでいる人を助け、押しつぶされそうな人は協力して支え合うという、よい集団が形成されている。それによって「人間とは何か」という体験的な学習が、やがて人間理解へ向けて時間的・空間的拡がりにおける人間探訪へと個個人が旅立って行った記録がこれである。

それがよし幼稚であっても、舌足らずであっても、深く自己とのかかわりに於いて展開されていることに意義がある。結婚した女性が深く自己の生に沈潜し、それを主体的に表現したという努力をたたえたいと思う。

出版に当っては、関学出版会の岡見精夫さんの忍耐強い、親切な助言の数々に心から感謝するものである。その上、美しい表紙で本書の存在を主張してくださったのも岡見さんであることを付記したい。

平成一二年九月二十日　　　　関西学院大学名誉教授　　仲原　晶子

編著者略歴

仲原　晶子　（なかはら　あきこ）

1950年　関西学院大学文学部教育学科（旧制度）卒業　同助手

1969年　同上　助教授を経て教授

1975年　同上　大学院博士課程教授、文学博士

1990年　同上　退職　関西学院大学名誉教授

兵庫県功労者証を受ける

業績　「学校教育」「地域社会と教育」などに関する著書論文多数

社会的活動　大学基準協会専門委員、兵庫県各種審議会、宝塚市教育委員長、西宮市、宝塚市、川西市等の審議会委員他社会活動多し

人間探訪の旅～生涯学習の十年

2000年10月31日初版第一刷発行

編著者　仲原　晶子

発売元　関西学院大学出版会

所在地　〒662-0891　兵庫県西宮市上ヶ原1-1-155

電　話　0798-53-5233

印刷所　協和印刷株式会社

Printed in Japan by Kwansei Gakuin University Press

ISBN:4-907654-19-7

乱丁・落丁本はお取り替えいたします。

http://www.kwansei.ac.jp/press/